방법론적 사유:

입말로 풀어쓴
사회과학 연구방법론

백영민 지음

방법론적 사유:
입말로 풀어쓴 사회과학 연구방법론

2018년 6월 10일 1판 1쇄 박음
2018년 6월 20일 1판 1쇄 펴냄

지은이 | 백영민
펴낸이 | 한기철

펴낸곳 | 한나래출판사
등록 | 1991. 2. 25. 제22–80호
주소 | 서울시 마포구 토정로 222, 한국출판콘텐츠센터 309호
전화 | 02) 738–5637 · 팩스 | 02) 363–5637 · e–mail | hannarae91@naver.com
www.hannarae.net

* 이 도서의 국립중앙도서관 출판예정도서목록(CIP)은 서지정보유통지원시스템 홈페이지(http://seoji.nl.go.kr)와
국가자료공동목록시스템(http://www.nl.go.kr/kolisnet)에서 이용하실 수 있습니다.(CIP제어번호: CIP2018017405)

* 이 저서는 2016년도 정부재원(교육부 인문사회연구역량강화사업비)으로 한국연구재단의 지원을 받아
연구되었습니다(NRF–2016S1A3A2925033).

제가 처음으로 '연구방법론'이라는 과목을 만났던 것은 1997년, 한국이 IMF 쇼크로 뒤숭숭하던 때였습니다. 연구방법론이라는 과목에서 느꼈던 첫인상은 사실 별로 좋지 않았습니다. 무엇보다 양장본으로 된 교과서[1]는 두껍고, 많은 용어들이 한자로 표기되어 있어 마치 고시 준비를 위한 과목이라는 느낌이 들었습니다. 게다가 수업시간에는 외워야 할 용어들이 폭포처럼 쏟아져 수업시간 내내 별 재미를 느끼지 못했습니다. 반전은 중간고사를 준비하면서 일어났습니다. 학습의 희열 때문이 아니었고, 장학금을 받아야 할 필요성, 졸업 필수과목이라 재수강을 하면 안 되기에 "교과서를 위주로(?)" 혼자 공부하다 보니 나름 묘한 매력이 있는 과목이라는 느낌이 왔습니다. 연구방법론 내부의 논리체계는 나름의 내적 일관성을 갖고 있었으며, 무엇보다 다양한 사회현상을 바라보는 통일된 관점이 존재한다는 것이 매력적으로 다가왔습니다. 어찌어찌 학기가 끝난 후 연구방법론의 과학철학 방면에 관심을 갖게 되면서 소위 논리실증주의자(logical positivists)의 저작들도 읽어보았습니다. 또한 이후 데이터 분석과 관련된 과목들도 들어보면서 간단하게나마 데이터를 어떻게 다룰 수 있는지도 배우게 되었습니다. 또한 동일한 방법론이 어떻게 다양한 사회적 현상들에 적용되는지를 제가 속한 언론학은 물론 다른 사회과학 학문분과들을 통해 학습하게 되면서 낮은 수준이나마 "융합연구(inter-disciplinary research)"도 해 보게 되었습니다. 이런 점에서 제 학문적 인생역정의 기원은 연구방법론이라고 고백합니다.

안타까운 점은 1997년부터 20년이 넘게 지난 지금까지 연구방법론 과목의 진행방식은 그렇게 크게 바뀌지 않았다는 점입니다. 물론 시간이 변했다고 해서 반드시 과목의

---

1   지금은 은퇴하신 서울대학교 언론정보학과(당시 신문학과)의 차배근 교수님이 쓰셨던 1990년도 출간 교과서 『社會科學 硏究方法』(서울: 세영사)이 제가 공부했던 교과서였습니다.

내용과 진행방식이 바뀔 필요는 없을 것입니다. 제가 정말 안타까웠던 점은 저와 같은 시기 공부했던 동기생이 느꼈던 "연구방법론의 지루함"을 현재 제가 가르치는 학생들 역시 비슷하게 느끼고 있다는 사실입니다. 여전히 연구방법론은 따분하고, 교과서는 두껍고, 외울 것투성이라는 바로 그 느낌은 여전히 변하지 않은 듯합니다. "고루하다!" "너무 외울 것이 많다!" "이 과목이 사회과학과 무슨 관련이 있는지 모르겠다!" 등등의 반응이 바로 그것입니다. 연구방법론 과목을 사랑했던 사람으로 이런 반응이 가장 안타까웠습니다. 몇 번의 시행착오를 거쳐 다음과 같은 생각을 떠올려 보았습니다. 딱딱한 형식의 교과서나 강의 진행을 위한 프레젠테이션 슬라이드를 보완해 줄 '스토리(story)'가 있는 강의 보조자료를 만들면 어떨까? 책상에 앉아서 밑줄을 그어가며 읽어야 이해되는 교과서가 아니라 벤치에 누워서 읽을 수 있는 강의 보조자료가 있으면 어떨까? 그리고 무엇보다 언어 장벽으로 제 이상한(?) 영어 강의를 따라가기 어려운 내국인 학생들이 보다 수업 맥락을 잘 따라갈 수 있는 자료를 만들면 어떨까? 이를 위해 틈틈이 쪽글을 작성했고 매년 수업이 끝난 후 쪽글 내용을 조금씩 조금씩 수정하고 보완하곤 했습니다.

사실 이 책은 제가 연세대학교에 부임한 후 6년 동안 학부학생들을 대상으로 수업을 진행하면서 사용했던 강의 보조자료를 바탕으로 하고 있습니다. 이 책에서 저는 가급적 쉬운 말과 표현으로 연구방법론에 녹아 있는 사고방식을 소개하는 것에 중점을 두었습니다. 딱딱한 용어설명은 가급적 피했으며, 또한 도표와 그래프 역시 가급적 자제하였습니다. 제가 만나고 가르치는 학생들이 소위 '문과생'이라는 점에서 흐름이 있으며 설득구조를 갖춘 글을 쓰고자 노력했습니다. 또한 연구방법론의 많은 영역을 소개하는 것보다 '인과관계'에 기반한 사회과학적 이론의 타당성이 어떻게 연구방법론을 거쳐 보강·강화·확보될 수 있는지를 설명하는 데 집중하였습니다. 연구방법론을 왜 공부해야 하는지에 대한 큰 줄기를 잡고 나면 필요에 따라 관련 부분들을 추가로 학습하면 된다고 저는 생각합니다. 세계는 넓고 연구는 방대합니다. 핵심이 무엇인지를 알고 있고 방법론을 왜 배워야 하는지에 대한 동기부여만 확실하다면 세세한 내용은 스스로 학습할 수 있다고 생각합니다. 학문은 누군가에게 전수받고 배우는 것이 아니라, 스스로 쟁취하고 쌓아 감으로써 완성해 가야 할 대상이라는 것이 제 생각입니다.

시대가 변하면서 학문환경이 급속히 변하고 있습니다. 학생을 가르치는 입장에서 언제나 무엇을 어떻게 가르쳐야 하는가에 대한 고민을 합니다. 제가 개인적으로 내린 결론은 다음과 같습니다. "학자들이 이룩해 놓은 무엇인가"를 학생에게 정확하고 효율적으로 전달하는 것은 별 의미가 없다고 봅니다. 대신 교육자는 학생에게 "학자들이 어떤 과정으로 무엇을 이룩했는지" 그 과정을 복기할 수 있도록 안내하고, 더 나아가 "학생들이 무엇을 이룩할 수 있는지" 같이 시도해 보아야 한다고 저는 생각합니다. 또한 가급적 추상적인 이론을 교육자가 소화하여 제시하는 것보다 "학생 주변의 구체적인 상황들에 대한 분석을 통해 학생 스스로 선행연구들의 추상적 이론을 비판적으로 받아들이도록" 안내해야 한다고 생각합니다. 이 책은 어떻게 연구방법론이 제가 갖고 있는 이런 생각을 구현하는 데 필수적인 과목인지를 가급적 평이한 말로 설명하는 것을 목표로 하였습니다.

이 책 중반부터는 오픈소스 프로그램인 R을 이용하여 표집을 이해할 수 있는 간단한 실습을 제시하였습니다. 본서 초고를 작성할 때는 R 코드에 대해서 소개를 제시했는데, 교정을 보면서 R 코드에 대한 설명은 전부 삭제하였습니다. 왜냐하면 R 코드를 이해하는 것은 연구방법론과 직접적 관련이 없기 때문이며, 따라서 R 코드를 이해하지 못했다고 해도 연구방법론 관련 내용을 이해하는 데는 아무런 문제가 없습니다. 독자께서는 R 코드 관련 부분이 낯설게 느껴지시더라도 본문의 내용에 집중하신다면 아무런 문제 없이 내용을 이해할 수 있을 것입니다.

책을 준비하는 과정에서 수업시간에 공유했던 제 쪽글을 읽고 좋은 충고를 해준 연세대학교 언론홍보영상학부 학부생들에게 진심으로 감사 말씀을 전합니다. 특히 고정현 씨(2012년도 입학), 구동완 씨(2013년도 입학), 박희영 씨(2014년도 입학), 신지은 씨(2017년도 입학), 벨리나 디미트로바 씨(Velina Dimitrova, 2013년도 입학)께서는 이 책의 초고들에 대해 귀중한 조언 및 제안을 덧붙여 주었습니다. 또한 제 대학원 지도학생이었던 김혜민 씨, 강현희 씨, 그리고 임채윤 씨는 해당 원고의 구성과 오탈자, 비문 등을 체크하여 주었습니다. 제게 가르침을 선사해 준 멋진 학생들에게 이 자리를 빌려 진심으로 감사 말씀드립니다. 부디 이 책이 연구방법론에 녹아 있는 사고체계의 매력을 느끼실 수 있는 길잡이 역할을 하길 기원합니다.

2018년 3월 31일
연세대학교 아펜젤러관에서

차례 Contents

머리말 3

CHAPTER 01

이론과 연구방법론의 관계

제가 아는 모든 학문은 '이론'과 '방법론'으로 구성되어 있습니다. 아직 저는 방법론 없이 이론만을 다루거나, 혹은 이론 없이 방법론만으로 구성된 학문을 본 적 없습니다. 이론이 "무엇에 대한 논술"이라면, 방법론은 "무엇을 알아나가는 방식에 대한 논술"이라고 저는 생각합니다. 철학자 칸트는 "직관 없는 사유는 공허하고 개념 없는 직관은 맹목적"이라고 말한 적이 있다고 합니다. 이 말을 패러디하자면, "이론 없는 방법론은 공허하고, 방법론 없는 이론은 맹목적"이라고 말할 수도 있을 것 같습니다. 즉 이론과 방법론은 서로가 서로를 '요청'하며 다른 하나를 배척하고 어느 하나만을 추구하는 것은 불가능하다는 것이 제 생각이고, 아마도 대부분의 사회과학자들이 공유하고 있다고 저는 믿습니다.

좀 생뚱맞지만, 과학이 아닌 부분에서도 예를 한번 들어볼까요? 흔히 과학의 반의어라고 상정되는 '종교'를 예로 들어보죠. 제가 아는 모든 세상의 종교는 '구원'을 추구합니다[기독교에서는 여호와를 통해, 이슬람에서는 알라를 통해, 불교에서는 내면의 불성(佛性)을 통해]. 그렇다면 구원은 무엇일까요? 또 구원을 얻기 위해서는 무엇을 해야 할까요? 제가 종교학 전공자가 아니라 구체적인 답을 드리기는 어렵습니다. 하지만 "구원이 무엇인지"에 대한 것이 종교의 이론, 즉 교리(敎理)이고, "구원을 얻는 방법"에 대한 것이 바로 종교의 계율이라고 보아도 무방할 것 같습니다. 즉 신도들에게 구원의 필요성을 설득하고, 구원을 받게 만들어주기 위해서는 기본적인 교리를 가르치고, 또 계율을 지켜야 하는 이유를 설득시켜야 합니다. 이렇게 보니 어떤가요? 종교도 이론과 방법론이 있죠? 종교에서 구원을 얻기 위해 교리와 계율이 필요하듯, 과학에서 진리를 얻기 위해서는 이론과 방법론이 필요합니다.

과학에서 말하는 '이론'은 무엇인가요? 대부분은 다음과 같은 질문들에 대한 말입니다. "원자란 무엇인가?" "소통이란 무엇인가?" "권력이란 무엇인가?" 이러한 질문에 대해 이론은 다음과 같은 방식으로 답을 합니다. "[__]는 〈__〉다"(보통 [__]에는 개념이 들어가고, 〈__〉에는 개념에 대한 서술이 들어갑니다). 즉 이론은 연구대상을 개념화한 후, 그 개념에 대해 정의를 내린 문장들로 구성되어 있습니다. 이렇게 정의 내려진 문장들을 알게 되면 우리가 접하는 현상을 보다 체계적으로 이해할 수 있습니다(물론 잘못된 이론을 학습하면 우리가 접하는 현상을 "체계적으로 잘못" 알게 됩니다).

그렇다면 과학에서 말하는 '방법론'은 무엇일까요? 앞에서 예를 들었던 종교의 예를 들어 볼까요? 기독교의 십계명, 불교의 팔정도 등은 모두 초월자를 접하고 깨달음을 얻기 위해서 지켜야 할 몸가짐입니다. 사실 과학적 방법론 역시 다르지 않습니다. 올바른 이론을 얻기 위한 과정과 절차가 무엇인지, 누군가가 주장하는 이론이 과연 참된 이론인지를 따지는 과정과 절차에 내재한 일련의 요구사항들이 바로 방법론에서 다루는 내용입니다. 쉽게 말하자면 방법론에서는 이론이 다루는 개념의 내용에 대해서는 별 관심이 없습니다. 방법론에서는 이론이 다루고 있는 내용과 개념과 설명의 관계가 얼마나 타당하고 믿을 만한가를 점검합니다. 다시 말해 방법론의 심판을 통과하지 못하는 이론은 "이론으로서의 지위"를 얻을 수 없습니다.

과학적 지식을 학습하고 생산하며 축적하는 데 왜 방법론이 필요한지, 또한 방법론을 왜 배워야 하는지에 대한 이유는 바로 이것입니다. 현상에 대한 어떤 주장(argument)이 주어졌을 때, 이 주장을 과학자 공동체 구성원들이 공적으로 인정하는 이론으로 보아야 할지, 아니면 특정인의 사적인 의견으로 보아야 할지를 분별 짓는 일련의 기준에 대한 논의가 바로 방법론입니다. 여기서 여러분들이 주의하셔야 할 점은 분과학문에서 말하는 '이론'과 '방법론적 이론'을 구분하는 것입니다. 예를 들어 백영민이라는 개인은 어떤 '이론'을 자신의 생각에 따라 얼마든지 고안하고 주장할 수 있습니다. 그러나 백영민이라는 개인의 이론이 언론학자들이 받아들일 수 있는 '언론학적 이론'으로 전환되기 위해서는 반드시 '방법론이라는 이론'의 테스트 절차를 거쳐야 합니다. 다시 말해 '백영민의 이론'은 사적인 영역에 속하는 의견이며, 언론학자들이 '백영민의 이론'을 받아들였을 경우 공적인 과학적 담론이 됩니다. 이런 점에서 저는 "사적인 의견을 공적인 과학담론으로 변환시키는 이론"을 방법론이라고 파악하고 있습니다. 저와 비슷한 관점에서 어떤 학자들은 방법론을 이론에 대한 이론, 즉 '메타이론(meta-theory)'이라고 부르기도 합니다.[1]

아마도 이제 여러분들은 분과학문에서 소개하는 기본적 '이론'(예를 들어 '언론학 개론' 혹은 '정치학 원론' 등과 같은 이름으로 진행되는 과목)과 '방법론'(이를테면 '사회과학 조사방법론'과 같은 이름으로 진행되는 과목)이 어떻게 다른지 이해하실 수 있을 것입니다. 예를 들어 사회과학 기초과목들(언론학 개론 혹은 정치학 개론이나 사회학 개론 등)에서 소개하는 이론의 경우 특정한 사회 현상에 대한 것에 국한되는 경우가 대부분인 반면, 방법론의 영역은 특정 현상 전반적인 사회 현상, 더 나아가 자연현상에 대해서도 적용 가능할 정도로 포괄적입니다. 실제로 제가 속한 언론학연구방법론에서 다루는 연구기법들은 심리학, 사회학, 정치학, 인류학 등과 같은 인접 사회과학분과에서의 연구방법론과도 매우 유사하며, 심지어 자연과학이나 공학 등과 같은 소위 이공계분과에서의 연구방법론과도 많은 부분이 동일합니다. 조금만 생각해 보시면 그 이유를 추정하실 수 있을 것입니다. 왜냐하면 제가 앞서 설명드렸듯 방법론은 "이론(분과학문에서 다루는 이론)에 대한 이론"이기 때문입니다.

여기서 저는 개별 학문분과에서 다루는 이론과 방법론의 관계를 철학에서 다루는 존재론(ontology)과 인식론(epistemology)의 관계로 설명할 수 있다고 생각합니다. 존재론과 인식론이 현상을 이해하고 이에 대한 지식을 축적하기 위해 모두 필요하듯, 개별 학문분과에서도 이론과 방법론 모두가 갖추어져야 합니다. 읽으시는 분에 따라 존재론과 인식론이라는 용어가 낯설게 느껴지실 수도 있기 때문에 여기서는 제가 말하는 존재론과 인식론이 무엇인지에 대해 간단한 설명만 제시하도록 하겠습니다.[2]

존재론은 현실에 존재하는 개체(entity)가 무엇이며, 이들 개체는 어떠한 관계(relations)를 갖는지를 밝히는 것입니다. 존재론적 관점에서 파악한 이론은 다름 아닌 개별 분과학

---

1 관심 있는 분은 *The Cambridge Dictionary of Philosophy*의 Philosophy of social science 항목을 찾아보시기 바랍니다.

2 참고로 여기서 제시하는 존재론과 인식론은 주류 과학철학인 논리실증주의적(logical positivism) 관점을 반영하고 있습니다. 아쉽지만 논리실증주의가 아닌 다른 관점에 대해서는 다른 책들(Babbie, 2008; Schutt, 2014)을 참고하시기 바랍니다.

문에서 이야기하는 '이론'입니다. 존재론적 관점에서 파악된 이론을 편의상 〈이론〉이라고 표현해 봅시다. 이를테면 특정 대상에 대한 정의(definition)를 내려 개념화하는 것이 존재론적 〈이론〉의 시작이며, 이러한 개념들이 어떠한 구조를 맺고 있는지를 완전하게 밝히는 것이 존재론적 〈이론〉의 완성입니다. 실제로 모든 개별 분과학문의 〈이론〉은 개념이 무엇인지를 정의한 후, 그 개념이 다른 개념과 어떤 관계를 갖는지를 밝힌 공적 담론(public discourse)이라고 정의할 수 있습니다. 예를 들어 "정치광고를 접한 유권자는 정치광고에 등장하는 후보자를 선호할 것이다"라는 아주 간단한 언론학자의 주장을 살펴보죠. 이 간단한 이론적 진술문(theoretical statement)에도 상당히 많은 개념들이 등장합니다[예를 들어 유권자, 후보자, 정치광고, 접함(being exposed to), 선호(preference)]. 그러나 유권자, 후보자, 정치광고와 같이 일반적으로 쉽게 이해할 수 있는 개념을 뺀 후, 위의 진술문을 단순화시켜 보면 어떨까요? 위의 이론적 진술문은 '정치광고를 접한 유권자'와 '정치광고에 등장하는 후보자'라는 두 개념이 '선호'라는 긍정적인 감정으로 연결된다는 존재론적 진술문이라고 볼 수 있습니다.

반면 인식론의 목적은 우리가 알고 있는 지식의 논리성과 타당성을 어떻게 확보할 수 있는가를 밝히는 철학적 [이론]입니다(앞에서 소개한 존재론적 〈이론〉과 구분하기 위해 괄호의 모양을 다르게 표시하였습니다). 소크라테스가 소피스트들을 논박할 때 사용했던 변증술(dialectic)을 떠올려 보세요. 이 변증술은 인식론을 구현하는 철학적 기법입니다. 변증술로 무장한 소크라테스는 앞에서 언급하였던 존재론적 진술문에 대해 끊임없는 의문을 제기합니다. 소크라테스는 소피스트들의 주장에 대해 "당신이 주장하는 주장이 이런 면에서 논리적이지 않다" 혹은 "모순된다"라는 방식으로 계속 질문을 던진 것으로 유명합니다. 대화를 통해 논리적이지 않거나 타당하지 않은 존재론적 진술문들을 버리고 누가 보아도 옳고 타당한 존재론적 진술문을 가려내는 것이 바로 소크라테스가 사용했던 변증술의 목적이었습니다(놀라운 것은 소크라테스는 자신이 무지하다고 생각해서 자신이 생각하는 존재론적 진술문을 밝힌 적이 없다는 것입니다.[3] 즉 타인을 비판하였을 뿐, 자신의 생각이 무엇인지를 밝히지 않았다는 점에서 소크라테스는 순수한 방법론 [이론]가였습니다). 이런 면에서 본다면

---

3 물론 이 모습은 초기 플라톤 저작에서 등장하는 소크라테스의 모습입니다. 중기 혹은 후기 플라톤 저작에서 나타나는 소크라테스는 존재론적 진술문을 제시합니다.

타인에게 소통되지 않는 존재론적 진술은 개인의 신념 혹은 잠정적 지식 등이며, 타인과 소통되는 존재론적 진술이 바로 보편적 이론(universal theory), 공리(axiom), 진리(truth) 등으로 구분할 수 있습니다. 특정한 존재론적 진술의 보편타당성을 따진다는 점에서 인식론을 "앎에 대한 이론(theory of knowledge)"이라고 부르기도 하는데, 이는 앞에서 제가 소개했던 메타이론이라는 표현과도 크게 다르지 않습니다.

정리해 보죠. 어떤 〈이론〉적 진술이 진리인지, 또한 진리를 진리답게 만드는 논리적 조건은 무엇인지에 대한 철학적 [이론]이 인식론이며, 개별 학문분과에서 존재론적 진술문, 즉 〈이론〉의 정당성 여부와 확보과정에 대한 [이론]을 통칭하여 '방법론'이라고 부릅니다. 이렇게 볼 때 존재론은 주장(argument)이며, 인식론은 논리(logic)라고 단순화시킬 수 있습니다(솔직히 말씀드리면 과도한 단순화입니다). 더 쉬운 말로 표현하자면 존재론은 '무엇(what)'에 대한 〈이론〉이며(know-what), 인식론은 '어떻게(how)'에 대한 [이론]이라고도 볼 수 있습니다(know-how). 둘 다 같은 이론이지만, 대상으로 삼고 있는 이론이 무엇인가가 다르다는 점을 느끼실 수 있기 바랍니다.

이제는 〈 〉나 [ ]와 같은 표현을 사용하지 않고, '이론'과 '방법론'이라는 용어로 구분하여 사용하도록 하겠습니다. 연구대상에 대해 우리가 무엇을 알고 있는가에 대해 논의하는 것이 개별 분과학문에서 말하는 '이론'이며, 우리가 알고 있다고 주장하는 것이 논리적이고 타당한지에 대해 논의하는 것이 바로 '방법론'입니다. 이렇게 본다면 제가 왜 첫 단락에서 소개했던 칸트의 말에 대한 패러디, 즉 "이론 없는 방법론은 공허하고, 방법론 없는 이론은 맹목적"이라는 표현을 사용하였는지 이해하실 것 같습니다. 방법론을 모르고 이론을 주장하면 개인의 억측을 이론이라고 잘못 파악할 수 있고, 이론을 모르고 방법론만 안다면 우리가 접한 현실에 대한 지식을 갖출 수가 없습니다. 이론적 진술문의 과학적 정당성은 방법론을 통해 확보되고, 방법론의 타당성은 이론적 진술문이 다루는 대상의 성격에 따라 달라집니다. 개별 학문분과에서 방법론의 학습과 적용은 이론의 학습과 적용과 절대 분리될 수 없으며, 이론의 정당성은 방법론의 정당성에 따라 달라질 수밖에 없습니다. 보다 나은 이론을 위해 치밀한 방법론적 성찰이 요구되며, 기존 방법론을 제대로 숙지하고 새로운 방법론을 창출하기 위해서는 이론에 대한 끊임없는 사색이 필요합니다.

그러나 아쉽게도 현실의 이론과 방법론의 관계는 여기서 말씀드린 것과는 조금 다릅니다. 여러 방법론 교과서들을 접해 보았습니다만, 아쉽게도 많은 교과서들은 개별분과 내부의 '이론'과 '방법론'의 관계에 대해 위와 같이 고민한 사람은 그다지 많지 않습니다. 방법론에 관심을 갖고 집중적으로 연구한 제 입장에서 방법론을 오해하는 학생들과 심지어 전문연구자들을 적지 않게 만났습니다. 이론과 방법론의 관계에 대한 몇 가지 오해들을 살펴보죠.

첫 번째 오해 ____ "이론과 방법론의 영역은 분리되어 있다." 어느 정도는 사실일 수 있지만, 앞에서 살펴본 것처럼 절대 완전히 분리될 수 없습니다. 이론과 방법론을 별개의 영역으로 생각할 경우 다음과 같은 문제들로부터 자유롭지 못합니다. 방법론을 학습하는 여러분들이 이런 생각을 갖고 있다면, 방법론 과목에서 소개되는 개념들과 기법들을 맥락과 무관하게 이해할 수밖에 없습니다. 소피스트가 없는 상황에서 소크라테스가 변증술을 쓸 수 없듯, 방법론적 학습은 이론적 진술문의 성격과 맥락을 배제한 상태에서 이루어질 수 없습니다. 이론적 맥락이 거세된 상태의 방법론 학습은 추상적으로 흐르기 쉽고, 따라서 명확한 이해가 불가능합니다. 맥락이 거세된 상황에서 방법론은 추상적인 용어들의 나열과 다르지 않습니다. 구체적인 이해가 배제된 상태에서 수업을 듣고 무엇보다 중간고사 및 기말고사를 치러야 한다면, 수업을 듣는 사람은 어떻게 해야 할까요? 제 경험상 이때 학생이 할 수 있는 것은 딱 하나뿐입니다. 내용을 암기하는 것이죠. '어떻게(how)'를 다루는 방법론적 지식은 적용(application)을 통해 체험되어야 할 대상이지, 암기의 대상이 아닙니다. 물고기가 어떤 존재인지를 모르는 상태에서, 낚시기법을 아무리 잘 암기한다 한들 아무런 의미가 없습니다. 방법론을 공부할 때 암기에 의존한다면, 외람된 말이지만 강사는 수업을 잘못 진행하였고 학생은 방법론 학습을 잘못하고 있다고 저는 확신합니다. 방법론은 체험되어야 할 대상이지 외워서 해결될 대상이 아닙니다.

그러나 더 큰 문제는 이렇게 방법론을 배운 학생이나 연구자가 자신의 이론을 구축할 때 방법론적 정당화에 의존하지 않으려는 성향이 강해진다는 점입니다. 잘못된 방법론 학습의 가장 큰 병폐는 바로 이론적 올바름의 근원을 '권위'나 '여론'에서 찾는다는 것입니다. 이론을 방법론과는 분리된 독립된 영역으로 생각하는 연구자는 이론적 진술문이 의견인지 아니면 이론인지를 판가름할 때 방법론을 경시하는 모습을 보이기 쉽습니다. 왜냐하면 이 사람들은 이론을 방법론과 분리된 존재로 생각하기 때문이죠. 그렇다면 자신의 주장이 공적인 이론으로 받아들여지기 위해서는 어떤 전략을 택할까요? 상당수의 학자들이 자신의 주장이 단순한 자기 의견이 아니라는 것을 주장할 때, 권위 있는 선행 연구자의 주장에 기생(parasite)하는 경우가 적지 않습니다. 유명한 사람, 권위 있는 고전 등에서 나온 말들을 무비판적으로 수용하면서 타자를 윽박지르는 소위 지식인의 모습을 떠올리시면 이해가 쉬울 것 같습니다. 혹은 자신의 주장이 단순한 사견(private opinion)이 아님을 보이는 방법으로 사회구성원 다수의 여론에 영합하기도 합니다. 다시 말해 모두가 옳다고 하니 내 주장은 공적 이론이라고 주장하는 것이죠. 엄밀하게 말해 권위나 여론이 언제나 틀린 것은 아닙니다. 그러나 당연하지만 언제나 옳은 것도 아닙니다. 학문이 학문다운 이유는 그것이 위대한 사람의 말을 빌렸기 때문도 아니요, 다수의 의견에 부합하기 때문도 아닙니다. 이론이 이론으로서의 가치를 갖는 이유는 이론을 전개하고 그것을 증명하는 과정이 믿을 만하기 때문입니다. 연구의 과학적 타당성은 권위가 아닌 과학적 논리, 즉 연구 내부의 내적 논리성과 현실타당성에서 찾는 것이 보다 정당하다고 생각하신다면, 이론다운 이론을 위해서 필요한 것이 '엄정한 방법론'이라는 데 동의하실 것입니다.

정리하자면 방법론은 이론과 분리될 수 없습니다. 올바른 이론을 정립하고 이해하기 위해서는 방법론이 필요하며, 또한 방법론을 적용하고 이해하기 위해서는 이론이 필요합니다.

두 번째 오해 _____ "방법론은 이론적 가설검증을 위해 충족해야 할 조건들의 집합이다." 다시 말해 방법론을 일종의 올바른 이론 판정을 위한 체크리스트로 파악하는 입장입니다. 사실 이는 틀렸다고 보기는 어렵습니다. 제가 여기서 말씀드리고 싶은 것은 이렇게 방법론을 이해하는 것은 방법론의 일부만 이해하는 것이라는 사실입니다. 솔직히 이러한 오해를 부추기는 가장 큰 원흉(?)은 방법론 교과서라고 저는 생각합니다. 방법론을 일종의 체크리스트로 보는 것은 방법론의 역사성을 부정하기 때문에 옳지 않습니다. 쉽게 다음과 같은 질문을 던져보죠. "특정한 주장이 사견인지 이론인지를 판가름하는 것이 방법론이라면, 그 방법론이 올바른 방법론인지를 판가름하는 것은 무엇일까?" 즉 백영민 이라는 사람의 어떤 주장을 방법론을 적용함으로써 과학적 이론으로서 타당성을 갖고 있다고 판단했다면, 과연 이 방법론의 타당성은 어떻게 보장될까요? 이론의 진위를 판가름할 메타이론의 진위를 판가름하기 위해서 우리는 메타–메타이론이 필요할지도 모릅니다. 또한 메타-메타이론의 진위를 가름하기 위해서는 메타-메타-메타이론이 또 필요할 수도 있고요. 여기서 제가 드리고 싶은 말씀은 바로 이것입니다. 진정으로 과학적인 이론이라고 보증할 수 있는 방법론은 없습니다. 다시 말해 교과서를 통해 혹은 수업시간에 배우는 방법론은 현재까지의 잠정적인 메타이론일 뿐입니다. 현재의 메타이론은 과거의 메타이론을 비판하면서 등장하였으며, 마찬가지로 미래의 메타이론은 현재의 메타이론을 부정하면서 발전해갈 것입니다. 다시 말해 만약 여러분이 (혹은 어떤 연구자가) '체크리스트'로서 방법론을 받아들일 경우, 현재의 메타이론에 안주할 수밖에 없으며, 또한 현재의 메타이론의 약점을 극복하는 것 역시 불가능하다는 점입니다. 부디 여러분께서는 교과서나 수업시간에 소개될 연구방법론을 잠정적인 메타이론으로 받아들여 주시고, 이것을 완성된 메타이론으로 받아들이지 말아 주시기 바랍니다. 교과서적인 연구방법론 지식은 마치 진실인 것처럼 제시되는 것이 보통이지만, 현재의 방법론적 지식이 완벽한 참은 아닙니다.

정리하자면, 여러분은 현재까지의 방법론 지식들을 이해하되, 신봉할 필요는 없습니다. 장강(長江)의 뒷 물이 앞 물을 치고 나가듯, 현재의 연구방법론 지식 역시 미래의 지식에 의해 교체되고 폐기되어야 할 대상입니다. 이 책의 내용도 마찬가지입니다. 제가 여기서 소개하는 몇몇 방법론적 개념들과 기법들에 주의를 기울여 주시되, 어떤 잠정적 문제가 있을 수 있는지, 그리고 그것을 어떻게 극복할 수 있을지 상상해 보시기 바랍니다.

아마도 많은 분들이 내용이 너무 추상적이라고 느끼셨을 것입니다. 잘 이해가 되지 않는다고 생각하시면 지금 당장은 너무 깊숙이 이해하려고 생각하시지 않아도 괜찮습니다. 느껴지는 어려움과 궁금증을 마음속에 간직해 두신 채, 이 책을 보시는 중간 중간 한 번씩 꺼내어 반추해 보시기 바랍니다. 솔직히 저 역시도 같은 질문을 계속해서 던지고 있기 때문입니다. 어쩌면 방법론 교과서에 등장하는 여러 개념들 혹은 기법들보다 더 중요한 것은 현실에 대해 끊임없이 질문을 던지고 그것을 논리적으로 풀어나가려는 도전정신입니다. 저는 이런 도전정신이 바로 '방법론적 사유'의 핵심이라고 생각합니다.

CHAPTER 02

연구방법론의 네 기둥:
인과율, 측정의 타당도와 신뢰도, 연구방법의 체계성

이제는 본격적으로 연구방법론이 무엇이며 어떻게 구성되어 있는지 소
개하겠습니다. 앞서 01장에서 제가 여러 번 반복했습니다만, "방법론 없는 이론은 맹목
적이고, 이론 없는 방법론은 공허합니다." 따라서 방법론을 구체적으로 체험하기 위해서
는 '이론'이 무엇인지 이해할 필요가 있습니다. 어느 학문분과든 개론이나 원론 시간에
각종 이론을 학습하셨을 것입니다. 그렇다면 이론은 무엇일까요? 제가 학생들에게 추천
하는 방법론 교과서에서는 이론(theory)을 다음과 같이 정의하였습니다.

"수많은 상호연관된 현상을 이해하고 어떤 조건이 충족되었을 경우 일어날 수 있
는 행동이나 태도를 예측하는 데 도움을 주는 논리적 구조를 갖는 진술문의 집합
(a logically interrelated set of propositions that helps us make sense of many interrelated
phenomena and predict behavior or attitudes that are likely to occur when certain conditions
are met.)"

– Schutt (2014, p. 35)

상당히 재미없어 보이고 추상적인 정의지만 방법론을 이해하는 데 매우 유용한 정의라
고 저는 생각합니다. 위의 정의가 함축하는 바를 보다 자세하게 뜯어보면 다음과 같습니다.

첫째, 이론은 현상(phenomena)에 대한 진술문(prepositions), 즉 말(words)입니다. 이 정의

에 따르면 좋은 이론은 현상을 제대로 표현한 말입니다. 다시 말해 이론의 좋고 나쁨은 이론이 묘사하는 현상과 이론으로 표현되는 진술문 사이의 상응도(correspondence)로 판단됩니다. 쉽게 말해 현상에 잘 부합하도록 서술된 이론은 좋은 이론이지만, 현상과 동떨어진 서술들로 이루어졌다면 나쁜 혹은 폐기되어야 할 이론입니다.

둘째, 이론을 구성하는 진술문들은 논리적으로(logically) 구성되어 있습니다. 다시 말해 이론 내부의 진술문들은 내적 통합성(coherence)을 갖고 있습니다. 다시 말해 상호모순되는 진술문들로 구성된 이론은 좋은 이론이라고 보기 어렵습니다.

셋째, 하나의 현상에는 다양한 요소들이 존재하며("many interrelated phenomena"라는 표현), 현상을 묘사하는 이론 역시 내부에 다양한 요소들이 존재합니다("interrelated set of propositions"라는 표현). 즉 이론이 대상으로 삼고 있는 현상은 최소 2개 이상의 요소들 사이의 연관관계를 다룹니다. 이 함의는 다음의 함의를 살펴보시면 보다 명확하게 이해하실 수 있을 것입니다.

넷째, 현상을 구성하는 요소는 '조건'과 해당 조건이 충족되었을 때 발생되는 '행동이나 태도'로 구성되며, 이 현실요소들의 관계는 이론에서도 그대로 반영되어야 합니다. 영문법에서 이야기하는 '조건문(if-statement)'를 떠올리시면 됩니다. X의 조건이 바뀌면, Y의 모습이 바뀐다는 표현을 들어보셨을 것입니다(이를테면 "공부를 하면 학점이 오를 것이다"). 흔히 '조건'을 원인변수 혹은 독립변수라고 부르며, '행동이나 태도'를 결과변수 혹은 종속변수라고 부르고, 이 둘 사이의 관계를 '인과관계(causal relation, or causality)'라고 부릅니다.

다섯째, "are likely to occur"라는 표현을 통해 알 수 있듯 인과관계는 가능성(probability)을 다루지 결정론(determinism)을 다루지 않습니다. 예를 들어 "공부를 하면 학점이 오를 것이다"라는 이론적 진술문이 의미하는 바는 공부를 한다고 해도 개인에 따라 학점이 오르지 않을 수도 있고, 심지어 학점이 떨어질 수도 있다는 것을 의미합니다. 즉 공부를 하면 "학점이 오를 가능성이 올라간다"는 의미이지, "반드시 학점이 오른다"는 의미가 아닙니다. 다시 말해 이론에서 묘사하는 인과관계는 현상에서 나타나는 전반적인 패턴(overall pattern)에 집중할 뿐, 개개의 모든 사례들에 집중하지 않습니다. 이 말은 어떤 특정 사례에 이론이 적용되지 않았다고 해서 그 이론이 틀렸다고 주장할 수 없다는 의미이기도 합니다.

앞서 소개한 이론의 정의를 잘 숙지하면, 방법론의 역할을 보다 잘 이해할 수 있습니다. 단순화시켜 이야기하자면, 어떤 사람의 주장, 즉 '진술문의 집합'이 진술문이 묘사하는 현상의 원인과 결과의 관계(인과관계)를 잘 묘사하고 있는지 여부를 점검하는 것이 바로 방법론의 역할입니다. 그렇다면 방법론은 어떻게 정의할 수 있을까요? 아쉽지만 적어도 저는 지금까지 방법론을 위와 같은 방식으로 정의한 교과서나 논문을 접한 적은 없습니다(혹시 접한 적이 있으시거나 알고 계신 분은 제게 관련 문헌정보를 알려주시기 바랍니다). 물론 01장에서 소개하였듯 '메타이론(meta-theory)' 혹은 '지식발견의 기법(method of knowledge discovery)' 등으로 방법론을 간략하게 정의한 경우는 있습니다. 그러나 이렇듯 간단한 정의로는 방법론이 무엇이고 방법론의 영역이 어떻게 되는지 이해하기 어렵습니다.

이제 제가 생각하는 방법론 정의를 다음과 같이 제시하고자 합니다.

> "방법론이란 외부 사회 현실에 대해 확률적으로 표현된 **인과적 진술문**이 얼마나 **타당하고 신뢰할 만한지**를 평가하기 위해 제안된 일련의 **체계적** 방법을 의미한다 (Methodology is a set of <u>systematic</u> methods upon which we rely when evaluating both <u>reliability</u> and <u>validity</u> of measures, and plausibility of the stated <u>causality</u> about external social phenomena)."

위에 제시한 정의에서 강조한 4가지가 이 책을 통해 제가 여러분들께 소개할 방법론의 주요 영역들입니다. 언급한 4가지는 다음과 같은 순서로 소개될 예정입니다.

첫째, 인과율 _____ 앞서 이론에 대한 정의에서 소개되었듯, 이론적 진술문은 원인('조건')과 결과('태도나 행위')의 관계를 언급하고 있습니다. 적어도 주류 과학에서는 인과율을 모든 지식의 필수조건으로 생각합니다.[1] 지식이 유용한 이유는 지식을 통해 현상을 이해하고 통제할 수 있기 때문입니다. 다시 말해 어떤 결과를 초래한 원인이 무엇인지 안다면, 원인이 되는 사건이 터졌을 때 어떤 결과가 초래될지 대비할 수 있으며(예를 들어 어

---

1 과학적 이론에서 왜 인과관계가 중심이 될 수밖에 없는지에 대한 가장 멋진 주장으로는 샤디쉬 등 (Shadish, Cook, & Campbell, 2002)을 참조하세요.

떤 조건에서 태풍이 발생하는지를 알고 있다면, 태풍 피해를 막거나 줄이기 위한 준비를 할 수 있습니다), 더 나아가 원인이 되는 조건을 변경시킴으로써 긍정적인 결과를 적극 도출하거나 부정적인 결과를 방지할 수 있습니다(예를 들어 백신을 맞는 방식으로 병에 걸리지 않을 수 있습니다).

예를 들어 "공부를 하면 학점이 오를 것이다"라는 주장이 과학적 이론인지 여부를 살펴본다고 가정해 봅시다. 이 이론적 진술문에는 공부를 한다는 것이 원인이며, 학점이 올라간다는 것이 결과인 것으로 제시하고 있습니다. 이러한 진술문은 방법론적 관점에서 인과율의 조건에 맞을까요? 나중에 자세히 소개하겠지만, 인과율의 조건(보다 정확하게는 '법칙정립적 인과율(nomothetic causality)'의 조건)은 '상관관계', '결과에 대한 원인의 시간적 선행 여부', '비허위성'의 3가지입니다. 3가지 조건에 대한 설명은 나중에 보다 자세히 소개하겠습니다.

둘째와 셋째, 신뢰도와 타당도 _____ 앞서 이론에 대한 정의에서 소개되었듯, 좋은 이론은 외부현상에 잘 부합해야 합니다. 즉 이론적 진술문에서 다루는 개념이 현실, 즉 외부현상을 얼마나 타당하게 반영하는지가 바로 '타당도'입니다. 앞서 소개한 사례를 예로 들어보죠. 만약 어떤 학자가 '공부량'을 '책상에 얼마나 오래 앉아 있었는가'라는 방식으로 측정했다고 가정해 봅시다. 여러분께서는 해당 측정치, 즉 책상에 앉아 있는 시간이 얼마나 공부를 했는지를 잘 측정할 수 있다고 믿으시나요? 만약 여러분께서 측정에 아무런 문제가 없었다고 가정한다면 측정의 타당도에는 문제가 없다고 볼 수 있습니다(여기서 말하는 타당도는 '액면타당도(face validity)'입니다. 다른 타당도는 이후에 다시 구체적으로 설명하도록 하겠습니다). 반면 책상에 앉아서 책을 펴고 자고 있는 경우를 생각해 본다면, 측정의 타당도는 확보되었다고 보기 어려울 것입니다.

타당도가 측정치와 측정치가 측정하고 있는 개념의 관계를 다룬다면, 신뢰도는 개념을 다루는 측정치가 얼마나 안정적(stable)이고 일관적(consistent)으로 개념을 측정하고 있는가를 다룹니다. 앞서 소개한 예를 들어봅시다. 어떤 학생이 공부를 한다는 것을 만약 하루만 측정했다고 한다면 해당 측정치의 신뢰도는 어떨까요? '작심삼일'이라는 말처럼 모처럼 측정하는 날에 공부를 했다면 어떻게 될까요? 또 평상시에는 열심히 공부하는데, 우연히 측정하는 날에만 다른 일로 공부를 하지 못한 학생의 경우는 어떻게 될까요? 즉, 한 번의 측정으로 원하는 개념을 측정하는 것은 신뢰도를 확보하기 어렵습니다. 신뢰도를 높이는 한 가지 방법은 바로 측정기간을 늘리는 것, 즉 장기간에 걸쳐 반복적으로 측정하는 것입니다. 예를 들어 하루만 측정하지 않고 한 달 정도 측정한다면 어쩌다 공부하거나 혹은 어쩌다 하루 공부하지 않은 경우에 발생하는 측정의 문제는 발생되지 않을 것입니다. 즉 공부를 한다는 것을 여러 차례 측정한 후 얻은 각 측정치들(단수형이 아닌 복수형이에요!)이 일정 수준 이상의 일관성을 보인다면, 해당 측정치는 개념을 측정할 때 신뢰도를 확보하였다고 이야기할 수 있겠죠(여기서 사례로 든 신뢰도는 '검사-재검사 신뢰도(test-retest reliability)'입니다. 다른 형태의 신뢰도에 대한 개념과 사례는 나중에 보다 자세히 설명드리겠습니다).

언급한 타당도와 신뢰도는 인과율을 구성하는 요소들, 즉 원인과 결과변수 모두에서 충족되어야만 하는 조건입니다. 예를 들어 원인변수의 타당도가 확보되지 않았다면, 이렇게 타당하지 않게 측정된 원인변수와 결과변수의 인과관계가 조건을 만족시켰다고 하더라도 그 인과관계를 확신하기 어려울 것입니다. 마찬가지로 원인변수나 결과변수의 신뢰도가 확보되지 않았다고 해도 인과율에 대해 확신(혹은 불신)하기는 어렵겠죠. 단순히 연구방법론이라는 과학의 영역이 아니라도 측정치의 타당도와 신뢰도는 사회 시스템의 정당성과도 매우 밀접한 관련이 높습니다. 임금상승률, 물가상승률, 실업률 등의 지수들은 모두 우리의 경제적 생활과 밀접한 관련을 맺고 있습니다. 만약 이런 지수들의 타당도와 신뢰도가 확보되지 못한다면 어떻게 될까요? 사회제도에 대한 불신, 엘리트에 대한 환멸은 물론이고, 잘못된 지수에 기반한 경제정책은 효과가 없거나 심지어 역효과를 불러와 경제를 더 악화시킬 수 있습니다. 언론 관련 현상 역시 마찬가지입니다. 발행부수, 시청률, 도달률 등의 미디어 관련 지수들의 위기는 미디어 관련 산업의 위기로 이어집니다. 타당도와 신뢰도라는 개념이 단지 수업에서 배우고 시험 보고 잊어버릴 그런 용어들은 결코 아닙니다. 타당도와 신뢰도는 다름 아닌 삶의 문제입니다.

넷째, 체계성 _____ 이것은 앞서 소개했던 이론의 정의에서 나왔던 '논리적으로(logically)'라는 말과 관련되어 있습니다. 앞서 소개했던 측정의 타당도와 신뢰도, 원인-결과의 인과율이 모든 학문분야(사회과학뿐만 아니라)에서 필수적으로 언급되는 반면, 체계성은 학문분야에 따라 조금씩 그 성격과 기준이 다릅니다. 여기서 제가 말씀드리는 체계성은 어쩌면 개별 학문분야에 따라 다르게 인정하는 '설득력(persuasiveness)'이라는 말과도 비슷할지 모릅니다. 세상에는 정말로 많은 연구방법들이 있습니다. 본서에서는 이 중 일부를 개략적으로 소개하였을 뿐입니다. 차차 배워나가겠지만, 이번 학기에는 '실험 연구기법', 관측연구기법 중 하나로 '설문조사기법', '정성적(질적) 연구기법들'을 다룰 예정입니다. 거칠게 이야기하면 실험연구기법은 사회과학분과들, 그리고 의·약학, 공학, 자연과학 모두에서 인정되고 사용되는 연구기법입니다. 제가 여기서 표현한 말을 사용한다면 과학적 연구방법으로서의 실험연구기법의 설득력은 거의 대부분의 과학자들에게 인정받고 있습니다. 그러나 설문조사기법의 경우 언론학과 인접 사회과학분과들에서는 사용되지만, 소위 이과계 학문분과에서는 사용되지 않거나 설혹 사용되더라도 사회과학분과에서 요구하는 수준의 엄밀성과 정확성이 확보되지 않은 상황에서 사용됩니다. 다시 말해 과학적 연구방법으로서의 설문조사기법의 설득력은 인간을 대상으로 하는 사회과학자들에게서는 널리 인정되지만 자연과학자들은 인정하지 않거나 혹은 인정해야 하는지에 대한 고민의 대상조차 되어 본 적도 없는 경우가 대부분입니다. 반면 정성적 연구기법들은 특정 학문분과에서만 사용되는 경우가 대부분입니다. 이번 학기에는 정성적 연구기법들로 내용분석, 인터뷰기법, 초점집단인터뷰(focus group interview, FGI), 참여관찰법 등을 소개할 예정입니다. 내용분석의 경우 최근 데이터 마이닝 기법과 텍스트 마이닝 기법들과 결합되면서 미디어 콘텐트를 분석하는 언론학은 물론 문서텍스트 분석에 관심을 가져온 정치학자나 사회학자 또한 문헌정보에 관심 있는 정보과학자와 컴퓨터 공학자들에게서도 널리 사용됩니다. 그러나 문서텍스트를 다루지 않는 분과의 학자들은 내용분석을 과학적 방법으로 인정하지 않을 수도 있고 심지어 내용분석을 들어본 적이 없는 경우도 있을지 모릅니다. 인터뷰기법과 같은 기타 정성적 연구기법들의 경우, 분과에 따라 어떤 경우에는 연구자에 따라 제각각일 가능성도 있습니다. 자세한 이야기는 본서 후반부에 각 기법들을 설명하면서 소개하도록 하겠습니다.

정리해 보겠습니다. 다시금 반복하지만 방법론을 올바로 '체험학습'하기 위해서는 이론을 같이 학습하고 평가하고 비판해야 합니다. 마찬가지로 이론을 배울 때도 방법론을 언제나 유념하면서 배워야만 합니다. 특정한 이론적 주장이 이론으로서 기능할 수 있는지를 점검하는 역할을 하는 방법론을 소개하기 위해서 앞서 소개한 4가지 열쇠말로 본서의 내용을 전개하고자 합니다. 우선 다음의 03장부터 원인-결과의 인과관계가 타당한 인과관계인지를 살펴보는 인과율을 살펴보겠습니다. 그 다음에는 측정의 타당도(측정치가 측정하고자하는 개념을 얼마나 타당하게 반영하는가?)와 신뢰도(동일한 개념을 측정한 측정치들이 얼마나 일관적인가?)를 학습하겠습니다. 그 다음으로는 체계성, 즉 내적 논리를 인정받은 구체적 사회과학 연구기법들을 소개할 것입니다. 먼저 실험연구기법을 소개하고, 사회과학에서 널리 사용되는 관측연구기법인 설문조사기법을 소개하겠습니다. 사회과학 분과에서는 이 두 가지 연구기법들을 흔히 정량적(양적) 연구방법(quantitative research methods)이라고 부릅니다. 이후에는 반(半)-정성적 연구방법(semi-qualitative research method)으로 내용분석기법을 소개한 후, 정성적 연구방법들(qualitative research methods)을 간략하게 소개하도록 하겠습니다.

CHAPTER 03

인과율의 의미와 확보방법

연구방법론의 첫 번째 주제로 인과율(causality)을 살펴보겠습니다. 어쩌면 인과적 추론은 인간의 본성에서 비롯된 것일지 모릅니다. 전 세계 어디를 보더라도 '창조설화'를 찾을 수 있습니다. 기독교 문화권이든 어느 문화권이든 어떻게 인간이 창조되고 어떤 이유로 인간은 병에 신음하고 결국은 죽어야만 하는가에 대한 신화적 설명이 존재합니다. 신화적 설명의 타당성 여부는 과학에서 이야기할 대상은 아니지만, 인간의 탄생과 죄의 근원, 죽어야만 하는 이유 등에 대한 논의가 존재한다는 것은 모든 인간은 인과적 설명이 없이 살수 없는 존재라는 사실을 보여줍니다. 어떤 결과를 접했을 때 왜 그런 결과가 나올 수밖에 없는지 궁금해 하는 것은 시공을 초월하여 모든 인간에게서 나타납니다. 원인이 무엇인지 궁금해하는 인간은 '인과율'에 의존하여 살 수밖에 없는 연약한 존재입니다.

과학적 인과율은 바로 이런 인간존재 본연의 인과율과 무관하지 않습니다. 그렇다면 과학적 인과율은 어떤 맥락에서 어떻게 탄생했을까요? 이를 이해하기 위해서는 고대와 중세에서는 인과율을 어떻게 이해했는지 살펴볼 필요가 있습니다.

우선 동아시아의 전통을 살펴보죠. 동아시아의 문화권에서 주요한 사상적 원천은 인도의 불교, 그리고 중국의 선진(先秦) 사상에서 그 모습을 찾을 수 있습니다. 본서가 인과율에 관한 철학적 원류를 소개하는 것을 목적으로 하지 않기 때문에 자세한 설명을 하지 않겠습니다. 아주 단순화시켜서 과학적 인과율과 관련된 2가지만 설명드리겠습니다.

첫째, 중국의 선진 사상에서는 음양(陰陽)의 이원성을 강조합니다. 중국의 선진 사상에 따르면 음양은 상극이며, 모든 유기체의 음양은 조화를 이루지 않으면 문제가 발생합니다. 과학적 인과율의 용어로 번역하면 음양은 대립체로 각각은 일종의 편향(bias)입니다. 나중에 소개되겠지만, 어떤 편향을 없애는 좋은 방법 중 하나는 다른 편향을 포함시키는 것입니다. 마치 양과 음의 균형이 이상적이듯, 편향에 치우치지 않는 방법 중 하나는 편향들의 확률적 균형을 맞추는 것입니다. 고려나 조선시대 탕평(蕩平)에 대한 강조 역시 음양관에 대입해서 이해할 수 있습니다(사실 현대 대의민주주의 시스템에서 의회의 역할이 무엇인지 생각해 보세요. 대표성이 확보된 의회는 사실 사회적 편향이 골고루 반영된 상태와 절대로 다르지 않습니다). 비슷한 원리인 것이 느껴지시죠?

둘째, 인도에서 유래한 불교에서 이야기하는 인과율은 과학적 인과율과 놀라울 정도로 매우 닮아 있습니다. 인과응보(因果應報)라는 말처럼 불교에서는 언제나 모든 사건(event)은 원인이 되는 사건의 결과이며, 동시에 결과가 되는 사건으로 이어집니다. 인생이라는 것 자체를 인과의 흐름 속에서 이해하는 종교가 바로 불교라고 정의할 수 있을지도 모릅니다. 불교의 핵심적 사상이 바로 연기론(緣起論)인데, 바로 '연'이란 앞서 이야기한 어떤 사건(event)이고, 이것의 '기' 즉 발생은 철저한 인과법칙을 따른다고 합니다. 모든 일에는 원인이 존재한다는 강력한 믿음, 사실 이 믿음이 없다면 모든 과학적 활동에는 의미가 없습니다. 왜냐하면 아무런 원인도 없이 무엇인가가 발생한다면 "왜?"라는 질문을 던질 이유가 없기 때문입니다. 인과율에 대한 깊은 신념을 특징으로 하는 불교가 없었다면(불교신앙을 갖는가 여부와 상관없이), 우리가 근대적 인과율을 이해하는 것은 훨씬 더 어려웠을 가능성이 높습니다. 한자가 낯선 분께서는 잘 느끼시지 못할 수 있지만, 바로 이런 이유 때문에 과학적 인과율과 관련된 상당수의 용어들이 불교에서 유래되었습니다(이를테면 원인, 결과, 귀무가설 등).

그러나 아쉽지만 여러분이 배우는 학문은 17~18세기 유럽에서 시작된 과학혁명의 산물입니다. 따라서 과학적 인과율은 서구 철학에서 말하는 인과율의 일종으로 이해하는 것이 합당합니다. 흔히 서구의 철학을 단순화시켜서 '헬레니즘(Hellenism, 그리스 철학)'과 '헤브라이즘(Hebraism, 기독교 철학)'의 대화(dialogue)라고 파악합니다. 먼저 헤브라이즘 전통과 과학적 인과율이 어떤 관계를 맺고 있는지 살펴보죠. 흔히 기독교는 과학과 적대적인 관계를 맺고 있는 것처럼 언급되는 경우가 많습니다. 지구중심설-태양중심설을 둘러싼 갈릴레오 갈릴레이의 재판이나, 현재까지도 계속되고 있는 진화론–창조론의 대립 등으로 기독교가 과학적 인과율에 어떤 영향을 주고 있다는 주장이 이상하게 들릴 것입니다. 그러나 서구의 위대한 철학자들과 과학자들은 좋든 싫든 성서의 영향을 많이 받았고, 이 와중에서 기독교 철학 전통에서 과학적 인과율을 형성해 왔습니다(물론 비과학적인 '간섭'이 많았던 것도 부정하기는 어렵습니다). 그러나 헤브라이즘이 없었다면 과학적 인과율은 등장하지 못했을 가능성도 있습니다. 헤브라이즘에서는 물질세계의 원인으로 창조주의 역할을 매우 강조합니다. 천지를 짓고 인간을 만든 창조주의 존재는 비과학적으로 들리지만, '창조주'가 원인을 조작(operate)하면, 창조주의 예상대로 결과가 드러난다(emerge)는 생각은 과학적 인과율을 형성하는 데 매우 지대한 영향력을 끼쳤습니다. 아직 실험연구기법을 본격적으로 설명하지는 않았지만, 여러분들은 모호하게나마 실험이 무엇인지 알고 계실 것입니다. 실험은 무엇일까요? 나중에 다루겠지만, 실험의 가장 큰 특성은 바로 작위(作爲)입니다. 즉 연구자가 예상하는 결과가 연구자의 실험조작(experimental manipulation)으로 나타나는지를 확인하는 것입니다. 신성모독의 의도는 없습니다만, 적어도 과학적 인과율이 가장 잘 구현된 실험연구기법에서의 연구자 역할은 천지를 만든 창조주 역할과 개념적으로 매우 비슷합니다. 세계에 대한 신의 개입은 자연현상에 대한 연구자의 개입과 개념적으로 동일합니다. 헤브라이즘 전통이 아닌 문화권에서는 결과를 보고 원인을 추론하는 것이 보통입니다. 그러나 헤브라이즘에 기반하여 신의 창조와 세계에의 개입(즉 계시)을 강조하는 서구 문화권에서는 독특하게도 원인을 만들고 이에 맞는 결과가 나타나는지를 확인하는 방식을 통해 과학적 인과론을 형성하였습니다.

그러나 뭐라고 해도 과학적 인과론 형성에 가장 큰 영향력을 드리운 사상적 배경은 헬레니즘 전통입니다. 헬레니즘 전통의 원류인 고대 그리스 사상에서 가장 중요한 이론가는 플라톤입니다. '이데아(Idea)'를 주장한 플라톤의 사상은 개념과 측정치의 이론적 배경입니다. 앞에서도 언급되었지만 타당도가 높은 측정치는 개념을 잘 반영합니다. 플라톤의 용어로 이야기하자면 좋은 측정치는 이데아를 잘 반영하는 측정치입니다. 신뢰도도 마찬가지입니다. 이데아가 동일하다면 이데아에서 유출된 측정치들은 서로 유사해야 합니다. 신뢰도가 뭐였죠? 그렇습니다. 하나의 동일한 개념을 측정하는 복수의 측정치들 사이의 일관성이었죠. 과학혁명의 주역들이 플라톤 철학, 보다 자세하게는 당시 상황에 맞게 재탄생한 신플라톤주의였다는 점은 어쩌면 우연이 아닐 수 있습니다(근대 과학철학의 시조로 평가받는 임마누엘 칸트는 신플라톤주의의 영향을 많이 받았던 철학자였습니다). 플라톤과 쌍벽을 이루는 아리스토텔레스의 철학은 과학적 인과율에 보다 큰 영향을 미쳤습니다. 우선 플라톤이 경험되는 측정치를 열등한 것으로 본 데 반해, 아리스토텔레스는 보고 느끼고 듣고 맛볼 수 있는 경험적 측정치를 열등한 것으로 보지 않았습니다(이는 근대 과학의 철학적 기초인 경험주의를 형성하는 토대가 됩니다). 다음으로 중요한 것은 아리스토텔레스가 헬레니즘과 헤브라이즘, 그리고 과학적 인과율의 연결지점 역할을 했다는 것입니다. 어떤 사물이 변한다면 그 사물을 변하게 만든 원인이 존재하고, 이 원인은 동시에 다른 원인의 산물이라는 아리스토텔레스의 사고방식은 원인-결과의 인과관계를 강조한 불교철학과 상당 부분 닮아 있습니다(물론 동일하지는 않습니다). 과학적 인과론에서 중요한 아리스토텔레스의 용어는 '부동의 동자(不動의 動者, unmovable mover)'입니다. 부동의 동자는 최초원인이라고 할 수 있는데, 이는 나중에 헤브라이즘의 창조론과 결합되기도 합니다. 즉 천지를 만들고 작동되도록 만들어 놓은 존재가 바로 헤브라이즘으로 파악하자면 창조주고, 헬레니즘식으로 파악하자면 부동의 동자입니다.

과학적 인과율은 플라톤, 아리스토텔레스, 헤브라이즘의 세 가지가 조합된 형태라고 볼 수 있습니다. 플라톤의 주장을 따르자면 우리는 이데아를 알 수 없고, 오직 이데아를 반영하는 이데아의 모사(模寫), 즉 측정치만을 알 수 있을 따름입니다. 다시 말해 우주의 법칙이라고 할 수 있는 이데아를 아는 것은 불가능하지만, 신뢰도와 타당도가 어느 정도 확보된 측정치들을 통해 우리는 이데아를 대략적으로 추정할 수 있습니다. 아깝게도 우리는 이데아를 대략적으로 알 수 있을 뿐이라는 것이죠(이런 점에서 플라톤이 말하는 것처럼 인간은 동굴에 묶여 있는 죄수와 유사합니다). 여기서 '확률론'이 등장합니다. 즉 관측값(이데아의 모사, 측정치)을 통해 참값(이데아, 개념)을 추정하는 것이죠. 아리스토텔레스의 주장을 따르자면 원인과 결과는 연쇄되어 있으며, 결과는 시간적으로 선행하는 원인에 의한 것입니다. 움직여지는 결과가 움직이게 만드는 원인보다 먼저 발생할 수 없습니다. 다시 말해 원인은 결과에 시간적으로 선행(先行)합니다. 헤브라이즘 전통에 따르자면 결과를 만든 최종원인, 즉 창조주의 창조순간이 있습니다. 적어도 기독교 전통에 따르면 창조주는 무(無, chaos)에서 창조주 자신이 원하는 방식으로 세계(인간 포함)를 창조했습니다. 만약 과학자가 창조주와 같이 어떤 환경을 무(無)로 돌린 후에 자신이 원하는 방식으로 세계를 창조한다면 창조주가 원했던 것과 마찬가지로 자신이 원한 결과를 얻게 될 것입니다. 지금 말씀드린 이 세 가지는 과학적 인과율, 사회과학 연구방법론 교과서에서 흔히 말하는 법칙정립적 인과율(nomothetic causality)의 3요소입니다. 과학적 인과율의 3요소는 원인–결과의 상관관계, 결과에 대한 원인의 시간적 선행, 비허위성의 3가지이며, 앞서 소개한 플라톤, 아리스토텔레스, 헤브라이즘의 사상적 근원을 반영한 것입니다. 일단 과학적 인과율의 3요소에 대해서는 영국의 경험주의 철학을 설명한 후, 나중에 다시 설명하도록 하겠습니다.

영국의 경험주의 철학은 과학적 인과율 형성에 가장 결정적인 영향을 미친 철학사조일 것입니다. 재미있는 점은 영국 경험주의 철학자인 데이비드 흄(David Hume)이 과학적 인과율에 대한 설명에 가장 많은 공헌(?)을 했다는 사실입니다. 흥미롭게도 흄은 과학적 인과율을 비롯하여 인과율이라는 것 자체가 인간의 관습(convention)의 산물일 뿐이라고 주장했습니다. 흄이 과학적 인과율 형성에 가장 공헌한 이유는 인과율을 비판하기 위해 인과율의 조건들로 흔히 언급되는 주장들을 정리하면서 철학적 반론을 제기하였기 때문입니다. 이후 흄을 읽고 감동받은 칸트는 인과율에 대한 흄의 철학적 비판을 다시금 철학적으로 비판하며(흄에 대한 칸트의 존경은 매우 이례적인 일인데, 그 이유는 당시 대륙 철학계에서는 영국 경험주의 철학을 적대시하고 있었기 때문이었습니다), 과학적 인과율을 수립하는 데 결정적 기여를 하게 됩니다. 본서의 목적이 철학적 인과율 논쟁을 소개하는 것이 아니기 때문에 자세한 설명을 제시하지는 않겠습니다. 하지만 흄의 다음과 같은 구절은 한번 눈여겨볼 필요가 있습니다(사실 과학적 인과율이라는 것은 아래 소개된 단락을 보다 구체적이고 현대적으로 번역한 것과 다르지 않을 정도입니다).

> We may define a CAUSE to be 'an object precedent and contiguous to another, and where all the objects resembling the former are placed in like relations of precedency and contiguity to those objects that resemble the latter.'
>
> – David Hume, Treatise of Human Nature,[1] Book I, Part III: Section XIV

---

[1] 서양의 철학적 고전작품들은 인터넷을 통해 무료로 접속 가능합니다. 해당 구절은 다음을 참조하세요. http://nothingistic.org/library/hume/treatise/treatise062.html

인용문은 사실 상당히 난잡하고 명확하지 않게 느껴질 수 있습니다. 그러나 여기서 다음의 세 가지 표현들에 주목해 보시기 바랍니다. (1) 원인은 선행하는 물체다("object precedent"; "relations of precedency"); (2) 원인이 되는 물체는 다른 물체와 연관된 물체다("contiguous to another"; "contiguity to those objects"); (3) 원인과 결과의 관계를 맺고 있는 물체들은 서로 유사하다("all the objects resembling the former … those objects that resemble the latter").

아마도 첫 번째와 두 번째 표현의 경우 이해하는 것이 어렵지 않을 것입니다. 다소 이해가 어려운 것이 바로 세 번째 표현입니다. 그러나 시간이 좀 지난 후 가장 완성도가 높은 고전 경험주의 철학자라고 할 수 있는 존 스튜어트 밀(John Stuart Mill)은 언급한 세 번째 표현을 다음과 같이 보다 알기 쉽게(물론 여전히 쉬운 말은 아닙니다만…) 표현하고 있습니다.

> If an instance in which the phenomenon under investigation occurs, and an instance in which it does not occur, have <u>every circumstance in common save one</u>, that one occurring only in the former; the circumstance in which alone the two instances differ is the effect, or cause, or an indispensable part of the cause, of the phenomenon. … If two or more instances in which the phenomenon occurs have only one circumstance in common, while two or more instances in which it does not occur have nothing in common save the absence of that circumstance; the circumstance in which alone the two sets of instances differ, is the effect, or the cause, or an indispensable part of the cause, of the phenomenon.[2]
>
> John Stuart Mill

여기서 핵심이 되는 표현은 "every circumstance in common save one"입니다. 참고로 "…" 이전과 이후의 표현은 각각 차이법(method of difference)과 합일법(method of agreement)이라는 이름의 연구방법으로 공식화되며, 이 중 차이법이 과학적 연구방법으로 확립된 반면, 합일법은 몇몇 과학분과들을 제외하고는 과학적 연구방법으로 받아들

---

2 해당 인용문은 Cowles, M. (2001). *Statistics in Psychology: An Historical Perspective*. New York: Psychology Press에서 재인용한 것입니다(p. 173).

여지지 않고 있습니다. 아무튼 "every circumstance in common save one", 즉 "단 하나를 제외하고 모든 상황이 동일함"이라는 표현은 흄의 "all the objects resembling the former …. those objects that resemble the latter"라는 표현보다 훨씬 더 명확합니다. 표현을 보다 쉽게 번역하자면, 바로 이 표현은 원인과 결과의 연결관계 이외의 다른 특성이나 조건, 상태들이 모두 동일하다는 의미입니다. 과거에 출간된 영문 논문(때로는 법관의 판결문)을 보다 보면 *ceteris paribus*라는 라틴어 표현이 종종 등장합니다. 여기서 말하는 *ceteris paribus*는 다름 아닌 "다른 조건들이 동일하다면"이라는 뜻이고, 과학적 연구논문에서는 "원인이 되는 조건을 제외한 다른 모든 조건들이 동일하다면"이라는 뜻으로 사용됩니다.

이와 같은 과정을 정리하면 인과율의 조건 3가지를 다음과 같이 정리할 수 있습니다. 첫째, 원인과 결과는 연관되어야 한다. 둘째, 원인은 결과에 시간적으로 선행한다. 셋째, 원인과 결과의 관계 이외의 다른 요소들은 동일하게 고정된 상태다. 이 조건 세 가지는 현대의 과학적 인과율의 조건입니다. 그러나 여기서 언급한 인과율의 조건 3가지는 사실 불완전할 수밖에 없습니다. 기억력이 좋은 분이라면 제가 '이론'에 대한 정의를 소개할 때 과학적 인과관계는 결정론을 다루지 않고 가능성, 즉 확률의 문제라고 설명했던 것을 기억하실 것입니다. 그렇습니다. 위의 3가지는 확률의 문제가 아니라 결정론의 영역입니다. 그 이유는 두 가지의 부정하기 어려운 사실들 때문입니다. 첫째, 원인-결과의 연결 관계를 제외한 다른 조건들이 동일한 경우는 개념적(conceptually)·이상적(ideally)으로는 가능할지 몰라도 현실적으로는 불가능하기 때문입니다. 완벽하게 동일한 사람을 찾는 것이 가능할까요? 완벽하게 같은 사회를 찾는 것이 가능한가요? 심지어 한 사회의 동일한 사람이 겪은 두 시점의 경험을 비교해 보세요. 쉽게 말해 어제 여러분이 아침밥과 오늘 먹은 아침밥이 동일할까요? 메뉴가 동일하다고 해도 정말 두 번의 아침밥이 동일하다고 말할 수 있을까요? 유사성이 높아질 수는 있어도 완전히 동일할 수는 없습니다. 수학적으로 이야기하자면 두 가지 사건이 완벽하게 동일할 확률을 1이라고 하고 완벽하게 다를 확률을 0이라고 할 때, 비교대상이 되는 두 사건(혹은 3가지 이상의 사건들)의 유사성 확률은 (0, 1) 사이에 존재합니다['('와 ')'로 나타난 괄호 표시는 $0 < p < 1$을 의미합니다]. 둘째, 만약 정말로 동일한 두 사례가 존재한다고 하더라도(이를테면 '도플갱어'와 같은 존재가 있다고 가정한다면), 완벽한 측정은 불가능합니다. 앞에서 제가 플라톤 철학의 이데아를 설명

했던 것을 떠올려 보세요. 측정치는 어쩔 수 없이 측정오차를 포함할 수밖에 없습니다(즉 측정오차의 발생확률 역시 $0 < p < 1$입니다). 다시 말해 측정의 불완전성으로 인해 원인과 결과의 '결정론적 인과관계'를 정립할 수 없습니다.

따라서 현재의 과학적 인과율은 '확률론적 인과관계'에 기초하고 있습니다.[3] 즉 엄밀하게 말해 "원인이 결과를 발생시킨다(A cause leads to a result)"라고 말하지 않고, "원인이 결과를 발생시킬 가능성이 높다(A cause is more likely to lead to a result)"라고 말합니다. 다시 말씀드립니다. 현재의 과학적 인과율은 인과관계를 확률의 영역에서 이야기합니다. 즉 원인과 결과를 말하기 위해서는 원인이 되는 사건과 결과가 되는 사건을 측정한 원인변수(독립변수)와 결과변수(종속변수) 두 가지가 필요합니다. 많은 분들이 혼동하시는데 현대의 과학적 인과율에서는 변수와 변수의 관계를 연구대상으로 인정하지, 결코 상수와 변수의 관계 혹은 상수와 상수의 관계를 연구대상으로 삼지 않습니다. 즉 원인이든 결과든 변화를 측정할 수 없다면(다시 말해 변수가 아니라면) 과학적 인과율이 존재하는지 아닌지의 여부에 대해 침묵해야 합니다. 이 부분은 매우 중요하며, 심지어 과학적 연구방법론 훈련을 받았다는 전문연구자 역시도 종종 실수하는 부분입니다. 다시 말씀드립니다. 변수로 표현되지 않는다면 과학적 인과율에 대해 왈가왈부할 수 없습니다.

예를 들어보죠. 어떤 회사에서 일하는 모든 직원의 성별이 남성이라고 가정해 봅시다. 이 회사에서 성(性)에 따른 임금차별이 존재할 수 있을까요? 존재할 수 없습니다. 왜냐하면 이 회사의 경우 사태의 원인이라고 지적된 성이 변수가 아니라 상수이기 때문입니다. 만약 연구자가 해당 회사 소속 직원에게서만 데이터를 얻었다면, 절대로 이 연구자는 성에 따른 임금차별이라는 주제를 과학적 연구대상으로 삼을 수 없습니다. 만약 성에 따른 임금차별을 연구하고자 한다면, 남성의 임금과 여성의 임금을 비교할 수 있는, 다시 말해 성이 상수가 아닌 변수로 처리될 수 있는 데이터를 확보해야만 합니다. 예를 들자면, 남성과 여성을 모두 고용한 회사에서 데이터를 얻는다면 성에 따른 임금차별이 존재하는지를 과학적으로 연구할 수 있습니다.

3　이 부분에 대해서는 이안 해킹의 위대한 저술을 넘어서는 저작을 본 적이 없습니다. 영어가 편한 분들은 Hacking, I. (2010). *The taming of chance*. Cambridge: Cambridge University Press을 보시고, 한글번역본을 원하시는 분은 『우연을 길들이다: 통계는 어떻게 우연을 과학으로 만들었는가?』(정혜경 역, 2012, 바다출판사)를 보세요.

과학적 인과율[교과서적 설명방식에 따르면 법칙정립적(nomothetic) 인과율]에는 다음의 세 가지 조건이 존재합니다. 첫째, '원인-결과의 상관관계'입니다. 앞서 설명하였듯 현대의 과학적 인과율은 확률론에 기초하고 있기 때문에 이 조건은 "원인의 변화와 결과의 변화는 서로 같이 변한다" 혹은 "원인변수와 결과변수는 상관관계를 갖는다"라는 의미입니다. 다시 반복합니다. 원인이나 결과가 되는 사건은 반드시 변화[수학적으로 말하자면 분산(variance)]를 가져야만 하며, 그렇지 못할 경우 과학적 인과율의 탐구대상이 되지 못합니다.

둘째, "원인-결과의 시간순서"입니다. 이는 "원인이 되는 사건이 결과인 사건보다 시간적으로 선행해 발생하였다"는 것을 의미합니다. 첫 번째 조건에서 나왔지만, 이를 위해서는 원인이 되는 사건이 발생한 사례와 원인이 되는 사건이 발생하지 않은 사례가 반드시 같은 시점에 공존해야 합니다(이는 결과가 되는 사건에서도 마찬가지입니다). 만약 모든 사례들에서 원인이 발생했다면, 원인이 되는 사건이 많이 발생한 사례와 적게 발생한 사례가 반드시 같은 시점에 공존한다는 것을 의미합니다(마찬가지로 이는 결과가 되는 사건에서도 마찬가지입니다). 예를 들어 해열제의 효과가 존재하는지를 알고 싶다면, 해열제를 먹은 환자와 먹지 않은 환자를 비교하거나 혹은 해열제를 많이 투여받은 환자와 적게 투여받은 환자가 있어야 합니다.[4]

셋째, '비허위성'입니다. 이는 "원인-결과의 관계가 다른 제3의 요인(가외요인)에 의해서 설명되지 않는다"는 것을 뜻합니다. 만약 원인-결과의 관계를 설명하는 다른 제3의 요인이 존재한다면 원인-결과의 관계를 '허위관계(spurious relationship)'라고 부릅니다. 앞에서 소개한 밀의 "every circumstance in common save one"을 떠올리시면 비허위성이 무엇인지 잘 이해될 것입니다. 사실 비허위성을 논리적으로 증명하는 것은 불가능합니다. 왜냐하면 원인-결과의 관계는 확률로 표현되며, 절대로 $p=1$이 되지 못하기 때문입니다. 무한수에 가까운 제3의 요인 후보들을 모두 검토하는 것은 현실적으로 불가능합니다. 즉 비허위성은 입증의 대상이 아닌 반증(falsification)의 영역입니다. 나중에 다시 말씀드리겠지만, 과학적 인과율에서 말하는 반증은 원인-결과의 관계가 허위관계라는 것

---

4 해열제를 먹기 전후를 비교하는 것도 나쁜 방법은 아니지만, 문제점이 없지 않습니다. 쉽게 말해 해열제를 먹고 나서 열이 떨어졌는지 아니면 해열제 때문이 아니라 단순히 시간이 지나서 열이 떨어졌는지를 구분할 수가 없기 때문입니다.

을 입증하는 것입니다. 비허위성에 대해 가장 빈번하게 오해하는 것은 허위관계 혹은 원인-결과의 관계의 의미입니다. 비허위성 조건에서 말하는 원인-결과의 관계는 절대 일대일 대응관계가 아닙니다. 보다 쉽게 말씀드리지만, 연구자가 대상으로 삼고 있는 결과가 반드시 연구자가 대상으로 삼고 있는 원인에 "의해서만" 발생할 필요가 없다는 것입니다. 즉 연구대상이 되는 원인은 연구대상이 되는 결과를 발생시키는 "한 원인(one of the causes)"이지, 결코 "유일한 원인(the only cause)"를 뜻하지 않습니다. 다시 말해 연구자의 결과변수(종속변수)의 변화(분산)를 설명하는 원인변수(독립변수)의 목록에는 연구자가 자신의 연구에서 집중하고 있는 원인변수도 있을 뿐만 아니라 기존 연구에서 이미 밝혀진 원인변수들은 물론 향후 연구를 통해 밝혀질 수 있는 현재까지 알려지지 않은 원인변수들도 포함됩니다. 다시 말해 대안적 원인변수의 존재가능성을 밝혔다고 해서 어떤 연구자가 주장하는 원인-결과의 인과관계를 허위적 관계로 부정할 수 없습니다. 허위관계란 제3의 요인이 고려될 경우 어떤 연구자가 주장하는 원인-결과의 인과관계는 더 이상 존재하지 않는다는 것을 말할 뿐입니다.

　소개한 3가지 조건들을 가상사례에 비판적으로 적용해 보죠. 어떤 회사에서 소비자가 자사의 브랜드에 느끼는 호감을 높이기 위해 광고를 실시하고자 한다고 가정해 보겠습니다. 실제 광고집행 이전에 이 회사에서는 광고를 실시하였을 경우 소비자의 브랜드 호감도가 어떻게 변하는지를 알고 싶어 한다고 가정해 보죠. 설명의 편의를 위해 여기서는 각 개념에 대한 논란이나 측정오차는 존재하지 않는다고 가정하겠습니다. 다시 말해 브랜드 호감도에 대한 학자들의 상이한 견해들은 고려하지 않고, 광고노출이나 브랜드호감도 측정에는 아무런 문제가 없다고 가정하겠습니다. 또한 연구에 사용된 표본의 경우 표본오차도 없다고 가정하겠습니다(표본과 모집단, 표본오차의 경우 나중에 다시 설명하겠습니다만, 핵심은 연구에서 나온 결과는 실제 광고를 집행하였을 때에도 동일하게 나타난다는 것입니다). 각 사례별로 언급한 과학적 인과율 3가지 조건을 한번 적용해 보겠습니다.

사례 1　10명의 소비자를 표집한 후, 이들에게 광고를 보여주고 브랜드 호감도를 1-10점(1점일수록 비호감을, 10점일수록 호감을 느낌)의 척도로 측정하였다. 연구결과 광고에 노출된 10명의 소비자의 브랜드 호감도 평균은 8점으로 매우 높았다. 즉 소비자가 광고를 접하였을 경우 우리 회사 브랜드에 강한 호감도를 갖게 될 것이다.

사례 1에 대한 과학적 인과율 3조건 적용 _____ 이런 식의 연구는 과학적 인과율의 적용 대상이 아닙니다. 왜일까요? 그 이유는 원인이 변수가 아니라 상수이기 때문입니다. 모든 소비자가 광고에 노출되었기 때문에 원인이 되는 사건에는 변화가 없습니다. 10점 만점에 8점이면 점수가 높은 것 같죠? 하지만.... 글쎄요. 광고를 접하지 않았다고 하더라도 8점일 가능성을 부정하기 어렵지 않을까요?

사례 2 20명의 소비자를 표집한 후, 10명에게는 광고를 보여주고, 다른 10명에게는 광고를 보여주지 않은 후 10점 척도를 이용해 브랜드 호감도를 측정하였다. 연구결과 광고에 노출된 10명의 브랜드 호감도 평균은 8점이었으며, 노출되지 않은 10명의 브랜드 호감도 평균은 5점이었다. 즉 소비자가 광고를 접한다면 브랜드 호감도가 올라갈 것으로 기대할 수 있다.

사례 2에 대한 과학적 인과율 3조건 적용 _____ 우선 원인이 되는 사건에는 변화가 있습니다(노출 vs. 비노출). 또한 결과가 되는 사건에도 변화가 있고요(8점 vs. 5점). 즉 원인이 존재한 경우는 존재하지 않은 경우에 비해 높은 결괏값(즉 브랜드 호감도의 값)을 갖습니다. 즉 첫 번째 조건, '원인-결과의 상관관계'는 존재합니다. 또한 광고에 노출된 이후에 소비자 브랜드 호감도를 측정하였기 때문에 두 번째 조건 '원인-결과의 시간순서' 역시 충족되었습니다. 반면 '비허위성' 조건의 경우 모호합니다. 20명의 소비자를 어떻게 10명과 10명으로 구분하였는지 불명확하기 때문입니다. 즉 광고노출자 10명과 광고비노출자 10명이 원인-결과의 관계 이외에 모든 조건이 서로 동일할까요? 적어도 현재 알려진 사례 2에 대한 정보로는 이것을 판정하기 어렵습니다. 앞에서 설명드렸듯 수없이 많은 제3의 요인들 중에서 소비자의 성별(남성 vs 여성)이 브랜드 호감도를 설명하는 "<u>유일한</u>" 가외요인이라고 가정해 보겠습니다(설명의 편의를 위해 여러분들은 이 가정에 반드시 동의해 주세요). 예를 들어 다음과 같은 사례 3A와 사례 3B를 비교해 보죠.

사례 3A 광고노출자와 비노출자의 성별을 구분한 후 브랜드호감도 평균을 구하면 아래와 같았다.

	남	여	총합
노출자	6	10	8
비노출자	3	7	5
총합	4.5	8.5	

사례 3A에 대한 과학적 인과율 3조건 적용 ____ '원인−결과의 상관관계'와 '원인−결과의 시간순서' 조건의 경우 살펴본 바와 같이 큰 문제가 없습니다. 유일한 가외변수인 성별로 나누어 노출자와 비노출자 집단의 브랜드 호감도 차이를 살펴보죠. 결과에서 잘 드러나듯, 남녀 모두 노출자가 비노출자에 비해 +3만큼의 브랜드 호감도 상승분을 보여줍니다. 물론 여성이 남성에 비해 상대적으로 브랜드 호감도를 강하게 표출하지만, 두 성별 모두에서 광고노출이 그렇지 않은 경우에 비해 브랜드 호감도를 높이고 있습니다. 다시 말해 브랜드 호감도에 영향을 미치는 요인은 '성별'과 '광고노출 여부' 두 가지입니다. 즉 사례 3A의 경우 성별만이 유일한 가외변수라는 가정을 받아들인다면 과학적 인과율의 세 조건을 충족시킵니다. [※ 사실 가장 좋은 방법은 20명의 소비자를 노출자 10명, 비노출자 10명으로 무작위 배치하는 것입니다. 이에 대해서는 실험연구기법을 설명할 때 다시 말씀드리겠습니다.]

사례 3B 광고노출자와 비노출자의 성별을 구분한 후 브랜드호감도 평균을 구하면 아래와 같았다. 아래의 표에서 나타나듯 노출자 10명은 모두 여성이었고, 비노출자 10명은 모두 남성이었다.

	남	여	총합
노출자	0	8	8
비노출자	5	0	5
총합	5	8	

사례 3B에 대한 과학적 인과율 3조건 적용 _____ '원인-결과의 상관관계'와 '원인-결과의 시간순서' 조건의 경우 살펴본 바와 같이 큰 문제가 없습니다. 유일한 가외변수인 성별로 나누어 노출자와 비노출자 집단의 브랜드 호감도 차이를 살펴보죠. 앞에서 살펴본 사례 3A와는 매우 다른 결과를 알 수 있습니다. 결과에서 명확하게 드러나듯 광고노출 여부에 따라서도 브랜드 호감도가 다르지만, 동시에 성별에 따라서도 브랜드 호감도가 다릅니다. 위의 결과를 한번 비판적으로 점검해 보겠습니다. 광고노출 여부와 성별 중에서 과연 브랜드 호감도를 변화시킨 원인은 무엇일까요? 성별의 차이는 항구적인 반면(특별히 성전환 수술을 받는 몇몇 극소수 사례는 고려치 않겠습니다), 광고노출 여부는 순간적인 속성을 갖는 사건입니다. 그렇다면 브랜드 만족도의 원인에 보다 적합한 것은 무엇일까요? 아마도 저를 포함한 대부분 사람들은 광고노출 여부보다 성별의 차이가 브랜드 호감도 차이를 야기시킨 원인이라고 생각할 것입니다. 즉 사례 2에서 우리가 확인했던 원인-결과의 관계는 성별로 인해 설명되는 허위관계입니다.

다시 말해 사례 3B는 과학적 인과율 3조건을 충족시키지 못합니다. 그러나 사례 3A는 과학적 인과율 3조건을 충족시킵니다.

이제는 조금 성격이 다른 사례를 생각해 보겠습니다. 앞의 사례는 실제로 광고를 실시하기 전의 상황입니다만, 지금의 사례는 실제로 광고를 집행한 후 광고노출이 목적했던 바, 즉 브랜드 호감도를 높였는지를 알고 싶어 한다고 가정해 보겠습니다. 마찬가지로 설명의 편의를 위해 개념상의 문제, 측정오차, 표집오차는 존재하지 않는다고 가정하겠습니다(부디 여기에 대해서는 잠정적으로 동의해 주세요).

사례 4 1,000명의 소비자를 대상으로 광고를 접한 적이 있는지 여부와 브랜드 만족도를 10점 척도로 측정하였다. 측정결과 광고를 접했다고 응답한 소비자의 브랜드 만족도 평균은 8점이었고, 접한 적 없다고 응답한 소비자의 브랜드 만족도 평균은 5점이었다. 즉 광고노출은 소비자의 브랜드 만족도를 상승시킨 원인이다.

사례 4에 대한 과학적 인과율 3조건 적용 _____ 우선 '원인-결과의 상관관계'의 경우 별 문제가 없습니다. 그러나 '원인-결과의 시간순서' 조건은 충족했다고 보기가 어렵습니다.

왜냐하면 광고노출 여부가 먼저인지, 아니면 브랜드 만족도 형성이 먼저인지 알 수 없기 때문입니다. 브랜드 만족도가 높은 사람이 광고에 더 쉽게 노출되었을 가능성을 부정할 수 없기 때문입니다. 즉 사례 4는 과학적 인과율을 충족하지 못하였고, 과학적 인과율을 기준으로 할 때 광고노출 여부가 브랜드 만족도에 영향을 끼치는 원인이라고 인정하기 어렵습니다.

사례 5 1,000명의 소비자를 대상으로 광고를 실시하기 이전($t=1$)과 이후($t=2$) 두 차례에 걸쳐 설문조사를 실시하였다(즉 1,000명의 소비자는 모두 2차례에 걸쳐 반복적으로 측정되었다). 광고실시 이전에는 브랜드 만족도만을, 그리고 광고실시 이후에는 광고노출 여부와 브랜드 만족도를 측정하였다. 결과는 아래와 같다.

	$t=1$	$t=2$
광고노출	5	8
비노출	5	5

위의 결과에서 잘 나타나듯, 광고에 노출된 적이 없는 사람의 경우 브랜드 만족도의 값에 변화가 없었던 반면, 광고에 노출된 사람은 브랜드 만족도가 5에서 8로 +3만큼 상승하였다. 즉 광고노출은 소비자의 브랜드 만족도를 상승시킨 원인이다.

사례 5에 대한 과학적 인과율 3조건 적용 _____ 마찬가지로 '원인-결과의 상관관계'의 경우별 문제가 없습니다. '원인-결과의 시간순서' 조건은 어떨까요? 이 경우에는 충족했다고 보는 것이 타당합니다[나중에 내적 타당도 저해요인(threats to internal validity)을 배우시면 특수한 경우에는 충족했다고 보기 어려운 상황도 존재하지만, 일단은 상식적 측면에서 말씀드립니다].

그렇다면 '비허위성' 조건은 어떨까요? 일단 지금 상황에서는 단정 지어 말하기 어렵습니다. 앞선 사례 3과 같은 경우처럼 광고에 노출된 사람이 모두 여성인 반면, 노출되지 않은 사람이 남성이었다면 원인-결과의 관계는 아마도 허위적 관계라고 보는 것이 타당할 것입니다. 반면 원인-결과의 관계를 제외한 모든 조건들이 동일하다면 허위적 관계가 아니라고 보는 것이 타당할 것입니다.

하지만 여기서 곰곰이 생각해 봅시다. 현실적으로 모든 조건이 동등한 것이 소비자 대상 설문조사에서 가능할까요? 즉 광고노출자와 비노출자가 광고노출 여부를 제외한 다른 모든 요인들이 같을 수 있을까요? 또한 $t=1$과 $t=2$ 시점 사이에 모든 응답자가 동일한 마음상태로 유지되었다고 가정하는 것이 타당할까요? 일단 저는 회의적입니다(그리고 제가 아는 "모든" 과학자들 역시 저와 마찬가지로 회의적입니다).

위의 사례들은 사회과학에서 종종 등장하는 전형적인 연구사례들입니다(물론 설명의 편의성을 위해 극단적으로 단순화시키기는 했습니다). 여러분께서는 어떻게 느끼시나요? 아마 과학적 인과율 3가지를 모두 충족시키는 것이 쉬운 일이 아니라고 생각하셨을 것입니다. 그렇습니다. 언급한 3가지 조건을 만족시키는 것은 결코 쉽지 않습니다. 아니 솔직하게 말씀드려 완벽하게 과학적 인과율 3가지를 충족시키는 것은 "불가능"합니다. 그렇다면 어떻게 해야 할까요? 답은 간단합니다. <u>**이상을 추구하는 현실주의자**</u>가 되시면 됩니다. 과학적 인과율 3가지는 이상(ideal)이지, 과학적 연구를 위한 최소한의 필수조건이 아닙니다. 제 경험으로 말씀드리자면(그리고 제가 아는 과학자들이라면 어느 정도 수긍할), 과학적 인과율 3조건에 대해서는 다음과 같은 태도가 가장 합리적이고 현실적이라고 생각합니다.

첫째, 원인−결과의 상관관계는 반드시 확보하도록 노력한다. 과학적 인과율을 확보하기 위한 최소한의 기준입니다. 물론 얼마나 관계되어야 실제 관계인가에 대해서는 논란이 존재합니다. 여러 비판들에도 불구하고 상당수의 학자들은 통계적 유의도 수준 (statistical significance level)을 고려할 만한 상관관계(considerable relationship)의 판단기준으로 사용합니다. 통계적 유의도 수준에 대해서는 실험연구기법을 설명하면서 추가적 설명을 제시하겠습니다.

둘째, 원인−결과의 시간순서는 가급적 확보하도록 노력한다. 실험연구기법을 사용할 경우 이 조건을 충족시키는 것이 상대적으로 쉽지만, 다른 연구방법을 사용할 경우 불가능하거나 불완전한 경우가 적지 않습니다. 만약 원인이 되는 사건이 결과가 되는 사건보다 시간적으로 선행한다는 경험적 근거(empirical evidence; 데이터를 통해 확보된 근거)를 확보하지 못하였다면, 이론적·논리적 근거를 반드시 제시하셔야 합니다. 물론 이론적·논리적 근거의 타당성은 제시된 근거의 설득력에 달려 있습니다. 다시 말해 이론적·논리적 근거는 받아들이는 사람이 설득력을 느끼지 못하였다면 아무런 효력을 갖지 못합니다.

셋째, '비허위성'은 확보될 수 있도록 최선을 다한다. 제가 알고 있는 한 비허위성 조건을 충족시키는 연구방법은 "전혀" 없습니다. 몇몇 학자들의 경우 비허위성 조건을 충족시킬 수 있는 기법으로 무작위 배치를 이용한 실험연구기법이나 짝짓기(matching) 기법을 언급하기도 합니다만, 이들 기법들은 지금까지 알려진 기법들 중에서 가장 나은 기법일 뿐 완벽한 기법이라고 말할 수 없습니다. 무작위 배치를 이용한 실험연구기법은 나중에 소개되지만, 짝짓기 기법의 경우 기초적인 방법론 수업을 들은 후 고급기법을 다루는 다른 수업에서 배우셔야 합니다. 저는 비허위성 조건 앞에서 모든 과학자는 겸손해 져야만 한다고 생각합니다. 어쩌면 비허위성이 확보되는 순간은 과학이 종말에 다다른 순간일 것입니다. 왜냐면 더 이상 연구할 필요가 없기 때문입니다. 기존의 인과관계에 대담하게 도전장을 내밀 수 있는 이유는 바로 어떠한 인과관계 주장도 비허위성 조건을 완벽하게 충족하지 못한다는 것 때문입니다.

이렇게 볼 때, 모든 과학적 이론은 논란의 대상이 됩니다. 다시 말해 "X → Y"라는 인과관계가 어떤 과학자에게는 과학적 인과율을 확보하였다고 인정되는 반면, 어떤 과학자에게는 허위관계라고 반박될 수도 있습니다. 이상하게 들릴 수 있습니다만, 이런 점에서 모든 과학은 전쟁터입니다. 논란이 없는 과학은 더 이상 과학이 아니며, 비판이 허락되지 않는 과학은 더 이상 과학이 아닙니다. 과학적 진리란 주어지는 것이 아니며, 그것을 진리라고 믿는 과학자가 쟁취해야 할 그 무엇입니다. 이런 점에서 앞서 설명한 과학적 인과율의 3조건은 과학이라는 게임 공간에서 과학자들이 공유한 게임의 규칙입니다.

보론: 사례기술적 인과율(idiographic causality)

여기서 제가 인과율 혹은 과학적 인과율로 부른 용어의 경우 사회과학 연구방법론 교과서에 법칙정립적 인과율을 뜻한다고 말씀드렸습니다. 법칙정립적 인과율이라는 표현은 저 개인적으로는 좋아하는 표현이 아닙니다. 마찬가지로 여기서 짧게 설명할 사례기술적 인과율 역시 저 개인적으로는 좋아하는 표현이 아닙니다.

쉽게 말씀드리자면 사례기술적 인과율은 일상생활에서 우리가 사용하는 인과적 설명과 크게 다르지 않습니다. "핑계 없는 무덤 없다(Every grave has a story)"는 말처럼 우리는 어떤 결과를 접했을 때 왜 그 결과가 나타났는지를 어떠한 방법을 사용해서든 찾아냅니다. 물론 이 속담은 부정적 뉘앙스가 강합니다만, 결과에 맞닥뜨린 후 원인(들)을 추정하여 기술하는 것은 인간 본연의 이성적 작용입니다. 예를 들어 지난 미국 대통령 선거에서 트럼프 대통령의 당선 후 왜 트럼프 후보가 대통령으로 당선되었는지에 대한 분석들이 연이어 나왔습니다. 과연 이 모든 분석들에서 제기한 원인이 진정한 원인일까요? 일단 본서에서 택하고 있는 과학적 인과율의 관점에서는 "알 수 없다"라고 말하는 것이 가장 적절한 답입니다. 아마도 어떤 분석들은 타당한 원인을 지적했을 수도 있습니다. 그러나 동시에 어떤 분석들이 제시한 원인은 추정에 불과할 수도, 혹은 전혀 타당하지 않을 수도 있습니다.

물론 사례기술적 인과율의 존재를 부정하거나 가치를 폄하하는 것은 아닙니다. 여기서 제가 말씀드리는 것은 사례기술적 인과율은 과학적이지 않을 가능성이 더 높다는 것뿐입니다. 분명 사례기술적 인과율은 과학적 가치를 가질 수 있습니다. 그러나 그 사례기술적 인과율이 과학적으로 확립되기 위해서는 법칙정립적 인과율 3조건을 모두 충족하는지를 살펴본 후에야 가능합니다. 역사적 사례를 통해서 우리는 많은 것을 배웁니다. 하지만 역사적 사례를 통해 추정된 인과적 설명들은 사후 추정인 가능성이 대부분이며, 보는 사람의 이해관계나 관점에 따라 동의하지 않을 가능성이 매우 높습니다.

흥미롭게도 사례기술적 인과율은 사회과학 연구방법론에서만 '인과율'이라는 이름으로 제시됩니다. 아마도 사회현상이 갖는 '일회성'이라는 특성, 그리고 자연과학이나 공학에 비해 '연구관점'이 갖는 중요성 때문인 듯합니다. 여러분께 부탁드리고 싶은 것은 사례기술적 인과율에 기반한 이론을 공부하고 받아들이되, 법칙정립적 인과율 측면에서는 문제가 있을 수 있으며, 따라서 논란의 대상이 더 되기 쉽다는 점을 인식하여 주시기 바랍니다. 이야기(story)와 이론(theory)은 비슷한 부분이 적지 않지만, 분명하게 다릅니다. 법칙정립적 인과율의 조건들을 통과하지 못한다면(완벽하게는 아니라고 하더라도 어느 정도 수준이라도), 제기된 인과관계는 잠정적인 것에 불과합니다. 아무리 위대한 학자가 말했다고 하더라도 사례기술적 인과율에 기반한 이론은 "설득력이 높은 이론"일수는 있어도, "과학적인 이론"이라고 말할 수는 없습니다[물론 이런 제 결론은 소위 주류 과학자의 결론입니다. 비판이론(critical theory)과 같은 대안적인 패러다임을 추구하는 과학자의 경우 소위 법칙정립적 인과율에 놓인 수많은 잠재적 문제점을 지적할 수 있습니다].

CHAPTER 04

연구진행의 전반적 과정과 연구윤리

순서대로라면 연구방법론의 첫 번째 주제로 말씀드렸던 인과율(causality)에 대한 세부설명이 진행되어야 하겠지만, 인과율과는 직접적 관련이 없는 부분에 대해 먼저 말씀드린 후, 인과율에 대한 세부설명으로 '내적 타당도(internal validity)'와 '외적 타당도(external validity)'를 다음 장에서 소개하겠습니다.

이번 04장에서는 연구를 진행하는 과정이란 무엇이며, 이 과정에서 연구자라면 반드시 지켜야 할 연구윤리가 무엇인지 살펴보겠습니다. 우선 연구과정은 좁은 의미의 연구방법론에는 속하지 않습니다. 사실 이 부분은 이론의 개론 과목에서 설명하면서 소개될 수도 있고, 아니면 개론이나 방법론이 아닌 별도의 과목을 통해서 설명될 수도 있습니다. 즉 "어떻게 연구를 진행하는가?"의 문제는 완전한 이론의 영역도 완전한 방법론의 영역도 아닙니다(어쩌면 둘 다 해당되는 문제겠죠).

이번 장을 읽는 여러분은 분명 전문연구자는 아닙니다(전문연구자라면 이 책을 학습할 이유가 없겠죠). 그러나 상식적인 수준에서 전문연구자의 입장을 고려해 봅시다. 연구를 시작하는 동기는 무엇일까요? 즉 어떤 계기로 연구를 시작하게 될까요? 연구를 시작하게 되는 동기를 축약하여 보여주는 의문문을 흔히 '연구문제(research question)'라고 부르고, 이 연구문제에 대해 이론구축 과정과 연구방법론에서 요구하는 테스트를 거쳐 해답을 얻어나가는 논술문을 '연구논문(research paper)'이라고 부릅니다. 다시 말해 과학적 연구로 답을 얻을 수 있는 연구문제를 착상(着想)하는 것이 바로 연구의 첫 단계입니다. 연구문제를 어떻게 얻는가는 연구자마다 다릅니다만, 흔히 다음의 세 가지가 언급됩니다.

첫째, 개인의 경험을 통해 연구문제를 구체화합니다. 앞에서 제가 사례중심적 인과율에 대해 설명했던 것을 기억하실 것입니다. 개인적 관심사이면서 동시에 다른 사람들도 관심을 보일 수 있는 어떤 경험을 통해 원인-결과의 관계를 사례중심적 인과율로 추정한 후, 해당 인과관계를 법칙중심적 인과율 3조건을 이용해 타당한 인과관계인지를 점검해 보는 것입니다. 예를 들어 상당수의 유대계 사회과학자들은 왜 홀로코스트가 일어났는지, 혹은 왜 선량한 일반 독일인들이 나치의 반인간적 명령에 복종했는지를 스스로 겪었거나 혹은 그런 경험을 가진 부모·형제·친척을 알고 있습니다. 이들은 자신의 개인적 경험을 과학적 연구가 가능한 연구문제로 만들었습니다. 또한 성차별을 연구하는 학자들 중의 상당수는 여성인 경우가 많고, 인종차별을 연구하는 학자들의 다수는 각 사회의 소수인종인 경우가 많습니다. 이들의 연구문제는 개인의 경험을 통해 형성된 것이죠.

둘째, 이론심화를 위한 연구문제입니다. 아마 여러분은 개론 시간을 통해 아니면 다른 경로로 몇 가지 이론들을 접하신 적이 있을 것입니다. 아마도 대부분의 이론들은 중간고사나 기말고사를 치른 후 뇌리에서 사라졌겠지만(아니면 정말 다행입니다만...), 1~3개 정도의 이론은 이상하게 머릿속에 남아 있을 수도 있습니다. 전문연구자가 아니기에 충실한 이론 학습은 어렵더라도 머릿속에 기억된 이론을 상기하면 새로운 연구문제가 추가로 떠오릅니다. 예를 들어보죠. 제 경우 1996년에 언론학 개론을 배웠는데, 가장 기억에 남았던 이론은 제3자 효과(사람들은 커뮤니케이션 메시지가 자신에게 미치는 효과에 비해 타인에게 미치는 효과가 더 크다고 인식하는 현상)였습니다. 제3자 효과를 배우면서 당시의 수업진행자께서 들었던 사례는 텔레비전 폭력과 포르노물이었습니다. 만약 제3자 효과를 지지하는 학자들의 주장을 믿는다면 폭력물과 포르노물의 경우 제3자 효과가 발생하겠네요. 저는 당시에 이 이론을 배우면서 이런 생각이 들었습니다. "일본 에니메이션이 한국문화에 미치는 효과는?" 당시는 일본문화 개방이 사회적 화두였고, 저를 포함한 상당수의 젊은이들이 소위 '어둠의 루트'로 일본 애니메이션을 접하는 경우가 많았습니다(왜색문화로 인해 민족적 정체성에 문제가 생기고, 무엇보다 왜색문화침투를 걱정하는 사람들이 정말 적지 않았습니다. 이제 20년이 지난 현실을 돌아보면 그러한 걱정이 기우였던 것 같습니다). 다시 말해 "폭력물 시청이 자신의 폭력적 행동을 야기하지는 않지만 타인의 폭력적 행동을 야기한다"는 제3자 효과 이론의 주장이 맞다면, "일본 애니메이션 시청이 자신의 민족 정체성에는 영향을 미치지 않아도 다른 한국인의 민족 정체성에는 영향을 미친다"라고 믿을 것 같았습니다. 당시에는 잘 몰랐지만, 지금 와서 생각해 보면 나름 훌륭한 연구문제였습니다. 물론 당시에 이런 연구문제를 갖고 연구논문을 쓰려고 생각하지는 못했습니다. 당시에 이런 생각을 옆에서 도와줄 수 있는 분이 있었더라면 하는 아쉬움은 아직까지도 남습니다. 아무튼 이렇게 이론을 배우고 떠오르는 추가적인 질문을 연구 가능한 형태로 정리한 것이 바로 '연구문제'입니다. 여기서 소개한 단순하고 직관적인 연구문제 외에도 다양한 방식의 연구문제가 가능합니다. 이를테면 과거의 연구논문에서 제기된 연구문제의 문제점을 지적하고 그것을 심화시키는 형태의 연구문제를 제기할 수도 있고, 비슷한 연구문제인데 연구자에 따라 연구결과가 달라지는 경우 왜 그것이 다른지를 설명하는 메타적인 연구문제를 제기할 수도 있고, 혹자에 따라서는 기존 연구가 터무니없다고 생각하고 반박하기 위한 목적으로 연구문제를 제기할 수도 있습니다. 아무튼 이론을 학습한 후 이론을 확장·심화시키는 방식으로 연구문제를 제기하는 것이 바로 여기에 속합니다.

셋째, 사회적 요구에 부응하는 형태의 연구문제입니다. 쉽게 이야기하자면 누군가의 요청에 부응하는 연구에서 사용되는 연구문제입니다. 최근 '저출산'이 사회문제라고들 합니다(여기에 대해 어떤 분은 저출산이 사회문제라는 데 반대하실 수도 있습니다만, 일단 설명의 편의를 위해 그렇다고 가정해 주세요). 현재 국가에서는 이 문제해결을 위해 여러 가지 대안을 마련하려고 합니다. 효과적인 정책수행을 위해 국가에서는 국가예산으로 저출산 문제해결을 위한 연구를 공모할 수도 있습니다(실제로 공모를 했는지는 저도 잘 모르겠습니다). 예를 들어 어떤 사회과학자는 기혼 남녀의 출산의지를 높이기 위한 캠페인이 필요하다는 주장을 제시할 수도 있습니다. 바로 이러한 정부의 요구에 부응하기 위해 캠페인 효과를 입증할 수 있는 연구문제를 마련한다면, 바로 이것이 세 번째 형태에 해당되는 연구문제입니다. 사실 과거 우리나라는 '산아제한(혹은 가족계획)'을 위해 정부가 교수들에게 정책과제를 의뢰하였습니다[혹시 언론학을 전공하신 분이라면 '혁신의 확산(diffusion of innovation)' 이론을 기억하실지도 모르겠습니다. 만약 혁신의 확산 이론에서 다루었던 내용이 기억난다면, 한국의 연구사례가 어떻게 혁신의 확산 이론을 확장하는 데 쓰였는지를 배우셨을 수도 있습니다. 해당 이론의 대가인 에버렛 로저스(Everett Rogers)는 실제로 박정희 정권 당시 산아제한(family planning) 연구의 책임자 중 한 명이었습니다]. 이런 형태의 연구를 요구하는 측은 정부뿐만이 아니라 일반 기업인 경우도 적지 않습니다. 광고나 PR, 혹은 조직의 인사문제 등에 대한 연구자들의 연구문제들 중 상당수는 기업의 요구를 반영한 것이며, 경영학 연구들의 태반도 비슷합니다(물론 그렇다고 해서 이론적 가치가 없다고 주장하는 것은 아닙니다. 오해 없기 바랍니다). 사실 세 번째 형태의 연구문제는 학계에서도 도덕적 이슈로 부각됩니다. 즉 연구를 요구하는 측의 입장을 대변하지 않는 순수한 연구가 과연 가능한지, 그리고 만약 가능하더라도 이러한 연구문제를 수행하는 것이 연구자 및 연구기관의 독립성을 해치지 않을지에 대해 적지 않은 연구자들이 우려와 비판을 던지고 있습니다. 즉 좋은 연구기회로 봐야 할지 아니면 연구의 독립성을 저해하는 덫으로 봐야 할지는 본서를 읽는 여러분의 판단에 맡기겠습니다.

연구문제를 확정했다면 이 연구문제를 가다듬는 작업이 필요합니다. 어떻게 가다듬어야 할까요? 방식은 여러 가지이고, 사실 교과서에서 제시하는 기준이라는 것들도 추상적이고 모호한 것이 사실입니다. 다시 말해 교과서적 방식으로 연구문제를 어떻게 가다듬으라고 구체적으로 가르치는 것은 매우 어렵습니다. 저는 세 가지 기준을 제시할 수 있다고 봅니다(인정합니다. 제가 제시한 기준들도 모호하기는 마찬가지입니다). 첫 번째 기준은 가능성(possibility)입니다. 연구자가 보았을 때, 자신이 확보한 자원으로 진행할 수 없다면 연구자가 떠올린 연구문제는 당장은 좋은 연구문제가 아닙니다(나중을 위해 가슴속에 묻어두시기 바랍니다). 연구를 수행하려면 능력은 물론, 돈과 시간이 있어야 합니다. 아무리 유능한 전사라도 무기가 없이 싸울 수 없듯, 아무리 출중한 연구자라도 돈과 시간이 없다면 연구수행을 할 수 없습니다. 또한 연구윤리에 어긋나 연구를 수행할 수 없는 경우도 있습니다. 연구윤리에 대해서는 조금 후에 다시 설명하겠지만, 연구를 위해 타인의 목숨이나 건강을 해칠 수는 없는 일이죠(물론 옛날 연구에서는 건강을 해치고 심지어 목숨을 빼앗기도 했습니다. 만주에 있었던 일본제국주의의 731부대를 떠올려 보시기 바랍니다). 아무튼 연구 불가능한 연구문제는, 그것 자체가 아무리 훌륭하고 재미있어도 연구를 수행할 수 없기 때문에 좋은 연구문제라고 보기 어렵습니다.

두 번째 기준은 관련성 혹은 적절성(relevance)입니다. 여기서 관련성 혹은 적절성이 높다는 의미는 다차원적입니다. 이론적 측면에서 보았을 때 좋은 연구문제는 기존의 이론을 확장하거나 혹은 심화시킬 수 있는 연구문제를 뜻합니다. 예를 들어보죠. 어떤 연구자가 제3자 효과(커뮤니케이션 미디어가 타인에게 미치는 효과가 자신에게 미치는 효과보다 크다고 인지하는 현상)를 연구하면서 연구의 소재로 폭력적인 TV 콘텐트를 사용했다고 가정해 봅시다. 여기서 후속연구자 A는 폭력적인 TV 콘텐트 대신 폭력적인 영화 콘텐트를 대상으로 연구를 진행했습니다. 반면 후속연구자 B는 선정적인 TV 콘텐트를 연구대상으로 연구를 진행했습니다. 만약 두 후속연구자의 연구가 모두 다 최초의 연구라고 가정해 보죠. 그렇다면 어떤 연구자의 연구문제가 보다 관련성 혹은 적절성 면에서 높은 점수를 받을까요? 관점에 따라 다른 평가를 내릴 수 있지만, 적어도 제가 보는 적절성 면에서는 B가 더 나은 평가를 받습니다. 왜냐하면 연구의 확장성이라는 측면에서 B의 연구는 질적으로 다른 장르를 탐색한 반면(폭력성 → 선정성), A의 연구는 동일장르의 다른 플랫폼을 살펴본 것에 불과하기 때문입니다(TV → 영화). 제3자 효과 연구가 메시지의 내용에 대한 연구라는 점에서 B의 연구는 보다 관련성, 혹은 적절성이 높습니다. 실질적 측면에서 보았을 때 관련성이란 연구결과를 현실에서 얼마나 잘 활용할 수 있는가와 관련되어 있습니다. 적어도 이 점에는 대체적으로 응용과학분과에서 제시하는 연구문제가 순수과학분야의 연구문제보다 높은 점수를 받을 가능성이 높습니다(하지만 순수과학분야는 그 파급력이 응용과학의 그것을 훨씬 상회한다는 점에서 그 가치를 더 많이 인정받아야만 합니다). 또한 인류의 복지에 기여한다는 측면에서도 연구문제의 적절성을 평가할 수도 있습니다. 아무튼 이 기준은 상당히 모호하고 연구를 접한 사람의 개인적 이해관계와 관심에 따라 그 판단결과가 다를 가능성이 매우 높습니다.

세 번째 기준은 연구문제의 새로움(novelty)입니다. 다시 말해 연구자가 제기하는 연구문제는 기존의 연구문제를 넘어서는 새로운 그 무엇이 존재해야 합니다. 이 역시도 평가기준이 다차원적입니다. 이론적 측면에서 본다면 기존 이론의 문제점을 지적하고 그것을 넘어서는 파격적인 연구문제일수록 높은 점수를 받을지 모릅니다. 실질적 측면에서 본다면 기존 이론이 해결하지 못하는 현실 문제를 해결할 수 있는 연구문제가 높은 평가를 받을 수도 있습니다. 그러나 '새로운 것'이라는 의미는 종종 왜곡됩니다. 도대체 새롭다는 것은 무슨 의미일까요? 예를 들어 한국어만 할 줄 아는 사람에게 영어로 작성된 콘텐트는 정말 새롭게 느껴질 것입니다. 그러나 동시에 새롭다는 바로 그 사실 때문에 그 사람은 영어로 만들어진 콘텐트는 해독이 불가능하게 됩니다. 새로운 연구문제를 익숙한 방식으로 조직하여 기존이론을 신봉하던 독자가 갖고 있던 기존생각을 버리게 만드는 것. 사실 이는 쉽지 않은 일이며, 지적인 모험입니다. 창조, 혁신, 새로움을 요구하면서도 새로운 것이 나오면 '비현실적이라고' 비판하는 것은 적어도 제 경험에 따르면 일반

사회나 전문연구자로 구성된 학계나 그리 많이 다르지 않습니다. 새로운 연구문제를 던지고 연구를 수행하여 많은 독자들을 설득하는 것은 사실 쉬운 일이 아닙니다만, 연구의 발전을 위해서는 꼭 필요한 일입니다.

　연구가 가능하고, 이론적·현실적으로 적절성과 새로움이 있다고 확신되는 연구문제가 잡혔다면, 이제 본격적인 연구를 진행할 수 있습니다. 연구 수행(아마도 학문 영역이 아닌 회사에서 프로젝트를 진행하더라도 마찬가지일 듯합니다)의 첫 단계는 비슷한 주제에 대한 선인(先人)들의 업적을 살펴보는 것입니다. 학술논문을 작성하는 경우 이 과정을 '선행연구 검토(literature review)'라고 부릅니다. 사실 교내에서 제공하는 모든 수업은 일종의 선행연구의 '반강제적' 검토라고 볼 수 있습니다. 여러분이 학교에서 배우는 대부분의 지식들은 학계에서 나름의 인정을 받은 내용입니다(물론 강사에 따라 도전적이고 검증되지 않은 내용을 가르치는 경우도 적지 않습니다). 다시 말해 여러분은 '죽은 지식'을 배우고 있는 것과 다르지 않습니다. '죽은 지식'이니까 의미가 없다고 느끼신다면 큰 실수를 하고 계신 것입니다. 죽은 지식을 배워 그것을 새로운 지식, 여러분의 살아 있는 지식으로 만드는 것이 중요합니다. 선인들이 발견한 최전선까지 선인들과 함께 길을 가더라고 여러분이 해야 할 것은 그 최전선에서 한 걸음 혹은 그 이상의 길을 가서 최전선을 넓혀야만 합니다. 죽은 지식을 철저히 검토하여 한 걸음을 더 내딛는 것, 바로 그것이 학문의 역할입니다. 즉 선행연구 검토는 여러분의 새로운 한 걸음을 위해 죽은 지식을 철저히 검토하고 그것을 극복하는 것입니다. 적지 않은 사람들이 선행연구 검토를 자신의 지식을 뽐내거나 혹은 권위 있는 선행 연구자의 후광(後光)을 빌려오기 위해 사용하기도 합니다. 매우 그릇된 일이라고 생각합니다. 선행연구를 살펴보는 것은 자신의 연구를 발전시키기 위한 것이며, 동시에 자신의 연구발전에 도움을 준 선인에 대한 애정 어린 비판을 담은 학문적 존경행위여야만 합니다.

　선행연구에 대한 검토가 끝나면 자신의 연구문제가 어떤 의미에서 과거의 연구문제와 관련되는지(relevance), 또한 어떤 점에서 과거의 것과는 구분되는지(novelty)를 독자에게 명확하게 설명할 수 있게 됩니다. 흔히 학술논문의 경우 선행연구 검토를 끝낸 지점에서 연구가설이나 연구문제를 공식화시켜 제시합니다. 우선 여기서 말하는 연구가설과 연구문제는 앞에서 이야기한 '연구문제 착상'의 연구문제와는 조금 다릅니다. 연구를 시작하는 단계에서의 연구문제가 상대적으로 호기심에 의해 추동된 것이라면, 선행연구 검토를 마친 후 제시되는 연구문제는 무엇을 연구하고자 하는지를 명확하게 응축시켜 독자에게 논문의 의의를 명확히 제시시켜주는 역할을 합니다. 연구가설은 보다 명확합니다. 논리적 연역과정을 거칠 경우 어떤 개념과 어떤 개념이 어떠한 방식의 인과관계를 갖게 되는지를 예측한 문장이 바로 연구가설입니다. 다시 말해 선행연구 검토가 끝난 상태에서 제시된 연구문제가 "무엇과 무엇의 인과관계를 연구하려고 하는가?"에 대한 연구자의 공식화라면, 연구가설은 "무엇은 무엇을 예측하는가?"에 대한 연구자의 이론적 예측입니다. 아마도 감을 잡으신 분도 있겠지만, 연구문제에 비해 연구가설이 보다 '확증적(confirmatory)'이고, 연구가설에 비해 연구문제가 보다 '탐색적(exploratory)'인 특성을 갖습니다.

그렇다면 연구문제와 연구가설 둘 중에서 어떤 것이 더 좋을까요? 제 개인적 생각을 말씀드리자면, 여기에는 정답이 없습니다. 아마도 최상의 답은 연구의 목적과 맥락에 맞게 선택하는 것이 최선일 듯합니다. 앞서 말씀드렸듯 여러분이 착상한 연구문제가 기존 이론을 확장 적용한 형태를 따른다면 아마도 기존 이론에서 예측한 바가 새로운 대상, 환경, 영역에서도 확인될 것이라는(혹은 다르게 확인될 것이라는) 방식으로 연구가설을 제시하는 것이 최선일 수 있습니다. 반면 여러분이 착상한 연구문제가 기존 연구에 의해 추동되기보다 완전히 새로운 것이라면, 보다 탐색적 목적에 맞도록 연구문제 형태로 제시되는 것이 나을 수도 있습니다. 사회과학의 경우 학자들에 따라 연구문제를 선호하는 경우도 있고 연구가설을 강력하게 권하는 경우도 있습니다. 학술논문의 이론적 역할을 강조하는 분들은 연구가설이 더 중요하다고 생각하는 경향이 강합니다. 심지어 어떤 분들은 연구가설을 제시하지 못하는 것은 저자의 주체적인 선행연구 검토가 없기 때문이라고 생각하기도 합니다. 반면 사회의 역사성·복잡성과 사회과학의 연구대상이 인간이라는 사실을 강조하시는 분의 경우 연구가설보다는 연구문제를 선호하시는 경향이 강합니다. 심지어 어떤 분들은 사회과학에서 연구가설을 제시하는 것은 사회과학의 고유한 성격과 맞지 않는 이론적 독단의 산물이라고도 생각하시는 분이 있습니다.

선행연구 검토를 마치면서 연구문제나 연구가설을 공식화시키는 과정은 사실 방법론(인식론적 지식)에서 다룰 영역이라기보다 이론(존재론적 지식)에서 다루어야 할 부분입니다. 그러나 연구문제나 연구가설이 공식화된 후에는 본격적인 방법론의 영역입니다. 앞에서도 언급하였고 앞에서도 계속 강조했지만, 연구방법론의 첫 번 단추는 바로 과학적 인과율입니다. 사실 연구방법론의 존재목적은 다름 아닌 연구자가 제기하고자 하는 주장이 과학적 인과율을 갖는다는 것을 보여주는 것, 그 이상도 그 이하도 아닙니다. 그렇다면 어떻게 연구자가 연구문제 혹은 연구가설에서 살펴보는 인과관계가 과학적 인과율을 따른다는 것을 보여줄 수 있을까요?

우선은 연구문제/연구가설에 등장하는 개념들을 측정해야 합니다. 측정에 관한 논의는 흔히 '연구방법'이라고 불리는 장(chapter)으로 나타납니다. 사회과학의 주요 연구대상은 사람입니다(맥락에 따라서는 실업률이나 범죄율과 같은 사회통계지수, 혹은 인간이 만든 텍스트가 대상이 되기도 합니다만, 거의 절대다수의 사회과학 연구는 인간의 생각이나 행동을 연구대상으로 삼고 있습니다). 따라서 개념들을 측정하는 측정치(흔히 변수라고 불리는 측정치)는 사람으로부터 얻습니다. 그렇다면 어떤 사람에게서 그 측정치를 얻었는지 먼저 밝혀야 하지 않을까요? 바로 이 이유로 대부분의 과학적 연구에서는 표집, 즉 누구를 연구표본에 포함하였는지 그리고 어떻게 연구표본을 얻었는지를 설명해 줍니다. 표집과정과 사회과학에서 주로 사용되는 표집방법들에 대해서는 '측정의 타당도와 신뢰도'를 설명한 후에 보다 자세히 설명드리겠습니다.

표본에 대한 서술이 끝나면 대개의 경우 각 개념을 측정하는 측정치, 즉 변수를 어떻게 측정하였는지 서술합니다. 여기서 중요한 것은 여러분이 측정하는 측정치가 개념을 제대로 반영하고 있으며(즉 측정의 타당도가 확보되었음), 또한 측정치는 충분히 믿을 만하다는 것(즉 측정의 신뢰도가 확보되었음)을 독자에게 설득력 있게 설명하는 것입니다. 측정의 타당도와 신뢰도에 대해서는 다음 장에서 보다 상세한 설명을 드리도록 하겠습니다.

측정의 타당도와 신뢰도가 확보되었다면, 측정치들의 인과관계에 대한 분석을 시작합니다. 이 부분은 흔히 '연구결과'라는 이름의 장에 서술됩니다. 측정의 타당도와 신뢰도를 본격적으로 배우지는 않았지만, 상식적 수준에서 한번 생각해 봅시다. 측정의 타당도와 신뢰도가 확보되면 측정치들의 인과관계를 개념들의 인과관계라고 주장할 수 있습니다. 다시 말해 측정치들, 즉 원인변수(독립변수)와 결과변수(종속변수)의 상관관계가 확률론적 관점에서 충분히 고려할 만한 상관관계를 갖고, 원인변수의 발생이 결과변수의 발생보다 시간적으로 먼저 발생하였으며, 원인변수와 결과변수의 관계가 허위적 관계가 아님을 보여줄 수 있다면, 이때 얻은 원인변수와 결과변수의 인과관계는 과학적 인과율 3조건을 충족시킨다고 볼 수 있습니다. 많은 경우 이 부분에서의 서술은 일정 정도의 통계학적 지식이 없이는 쉽게 읽히지 않는 것이 보통입니다. 또한 이 글을 적고 있는 저의 현재 통계학적 지식으로는 이해할 수 없는 통계기법을 사용한 연구도, 부끄럽지만, 존재합니다[공부할 것은 정말 무한합니다. 공부하는 학인(學人)은 죽기 전까지 심심할 겨를이 없는 것이 참 좋은 것 같습니다]. 그러나 어떠한 통계학적 기법을 사용했든, 연구결과라는 이름의 장이 목표하는 바는 단 하나입니다. 연구자가 주장하는 인과관계가 과학적 인과율임을 보여주는 것, 바로 그것입니다. 여기까지가 방법론의 역할입니다.

연구결과를 통해 측정치와 측정치의 인과관계가 과학적 인과율임을 설득력 있게 보여주었다면, 연구결과를 측정치가 반영하는 개념의 인과관계로 확대 해석합니다. 이 과정은 흔히 '논의(discussion)'라는 이름의 장에 제시되어 있습니다(혹자에 따라 '논의 및 결론'이라는 이름을 붙이기도 합니다). 이 부분은 다시 이론의 역할입니다. 연구결과를 통해 어떤 이론적 함의를 얻었는지(예를 들어 기존 이론을 다시금 확인하였다든지, 기존이론을 수정할 필요가 있다든지 등등), 그리고 어떠한 실천적 함의가 있는지(예를 들어 연구결과를 볼 때 어떤 방식의 정책이나 행동을 취하면 소기의 목적을 달성할 수 있는지 등)를 논의합니다. 그리고 연구결과를 얻는 과정에서의 이론적·방법론적 한계들도 언급해 줍니다(특히 방법론적 한계는 어떠한 연구도 피할 수 없습니다. 앞서 말씀드렸듯, 과학적 인과율 3조건은 사실 완벽하게 충족하기 어렵고, 뒤에서 다룰 측정의 타당도와 신뢰도 역시 완전하게 확보하는 것이 불가능합니다. 또한 체계적이라고 알려진 연구기법들의 경우도 그 자체의 내적 약점들이 존재합니다).

이상이 연구를 진행하는 과정입니다. 거칠게 요약하자면 다음과 같겠네요. "연구문제의 착상 → 연구에 대한 소개 → 선행연구의 검토 → 연구문제/연구가설 공식화 → **연구표본수집** → **변수의 측정과정(측정의 타당도와 신뢰도 확보)** → **연구결과 서술(과학적 인과율확보)** → 연구결과에 대한 논의 및 결론 서술" 연구 진행과정에서 연구방법론의 영역은 굵은 글씨로 표시하고 밑줄을 그어 두었습니다. 여러분들도 느끼시겠지만, 연구방법론은 연구대상에 대한 기존 해석과 연구자의 새로운 해석을 연결해 주는 역할을 합니다. 제가 01장에서 말씀드린 것을 되새겨 보시기 바랍니다. 소크라테스의 변증술이 진리의 산파(産婆)이듯, 방법론도 마찬가지로 새로운 이론의 산파입니다.

앞 장에서는 '과학적 인과율'을 소개하였습니다. 다음 장에서는 과학적 인과율을 '내적 타당도'와 '외적 타당도'라는 이름으로 보다 구체적으로 살펴보겠습니다.

보론: 연구윤리와 연구자윤리에 관하여

　여기서는 연구과정에서 연구자가 지켜야 할 윤리에 대해서 이야기해 보겠습니다. 사실 윤리는 과학적 연구의 대상이 아닙니다. 왜냐하면 과학적 연구는 존재에 대한 지식을 논리를 통해 얻어가는 과정인 반면, 윤리는 존재의 영역도 논리의 영역도 아닌 '당위(當爲)'의 영역이기 때문입니다. 만약 어떤 분이 "왜 연구윤리를 지켜야 하죠?"라고 제게 묻는다면 제가 드릴 수 있는 답변은 "지켜야 하기 때문에 지켜야 합니다"라고밖에는 답해 드릴 수가 없습니다. 솔직히 좋은 답변은 아닙니다만, 대부분의 과학자들 역시 "지켜야 하기 때문에 지킨다"는 것 이상의 답변을 하기 어렵습니다.

　연구윤리가 등장하게 된 이유는 매우 간단합니다. 연구자들의 연구가 사회적으로 용납되기 어려운 윤리적 문제를 야기하였기 때문에 등장하게 되었습니다. 우리에게 매우 익숙한 역사적 사례를 들어보죠. 일본의 군국주의자들은 제2차 세계대전의 승리를 위해 다수의 조선인들과 그리고 만주인, 한인, 몽골인, 러시아인들을 대상으로 생체실험을 실시했습니다. 당시 일본의 군국주의자의 입장에서 전쟁의 승리보다 중요한 가치가 없을 것입니다. 그러나 피해를 당하는 입장에서 보면 일본 군국주의자의 만행은 비인간적일 뿐만 아니라 타도되어야 할 극악한 범죄에 다름 아닙니다. 좋은 연구를 위해서라면 좋은 데이터가 필요하듯, 효과적인 세균폭탄을 만들기 위해서라면 동물을 대상으로 실험을 하는 것보다는 인간을 대상으로 실험을 하는 것이 보다 효과적입니다. 그러나 과연 여러분은 이것을 받아들일 수 있겠습니까? 아마도 받아들이기 어려울 것입니다. 연구윤리는 사실 이러한 맥락에서 태어났습니다. 흔히 방법론 교과서에서는 나치스 제3제국의 파시스트들의 범죄를 재판하는 뉴렌베르크 재판을 연구윤리 제정의 시초로 봅니다(교과서 저자들이 서구인들이라 그렇습니다. 나치스의 유대인 대상 실험이나 731부대의 인체실험이나 사악하기로 따지자면 50보 100보입니다). 그러나 파시스트와 일본 군국주의자의 패배 이후에도 연구윤리 문제는 언제나 발생했습니다. 자유주의의 상징처럼 보이는 미국의 경우도 소수인종인 흑인을 대상으로 생체실험을 실시하였고[심지어 2차 세계대전 이후; 터스키기(Tuskegee) 매독실험], 1960~1970년대까지만 하더라도 지금은 상상할 수 없는 강압적인 방식으로 심리학 실험이 실시되었습니다[짐바르도(Philip Zimbardo)의 감옥실험이나 밀그램(Stanley Milgram)의 전기충격 실험 등].

　즉 현재의 연구윤리는 과거의 비윤리적 연구의 대응책이라고 볼 수 있습니다. 그렇다면 연구윤리의 핵심은 무엇일까요? 자세한 이야기는 관련 교재를 참고하시기 바라고, 여기서는 핵심만 이야기 드리겠습니다. 핵심은 연구대상이 되는 연구참여자(study participant)에 '위해(危害, harm)'를 가하면 안 된다는 것입니다. 얼핏 들으면 쉬워 보이지만 사실 '위해'라는 것은 정의하기가 쉽지 않습니다. 예를 하나 들어 보죠. "선정적 콘텐트가 청소년의 성의식(性意識)에 미치는 효과"를 연구한다고 가정해 보겠습니다. 만약 연구에 사용된 '선정적 콘텐트'에 노출되어 연구에 참여한 청소년이 정신적으로 피해를 입었다고 한다면 어떨까요? 아마도 연구자는 '이 정도는 괜찮겠지?'라고 생각했을 수 있습니다. 그러나 연구자의 생각이 과연 맞을까요?(또 생각할 것은 연구자가 용인할 수 있는 수준의 선정성보다 더 높은 수위의 선정적 콘텐트가 온라인 공간에서 자유로이 돌아다니는 현실에서 해당 연구로부터 실질적 함의를 찾는 것이 가능할까요?) 어려운 문제입니다. 윤리적 문제는 추상적으로 사고하면 쉽지만, 구체적으로 사고하면 해결하기가 매우 어렵습니다. 우리네 인생처럼 말이죠.

'위해'를 가하지 않기 위한 여러 제도적 장치들을 간략히 말씀드리겠습니다. 연구를 진행할 경우 연구참여자에게 '고지된 동의(informed consent)'를 얻으시기 바랍니다. 이를 위해서는 연구참여자에게 연구의 목적과 연구에서 다루게 될 내용을 알려주시고(inform), 이에 대해 연구참여자가 명확하게 인식하고 있다는 동의(consent)를 받는 절차가 필요합니다. 또한 연구참여자에게서 획득한 데이터에 대해서는 익명성(anonymity)과 비밀(confidentiality)을 보장하시기 바랍니다. 이와 관련 미국의 교육기관에서는 IRB(institutional review board)를 운영하고 있습니다. IRB는 연구자의 연구계획과 연구에 사용될 연구재료(실험자극, 설문문안 등)가 연구윤리에 저촉되는지 여부를 검토한 후 연구허가(proof)를 내주는 역할을 합니다. 최근 국내의 교육기관에서도 인간이 연구대상일 경우 IRB 절차를 받을 것을 점차 의무화하고 있습니다.

연구윤리와 같이 언급되지만 개념적으로 구분하셔야 하는 것은 연구자의 윤리입니다. 연구윤리의 등장 역사는 매우 짧지만, 연구자윤리의 역사는 상당히 오래되었습니다. 사실 연구자윤리는 여러분에게도 요구되고 있습니다. 여러분이 과제를 제출할 때 누군가의 글을 무단으로 표절하여 마치 자기 것인 것처럼 제출하였다면 어떻게 해야 할까요? 당연한 것입니다만, 이 경우 여러분은 여러분이 속한 학교의 학칙에 의거 처벌을 받게 됩니다. 연구자도 마찬가지입니다. 타인의 연구논문을 무단으로 도용하고 표절

(plagiarism)할 경우 처벌받습니다. 또한 연구자가 데이터를 조작(fabrication)하였을 경우도 처벌받습니다. 그리고 다른 연구자의 연구실적을 자신의 연구실적인 것처럼 공표하는 행위도 처벌받습니다(아마도 언론을 통해 제자가 쓴 논문을 자신의 이름으로 출간한 지도교수의 사례를 접한 적이 있을 것입니다). 즉 정직하게 데이터를 수집·분석하고, 솔직하게 자신의 생각만을 자신의 생각으로 제시하고, 타인의 실적을 탐내지 않는 경우, 연구자윤리에 저촉될 일은 없습니다. 상식적인 일이라고 생각되지만, 우리나라의 '황우석 교수 사태'를 보면 꼭 그렇지도 않습니다. 연구윤리가 쉬워 보이지만 지키기 어려운 것처럼, 연구자윤리도 지키는 것이 꼭 쉽지만은 않습니다. 특히 관습이나 관례에 대해 비판적 성찰을 멈춘 경우, 윤리적으로 살아왔다고 굳게 믿고 있던 사람도 어느 순간 비윤리적 인간으로 낙인찍히는 경우가 적지 않습니다.

다시 요약합니다. 연구윤리와 연구자윤리는 추상적 수준에서는 참 별일 아닌 것처럼 보입니다. 그러나 막상 지키려고 하면 쉽지 않은 경우도 있고, 자신이 인식하지 못하는 와중에 비윤리적 행동을 하기도 하고 비윤리적이라고 손가락질 받는 경우도 있습니다. '이론과 실천의 괴리'라는 말은 어쩌면 연구윤리와 연구자윤리에 딱 들어맞는 것일지도 모르겠습니다. 그러나 해답은 어찌보면 간단합니다. 건전한 상식이라는 기준에서 문제가 될 행동이 아니라면, 연구윤리나 연구자윤리를 어길 가능성은 별로 높지 않을 듯합니다. 언제나 조심하고 자신의 연구가 연구참여자에게 어떠한 잠정적 위해를 가할 수 있을지, 그리고 자신이 쓴 글이 표절은 아닌지, 동료연구자의 공적을 부당하게 가로챈 것은 아닌지, 분석과정에서 합리적 절차를 따르고 있는지를 계속 뒤돌아보신다면 큰 문제는 없을 것입니다(일단 제 짧은 경험으로는 별문제 없었던 것 같습니다).

CHAPTER 05

과학적 인과율의 확장: 내적 타당도와 외적 타당도

앞서 03장에서는 과학적 인과율의 3조건들을 설명하였습니다. '원인-결과의 상관관계', '결과에 대한 원인의 시간적 선행', '비허위성'의 세 조건들은 연구자가 주장하는 인과관계가 과학적 인과율에 부합하는지를 가르는 기준입니다. 과학적 인과율의 중요성은 거의 모든 학문분과에서 공유됩니다만, 사회과학에서는 과학적 인과율을 '내적 타당도(internal validity)'와 '외적 타당도(external validity)'로 구분하여 보다 구체화하는 것이 보통입니다. 두 가지 타당도에 대해 설명하기 이전에 여러분께 부탁드리고 싶은 것은 여기서 말하는 타당도(validity)는 다음에 설명하게 될 측정의 타당도(validity of measurement)와는 다른 개념이라는 점입니다. 내적 타당도와 외적 타당도는 "연구자가 주장하는 인과관계가 현실세계에서 발생되는 인과관계를 타당하게 반영하고 있는가?"에 관한 것입니다. 하지만 다음에 설명할 측정의 타당도는 "측정치가 개념을 얼마나 타당하게 반영하고 있는가?"를 다룹니다. 같은 용어를 사용했지만, 엄연히 각 타당도가 다루는 대상이 다르다는 점을 명심하여 주시기 바랍니다.

우선 각 용어의 뜻부터 살펴보겠습니다. 우선 내적 타당도는 "연구자가 주장하는 원인과 결과의 인과관계가 실제 세계의 원인과 결과의 인과관계를 제대로 반영하고 있다"(Shadish et al., 2002, p. 38)라고 정의됩니다. 반면 외적 타당도는 "연구자가 주장하는 원인과 결과의 인과관계가 사람에 따라, 상황에 따라, 원인/결과의 종류 등에 따라 달라지지 않는다"(Shadish et al., 2002, p. 38)라고 정의됩니다. 두 가지 정의를 다시 한번 더 읽어보시기 바랍니다. 어떤가요? 조금 다르죠. 각 타당도의 정의를 이해하시면서 두 가지 타당도에 왜 '내적(內的)', '외적(外的)'이란 말을 각각 붙였는지 한번 생각해 봅시다. 내적 타당도의 정의를 살펴보시면, 연구자가 주장하는 인과관계가 타당한지 여부를 따지는 기준이 되는 현실은 하나인 것을 알 수 있습니다(즉 연구자가 연구대상으로 삼고 있는 현실 그 자체만이 연구자가 제시하는 인과관계가 타당한지를 따지는 대상입니다). '내적'이라는 말이 붙은 이유는 바로 연구자가 제시하는 인과관계가 연구자의 연구만을 기준으로 하였을 때 과연 타당한가를 따지기 때문입니다. 예를 들어 어떤 연구자가 "연세대학교 학부생의 경우 학습시간이 길수록 높은 학점을 받을 가능성이 높다"는 인과관계를 주장하였다고 가정해 보죠. 만약 연세대학교 학생에게서 학습시간의 증가가 학점 상승의 관계가 앞서 이야기한 과학적 인과율의 3조건을 성공적으로 충족시켰다면 연구자가 제시한 인과관계의 '내적 타당도'는 확보되었다고 볼 수 있습니다.

반면 외적 타당도의 정의를 잘 읽어보시면 연구자가 주장하는 인과관계가 타당한지 살펴보는 기준이 되는 현실이 한 가지에 국한되지 않는다는 것을 발견하실 수 있을 것입니다. 즉 연구대상이 바뀌어도("사람에 따라"라는 표현), 연구의 상황이 바뀌어도, 혹은 원인과 결과가 완전히 동일하지 않아도 등으로 인과관계가 타당한지 따지는 현실이 다양하게 제시되고 있습니다. 다시 말해 앞서 언급했던 "연세대학교 학부생의 경우 학습시간이 길수록 높은 학점을 받을 가능성이 높다"는 인과관계가 "연세대학교 대학원생에게도 적용되는지?" 혹은 "유럽에 있는 대학교 학부생에게서도 적용되는지?" 혹은 "원인변수와 결과변수를 토익시험 공부시간과 토익점수로 바꾸어도 적용되는지?" 등등을 추가로 따져보는 것이 바로 외적 타당도입니다. 만약 연구에서 다루지 않은 다른 현실에서도 연구자가 제시한 인과관계가 유효하다고 믿는다면(가정법 표현을 사용하였습니다!) 연구자가 제시한 인과관계의 외적 타당도가 확보되었다고 볼 수 있습니다.

내적 타당도의 정의를 읽어보시면 느끼시겠지만, 내적 타당도의 확보 여부는 다름 아닌 과학적 인과율 3조건의 충족 여부입니다. 즉 과학적 인과율 3조건이 모두 충족되었다면 연구자가 주장하는 인과관계는 "내적으로 타당한 인과관계(internally valid causation)"입니다. 그러나 과학적 인과율 3조건이 다 충족되었다고 하더라도 외적 타당도가 확보되었다고 말할 수는 없습니다. 예를 들어 앞서 예로 든 "연세대학교 학부생의 경우 학습시간이 길수록 높은 학점을 받을 가능성이 높다"는 다른 상황에서 다른 사람들에게서는 확인되지 않을 가능성을 배제하기 어렵기 때문입니다. 앞서 저는 외적 타당도를 설명하면서 연구자가 제시한 인과관계가 다른 사람들이나 다른 상황 혹은 원인이나 결과의 종류의 변화에도 불구하고 달라지지 않는다고 "믿는다면"이라는 가정법 표현을 썼습니다. "믿는다면"이라는 것은 기본적으로 연구자의 믿음, 그리고 독자의 믿음이며, 엄밀히 말해 이는 주관성(subjectivity)의 표출입니다. 다시 말해 연구자가 "내가 여기서 제기하는 인과관계는 사례나 상황, 원인이나 결과의 변화에 상관없이 유효하다"라고 진심으로 믿고 주장해도 이 주장을 접하는 독자는 이러한 진심 어린 연구자의 주장을 받아들이지 않을 수 있습니다. 즉 외적 타당도에 대한 최종판단은 연구자가 아닌 독자가 하게 되며, 따라서 독자에 따라 그 판단이 다를 수 있습니다. 대표적인 사례가 바로 해외에서 개발된 이론이 과연 국내에서도 적용 가능한가에 대한 논란입니다. 한국은, 특히 한국의 사회과학은 슬프게도 압도적인 "이론 수입국"의 위치에서 벗어나지 못하고 있습니다. 이런 현상에 대해 어떤 학자들은 "학문적 종속상태"라고 부르기도 합니다. 아무튼 해외에서 제안되고 해외의 상황에서는 타당하다고 받아들여지는 이론(즉 내적 타당도가 확보된 외국의 이론)이 과연 우리 실정에 맞을까요? 사람들에 따라 그 답은 천차만별일 것입니다. 아마도 해당 이론을 수입해서 한국사회에 적용해야 한다고 주장하는 사람들은 그 이론의 내적 타당도가 한국에서도 확보될 것으로 굳게 믿을 가능성이 높지만(즉 외적 타당도가 확보되었다고 믿을 가능성이 높지만), 반면 해당 이론은 외국에서나 가능하지 한국에서는 적용 불가능하다고 믿는 사람들은 그 이론의 내적 타당도가 제한적이라고 믿을 가능성이 높습니다(다시 말해 외적 타당도를 확보하지 못하였다고 믿을 가능성이 높음). 이러한 점에서 학자들은 외적 타당도를 '일반화가능성(generalizability)'이라고 부르기도 합니다. 다시 말해 전자와 같은 생각을 하는 한국 학자는 해외에서 개발된 이론의 일반화가능성을 높게 보는 반면, 후자와 같은 생각을 하는 분들은 해외 이론의 일반화가능성을 낮게 평가하는 것이죠.

즉 연구자가 제안하는 인과관계는 2단계를 거쳐 그 인과적 타당성(causal validity)을 평가받아야 합니다. 첫째, 연구자가 제안하는 인과관계는 연구자의 연구 내부에서 과연 타당한가? 둘째, 연구자의 연구 내부에서 타당하다고 인정된 인과관계가 해당 연구가 다루지 못하는 사례, 상황, 원인과 결과의 종류 변화에도 불구하고 여전히 타당할 것인가? 만약 어떤 연구자의 인과관계가 이 두 가지 평가에서 모두 좋은 점수를 받았다면, 그 인과관계는 매우 적용범위가 넓은(즉 일반화가능성이 높은) 인과관계일 것입니다. 반면 첫 번째 단계는 통과했지만 두 번째 단계에서는 불충분하다는 평가를 받는다면 어떨까요? 이런 연구 역시도 충분한 가치가 있습니다. 왜냐하면 제한적이나마 인과관계가 확보된다는 지식을 얻는 데 성공했기 때문입니다. 끝으로 2단계 모두에서 낮은 점수를 받는다면 어떤가요? 연구자가 제시한 인과관계는 과학적 인과율로 그 가치를 인정받기 어렵다고 보는 것이 맞을 듯합니다. 자 이제 방법론을 학습하는 여러분의 입장에서 2단계의 인과적 타당성 평가를 돌이켜 봅시다. 여러분이 우선 해야 할 일은 무엇인가요? 그렇습니다. 우선 여러분이 연구하는 바로 그 현실에 대하여 여러분이 주장하는 인과관계가 최소한 연구 내적으로 타당하다는 사실을 독자들에게 설득시켜야 합니다. 어떻게요? 바로 과학적 인과율 3조건을 다 충족시키고 있음을 보여주는 것이죠. 그러나 이걸로 끝이 아닙니다. 내적 타당도가 확보되었다면 여러분이 제시한 인과관계가 외적으로도 얼마나 타당한지에 대해 독자들을 설득해야 합니다. 대부분의 독자들은 여러분이 연구대상으로 하는 현실이 아닌 다른 현실에 여러분이 주장하는 인과관계를 적용할 수밖에 없습니다. 생각해 보시기 바랍니다. 2016년에 출간된 연구결과가 아무리 타당하다고 해도 그 결과가 발표된 상황은 바뀝니다. 2017년 혹은 그 이후에는 적용할 수 없는 연구결과라면 독자 입장에서는 별 의미가 없는 연구라고 판단하겠죠? 따라서 외적 타당도를 확보하는 과정은 매우 중요합니다. 외적 타당도가 높은, 즉 일반화가능성이 높은 인과관계일수록 독자의 입장에서는 보다 가치있는 이론일 가능성이 높습니다.

정리하겠습니다. 첫째, 여러분은 내적 타당도를 확보해야 합니다. 만약 내적 타당도를 확보하지 못하였다면, 아쉽게도 여러분이 주장하는 인과관계는 과학적 인과율을 담보하는 이론의 위치에 설 수 없습니다. 둘째, 외적 타당도를 가능한 높게 확보하기 바랍니다. 이는 자신의 연구를 과장하라는 의미가 아닙니다. 겸허하게 자신의 이론을 평가하여 사례가 바뀔 경우 어떻게 될지, 상황의 변화에는 어떻게 될지, 그리고 원인이나 결과가 다소 바뀌면 어떻게 될지에 대해서 스스로 평가하여 합리적으로 자신의 인과관계를 비판해 보라는 것입니다. 외적 타당도가 높을수록 좋은 것은 사실입니다. 그러나 제가 보았을 때 더 좋은 것은 자신이 제기한 이론의 적용범위가 어디까지인지 겸허한 마음을 통해 비판적으로 성찰하는 것이 더 중요합니다. 만병통치약이라는 비현실적인 목표를 추구하는 것보다 특정한 병에 적합하고 부작용 없이 사용할 수 있는 조건과 대상을 명시한 약을 만드는 것이 더 중요하지 않을까요?

내적 타당도와 외적 타당도 다음으로 말씀드리고 싶은 것은 매개효과(mediation effect)[1]와 조절효과(moderation effect)[2]입니다. 사실 매개효과와 조절효과라는 용어는 자연과학이나 공학에서는 잘 사용되지 않습니다(특히 매개효과의 경우, 제 경험에 비추어 볼 때 사용된 사례를 본 적이 별로 없었습니다). 그러나 매개효과와 조절효과라는 용어는 사회과학에서 매우 빈번하게 사용됩니다. 우선 매개효과와 조절효과는 모두 인과관계, 즉 "X → Y"의 확장입니다.

우선 매개효과를 살펴보겠습니다. 우선 매개효과의 '매개(mediate)'라는 말에 주목해 봅시다. 매개(媒介)라는 말의 의미는 무엇과 무엇을 이어준다는 의미입니다. 즉, "X → Y"의 관계 사이에 매개체가 존재하며, 이 매개체를 '매개변수'라고 부릅니다. 매개효과란 "원인변수가 결과변수에 미치는 효과가 매개변수에 의해 매개되는 효과"를 의미하며, 흔히 "X → Me → Y"으로 표현됩니다. 즉 원인변수 X의 변화가 매개변수 Me의 변화를 초래하며, 이렇게 변화된 Me의 변화가 Y의 변화를 초래함을 의미합니다. 그렇다면 매개효과는 왜 사회과학에서 중요하게 다루어질까요? 흔히 교과서에서는 '인과메커니즘(causal mechanism)의 정교화'를 그 이유로 제시합니다. 예를 들어 "폭력적 TV 콘텐트에 노출된(X) 청소년은 폭력적 행동을 보일(Y) 가능성이 높다"는 X → Y 관계를 살펴본다고 가정해 보죠. 만약 X → Y 관계에 내적 타당도 문제가 없었다고 하더라도 이론적으로는 뭔가 부족하다고 느낄 수 있습니다. 예를 들어 "왜 폭력적 TV 콘텐트에 노출되면 폭력적 행동을 보이게 되지?"라고 묻는 것이 가능하죠. 이러한 물음을 다음과 같이 보다 정교한 그리고 연구가 가능한 방식으로 재구성해 봅시다: "폭력적 TV 콘텐트에 노출된(X) 청소년은 폭력에 대해 호의적 태도를 보일 가능성이 높으며(Me), 폭력에 대해 호의적 태도를 가지는 청소년일수록 폭력적 행동을 보일(Y) 가능성이 높다"(X → Me → Y). 이렇게 매개효과 가설을 상정한 다음 경험적 연구를 통해 이 가설을 지지하는(다시 말해 내적 타당도가

---

1 문헌에 따라 매개효과 대신 중개효과라고 번역되기도 합니다. 통계적 테스트의 경우 매개효과라는 용어 대신 간접효과(indirect effect)라고 용어가 사용되기도 합니다.

2 문헌에 따라 조절효과 대신 조건효과라고 번역되기도 합니다. 통계적 테스트의 경우 조절효과라는 용어 대신 상호작용효과(interaction effect)라고 용어가 사용되기도 하지만 엄밀한 의미에서 두 용어는 구분됩니다. 상호작용효과의 의미와 조절효과와의 관계에 대해서는 실험연구기법을 설명하면서 구체적인 사례를 통해 그 차이를 설명하도록 하겠습니다.

확보된) 결과를 얻었다면, 우리는 왜 폭력적 TV 콘텐트에 노출된 청소년이 폭력적 행동을 보이는지에 대한 심리학적 해답을 얻게 됩니다.

다음으로 조절효과를 살펴보죠. 마찬가지로 '조절(regulate)'이라는 말에 주목해 봅시다. 여기서 조절이라는 말의 의미는 X → Y의 인과관계의 방향성(directionality)이나 강도(strength)가 어떤 조건에 의해 조절된다는 의미입니다. "X → Y"의 인과관계, 즉 화살표(→)에 영향을 미치는 어떤 존재가 있다고 할 때, 이 존재를 '조절변수'라고 부릅니다. 정리하자면 조절효과란 "원인변수가 결과변수에 미치는 효과가 조절변수의 수준에 따라 달라지는 효과"를 의미하며, 흔히 " $\underset{M_O}{\overset{X \to Y}{\uparrow}}$ "와 같이 표현됩니다. 예를 들어 폭력적 TV 콘텐트에 노출된 청소년에게서는(M_O = 청소년) 폭력적 행동이 나타날 가능성이 높지만($X \overset{+}{\to} Y$), 폭력적 TV 콘텐트에 노출된 성인에게서는(M_O = 성인) 폭력적 행동이 나타날 가능성이 나타나지 않는 경우($X \overset{0}{\to} Y$), "폭력적 TV 콘텐트가 폭력적 행동에 미치는 효과는 콘텐트를 접하는 사람의 연령에 따라 조절된다"라고 이야기하고, 이때 콘텐트를 접하는 사람의 연령(즉, 성인인지 청소년인지)은 조절변수라고 불립니다.

그렇다면 조절효과는 왜 사회과학에서 중요하게 다루어질까요? 이를 이해하기 위해서는 앞서 소개했던 '외적 타당도' 개념을 떠올리시는 것이 가장 좋습니다. 다시 떠올려 보시죠. 외적 타당도란 "연구자가 주장하는 원인과 결과의 인과관계가 사람에 따라, 상황에 따라, 원인/결과의 종류 등에 따라 달라지지 않는다"는 의미이며, 만약 사람이나 상황, 원인 및 결과의 종류 변화에 상관없이 연구자가 주장하는 인과관계가 확인된다면 외적 타당도를 확보했다고 이야기합니다. 다시 말해 X → Y의 인과관계를 조절하는 어떠한 변수도 존재하지 않는다면, 외적 타당도는 확보됩니다. 하지만 곰곰이 생각해 보죠. 앞에서도 설명을 드렸지만, 외적 타당도가 완벽하게 확보되는 연구가 과연 존재할까요? 특히 사회과학의 경우 그런 인과관계는 아마 극소수에 불과하다고 보는 것이 타당할 듯합니다. 대개 시대적 차이, 즉 역사성과 공간적 차이, 즉 문화에 따라 우리가 관찰하고 겪는 인과관계는 바뀐다고 보는 것이 타당합니다. 다시 말해 인과관계가 왜 달라지는지를 이해하는 것이 사회의 특수성을 이해하는 첫걸음이라고 보는 것이 더 타당할 수 있습니다. 다시 말해 조절효과는 내적 타당도를 확보했다고 생각되는 연구자의 인과관계가 얼마나 적용 가능한지를 확정하며, 인과관계가 유효한 조건에 대한 지식을 습득하는 데 매우 유용합니다. 특히 의학·약학의 경우 조절효과는 매우 중요합니다. 약물이 부작용을 일으키는 신체조건은 어떠한지를 파악하고, 성별에 따라, 연령에 따라, 건강상태에 따라 투입되는 약물의 양을 어떻게 조절해야 하는지를 파악하기 위해서는 약물의 효과에 집중하는 연구는 물론 약물의 효과를 조절하는 조절변수에는 무엇이 있고 조절효과는 어떻게 나타나는지가 필수적입니다. 사회과학도 마찬가지입니다. 아마도 언론학을 전공한 독자라면 언론학 개론시간에 '배양효과이론(cultivation theory)'을 배우면서 '공명(consonance)효과'에 대해 들어보셨을 것입니다. 간략하게 설명하면, 배양효과이론은 텔레비전 폭력물을 더 많이 시청할수록(X) 세상을 실제보다 더 무섭고 각박하게 인식한다는(Y) 인과관계에 기초하고 있습니다. 공명효과란 초기 배양효과이론에서 밝힌 인과관계의 강도가 폭력에 더 취약하다고 느끼는 사람에게서 더 강하게 나타난다는 것을 의미합니다. 예를 들어 강도, 폭행 등의 강력범죄가 발생하였을 때 여성이 남성보다 폭력에 더 취약한 것이 보통입니다. 즉 남성 응답자에게서 나타나는 배양효과의 강도에 비해 ($X \xrightarrow{\pm} Y$), 여성 응답자에게서 나타나는 배양효과의 강도가 더 강하다는 것($X \xrightarrow{\pm} Y$)이 공명효과의 한 사례입니다. 이 사례에서 응답자의 성별이 바로 조절변수이며, 배양효과의 강도가 성별에 따라 달라지는 효과가 바로 조절효과입니다.

매개효과와 조절효과는 사회과학에서 매우 자주 등장합니다[개인적으로는 다소 과용(過用)된다는 느낌이 들기도 합니다]. 연구자가 생각하는 인과관계는 단순한 반면, 사회현실에서 나타나는 인과관계는 인과관계의 연쇄성(즉 매개효과)과 복잡한 조건(즉 조절효과)으로 인해 단순하게 말하는 것이 어려운 것이 사실입니다. 여기서 저는 여러분께 다음과 같은 두 가지 질문을 던지고자 합니다. 세상이 복잡하니 복잡한 이론을 개발해야 할까요? 아니면 복잡한 세상을 보다 쉽고 간단하게 이해하기 위해 단순한 이론을 개발해야 할까요? 제가 아는 범위에서 상당수의 사회과학자들이 두 가지 철학 중 어느 하나를 취하고 있습니다. 물론 대부분의 학자들은 (저를 포함하여) 최적의 복잡성을 갖는 이론, 즉 적당히 단순하면서도 적당히 복잡한 이론을 추구합니다. 그러나 언제나 그렇듯 도대체 어느 정도 수준이 과연 적당한 수준인지를 두고 논란이 벌어집니다. 이에 대한 정답은 아마 없을 것입니다. 여러분 스스로 생각하기에 가장 적절한 수준의 복잡성을 여러분의 주체적 판단으로 추구하시기 바랍니다. 그러나 한 가지 조언을 드린다면, 여러분의 주장은 핵심적인 인과관계($X \rightarrow Y$)를 기반으로, 이 인과관계에 매개변수/조절변수를 추가하는 방식으로 서서히 복잡성을 증가시키는 것이 좋습니다. 제 생각에 처음부터 복잡한 이론을 추구하는 것은 복잡한 현실을 더 복잡하게 만들 가능성이 높습니다.

지금까지 과학적 인과율 3조건을 연구자의 연구 내부에 적용 가능한지를 따지는 내적 타당성과, 연구가 다루지 못한 사례나 상황, 원인/결과의 종류 변화에도 적용 가능하지 여부를 다루는 외적 타당도를 살펴본 후, 사회과학에서 어떻게 단순한 인과관계를 보다 사회현실에 적합하게 심화시키는지를 '매개효과'와 '조절효과'를 통해 살펴보았습니다. 지금부터는 어떤 이유로 인해 연구자의 인과관계의 내적 타당도와 외적 타당도가 침해 받을 수 있는지에 대해 몇 가지 널리 알려진 저해요인(threats)를 소개하겠습니다. 이와 관련하여 여러분들에게 세 가지를 부탁드리고 싶습니다.

첫째, 저해요인을 암기하는 것은 그다지 중요하지 않습니다. 저해요인을 암기하는 것보다 중요한 것은 어떤 연구자가 주장한 인과관계를 접했을 때, 그 인과관계의 내적 타당도와 외적 타당도를 비판적으로 평가하는 도구로서 저해요인의 가능성을 살펴보는 것입니다. 즉 저해요인이 무엇인지 아는 것보다 저해요인이 어떤 상황에서 발생할 수 있는지 이해하는 것이 보다 중요합니다.

둘째, 어떤 연구자의 인과관계의 내적 타당도 및 외적 타당도를 평가할 때 저해요인의 존재가능성이 존재한다는 것과 해당 연구자의 인과관계가 부정된다는 것은 절대로 동일하지 않습니다. 즉 "저해요인이 존재할 수 있다"는 "연구자의 인과관계는 옳지 않다"를 의미하지 않습니다. 다시 말해 저해요인에 대한 여러분의 지식은 다른 사람이 주장하는 인과관계를 비판적으로 이해하고 잠재적 한계를 극복하는 수단으로 사용되어야지, 타인의 주장을 폄훼하고 공격하는 수단으로 사용되지 말아야 합니다.

셋째, 연구방법론 교과서 저자에 따라 언급되는 내적 타당도 및 외적 타당도 저해요인 개수가 다르기도 합니다. 여기서 저는 내적 타당도 저해요인 7가지와 외적 타당도 저해요인 4가지를 소개하겠습니다. 제가 알고 있는 범위에서 여기서 소개하는 총 11개의 저해요인은 거의 모든 방법론 교과서에도 언급되는 일종의 '최소공배수'입니다. 만약 여기서 다루지 않은 저해요인들을 추가로 학습하려는 분은 다른 방법론 교과서를 참고하시기 바랍니다(Babbie, 2012; Schutt, 2014; Shadish et al., 2002).

일단 내적 타당도 저해요인들부터 살펴보겠습니다. 말씀드렸듯 여기서는 총 7개의 내적 타당도 저해요인을 하나하나 살펴보도록 하겠습니다. 저는 7개의 저해요인들을 저해요인이 발생하는 근원에 따라, (1) 개체내부 요인, (2) 시간요인, (3) 측정치 요인의 3가지로 묶을 수 있다고 생각합니다.

우선 개체내부 요인에 따른 내적 타당도 저해요인으로는 '선택(selection)'[3]을 언급할 수 있습니다. 선택 저해요인은 과학적 인과율 3조건중 '비허위성'에 대한 것입니다. 어떤 인과관계 X → Y를 주장하는 연구자 있다고 가정합시다. 이때 선택 저해요인이 발생하면 X → Y의 관계는 실재 인과관계가 아닌 '유기체 내부의 특성'에 따라 X의 변화와 Y의 변화가 선택되었다면, 즉 유기체 내부의 특성이라는 가외변수에 의해서 X → Y의 관계가 나타난 허위관계라고 의심할 수 있습니다. 구체적으로 다음과 같은 상황을 가정해 보도록 하겠습니다. X를 보수적 신문구독 여부라고 가정하고, Y를 보수후보에 대한 투표 여부라고 할 때, 어떤 연구자가 "X → Y"의 인과관계를 주장하고 있다고 가정해 보죠. 즉 이 연구자는 보수후보를 선택한 시민의 결정은 보수신문을 보았기 때문이라고 주장하고 있습니다. 과연 이 인과관계는 타당할까요? 아마도 그렇지 않을 듯합니다. 왜냐하면 이렇게 볼 수도 있습니다. "보수적 정치성향을 갖는 사람은 보수적 신문을 구독할 가능성이 더 높으며, 동시에 선거에서 보수후보에 투표할 가능성도 더 높다." 즉 반론을 제기하는 측에서는 X → Y의 관계가 나타난 이유를 '시민의 내적 정치적 이념성향에 따라 X와 Y의 수준이 선택되었기 때문이라고 주장하고 있습니다. '선택'요인이란 유기체의 내적 속성, 즉 여기서는 '시민의 내적 정치적 이념성향'으로 인해 제기된 인과관계의 내적 타당도가 위협을 받는 경우를 뜻합니다.

두 번째의 내적 타당도 저해요인들은 시간 요인과 관련됩니다. 두 번째 그룹에 해당되는 저해요인들은 '역사(history)'[4], '성숙(maturation)'[5], '평균으로의 통계적 회귀(statistical regression toward the mean)'[6], '표본손실(attrition)'[7] 등이 있습니다. 하나하나 차례대로 살펴보겠습니다.

우선 '역사' 요인은 X → Y 인과관계에서 Y의 변화를 일으킨 원인이 X에 의한 것이 Y를 변화시켰을 것으로 의심되는 X와 동일시점에 발생한 외부적 사건을 의미합니다. 구

---

3 문헌에 따라 자기선택(self-selection)이라고 불리기도 합니다.

4 문헌에 따라 역사적 사건(historical event)이라고 불리기도 합니다.

5 문헌에 따라 성장(growth) 혹은 변화(change)라고 불리기도 합니다.

6 문헌에 따라 짧게 회귀(regression) 혹은 통계적 회귀(statistical regression)라고 불리기도 합니다.

7 문헌에 따라 죽음(mortality)이라고 불리기도 합니다.

체적인 사례를 하나 생각해 보죠. 흡연율(Y)을 낮추기 위해서 어떤 언론학자가 건강 캠페인(X)을 실시하였다고 가정해 봅시다. 캠페인이 흡연율을 떨어뜨렸다는 것을 확인하기 위해 이 연구자는 캠페인을 실시하기 이전의 흡연율($Y_{t=1}$)과 캠페인 실시 후의 흡연율($Y_{t=2}$)을 비교해 보았습니다. 그 결과 캠페인 실시이전의 흡연율보다 캠페인 실시 후의 흡연율이 월등하게 낮게 나온 것을 발견하였습니다(분석의 문제는 없으며, 흡연율 측정에도 문제가 없었다고 가정해 봅시다). 이 경우 이 연구자의 생각대로 X → Y의 인과관계는 타당할까요? 아닐 수도 있습니다. 만약 $t=1$과 $t=2$의 두 시점 사이, 즉 캠페인이 실시된 시점 즈음에 담뱃값 상승이라는 캠페인과는 무관한 사건이 발생했었다면 어떨까요? 이 경우 Y의 변화는 캠페인 실시에 따른 변화가 아니라 담뱃값 상승에 따른 변화일 수도 있지 않을까요? 이 사례에서 연구자가 주장하는 인과관계에 대한 반론으로 제기된 자극 외의 사건, 즉 '담뱃값 상승'이 바로 역사요인에 해당됩니다. 사례에서 등장하듯 역사요인의 경우 원인이 되는 사건 전후에 연구자가 언급한 원인 외에 다른 원인이 발생하였다고 의심할 때 언급될 수 있습니다. 왜 제가 역사 요인을 '시간 요인'에 포함시켰는지 이해되실 것입니다.

다음으로 '성숙' 요인을 살펴봅시다. 성숙 요인 역시 '시간의 흐름' 속에서 내적 타당도 저해요인이 발생합니다. 성숙요인은 X → Y 인과관계에서 Y의 변화를 일으킨 원인이 X가 아니라 Y를 변화시켰을 것으로 의심되는 시간에 따른 유기체 내부의 변화를 뜻합니다. 마찬가지로 보다 구체적인 사례를 들어보죠. 2014년에 만 10세의 자식을 3년간(2014~2016) 다른 나라로 조기유학을 떠나보낸 어떤 부모가 있다고 가정해 봅시다. 즉 이 부모가 기억하는 자식의 모습($Y_{t=1}$)은 2014년의 모습이고, 그 동안 '조기유학'(X) 경험을 거쳐 현재 2016년의 자식의 모습($Y_{t=2}$)을 보고 있습니다. 부모는 유학을 가기 전에 비해 유학을 다녀 온 후의 자제는 지적으로 훨씬 더 총명해진 것을 발견하였습니다(부모의 평가에는 아무런 문제가 없다고 가정해 봅시다). 이에 부모는 유학을 보낸 것이 아이의 지적성장에 큰 도움이 되었다고 믿고 있습니다. 과연 이 부모가 생각하는 인과관계는 맞을까요? 글쎄요. 아닐 수도 있습니다. 왜냐하면 성장기의 아이들은 시간이 지남에 따라 대체적으로 지적 성장패턴을 보이는 것이 보통이기 때문입니다. 다시 말해 성장기 아이들의 지적 성장패턴에 따라 $Y_{t=2} > Y_{t=1}$가 나타났을 뿐, 조기유학이라는 X가 영향을 미친 것이 아닐 수 있기 때문입니다. 즉 이 사례에서 말하는 '성장기 아이들의 지적 성장패턴'이 바로 '성숙' 요인입니다. 성숙 요인을 이해할 때 한가지 주의하실 점은 첫 번째 시점에 비해 두 번째 시점의 관측치가 반드시 증가할 필요는 없다는 점입니다. 다시 말해 나이가 들어감에 따라 근육이 쇠퇴하는 현상 역시 일종의 성숙 요인으로 간주될 수 있습니다. 성숙(maturation), 성장(growth)이라는 용어의 일반적 함의(발전, 개선 등)에 매몰되지 마시고 시간에 따른 유기체 내부의 변화(change)라는 점에 유념하여 주기 바랍니다

'평균으로의 통계적 회귀'(이하 통계적 회귀) 요인은 조금 어렵습니다. 일단 이 요인을 이해하기 위해서는 통계적 회귀라는 개념을 먼저 이해해야 합니다. 통계적 회귀는 생물학, 보다 구체적으로는 '우생학'적 전통에서 발견된 개념입니다(나치주의자들이 숭배했던 바로 그 우생학이 맞습니다. 물론 그렇다고 인종주의적 개념인 것은 아니니 오해 없으시기 바랍니다). 우생학에서는 형질의 유전에 관심이 많았습니다. 이에 학자들은 부모세대에서 나타난 형질과 자녀세대에서 나타난 형질의 상관관계를 조사해 보았습니다. 예를 들어 큰 완두콩을 심은 후 수확한 완두콩의 크기를 비교하는 식으로 조사를 진행하였습니다. 자 여러분은 어떻게 생각하시나요? 예를 들어 평균직경이 1cm 정도인 완두콩들 중에서 크기가 5mm인 작은 것과 1.5cm인 큰 것을 각각 나누어 심은 후 자식세대의 완두콩을 수확해서 그 크기를 측정한다고 가정해 보죠? 어떨까요? 일단 5mm인 작은 부모완두콩을 심었을 경우에 비해 1.5cm인 큰 부모완두콩을 심었을 경우에 자식세대의 완두콩이 평균적으로 더 큰 것이 보통입니다(우리가 먹는 곡식이나 과일, 가축, 애완동물 등은 모두 이러한 과정을 반복하여 개량된 종입니다). 그런데 재미있는 것은 5mm인 작은 부모완두콩을 심었을 때 얻은 자식완두콩들의 크기는 5mm 보다는 크게 나오는 것이 보통이었고, 1.5cm인 큰 부모완두콩을 심었을 때 얻은 자식완두콩들의 크기는 1.5cm 보다는 작게 나오는 것이 보통이었습니다. 다시 말해 한 시점에서 극단적으로 높거나 낮은 형질값을 갖는 부모에게서 나온 후대 시점의 자식들의 형질값은 극단보다 완화되어 원래의 평균으로 회귀되는 모습을 보이는 패턴을 반복하여 확인할 수 있었습니다. 우생학자인 골턴은 이러한 패턴에 대해 '평균으로의 통계적 회귀'라는 이름을 붙였습니다. 즉 통계적 회귀현상은 앞서 설명한 성숙과 매우 유사합니다(물론 다릅니다. 성숙의 경우 시간에 따른 단일개체 내부의 변화인데 반해, 통계적 회귀현상은 세대를 달리하는 개체들 사이의 변화입니다).

그러나 사회과학에서 말하는 통계적 회귀는 앞서 설명한 통계적 회귀와는 조금 다릅니다. 생물학적 관점에서 통계적 회귀는 구분되는 두 시점에 측정된 개체들이 서로 다르

지만(예를 들어 부모완두콩과 자식완두콩), 사회과학에서 말하는 통계적 회귀의 경우 서로 다른 두 시점에서 측정된 개체들이 반드시 서로 다르지 않은 경우가 대부분입니다(오해하지 않으시기 바랍니다. 반드시 서로 다르지 않다는 말은 반드시 동일하다는 말이 아닙니다). 아마 여러분들 중 몇몇은 '허니문 효과(honeymoon effect)'에 대해 들어본 적이 있을 것입니다. 어느 대통령이든 대부분의 대통령들은 당선 직후 상당히 높은 수준의 지지율을 누리는데, 이런 현상을 흔히 허니문 효과라고 부릅니다. 그러나 당선이 된 이후 치솟은 지지율은 시간이 지나면서 조금씩(때로는 급격히) 떨어지는 것이 보통입니다. 예를 들어 어떤 대통령이 당선된 직후의 지지율($Y_{t=1}$)과 어떤 경제정책(X)을 새로 실시한 후의 지지율($Y_{t=2}$)을 비교해 보니 $Y_{t=2} < Y_{t=1}$와 같이 나타났다고 가정해 봅시다. 이때 어떤 연구자가 X를 실시했기 때문에 대통령의 지지도가 하락했다는 인과관계를 주장한다면 어떨까요? 사실일 수도 있지만, 그렇지 않을 수도 있습니다. 왜냐하면 $Y_{t=1}$가 극단값에 가까운 지지율이었기 때문에 '통계적 회귀' 현상에 따라 그 다음의 지지율은 특정한 사건발생 여부에 상관없이 떨어지기 쉽기 때문입니다. 즉 커다란 완두콩을 심어도 확률적으로 여기서 얻은 완두콩은 평균크기로 회귀하는 성향과 비슷한 패턴이 나타날 수 있습니다. 하지만 여러분들은 생물학자와 사회과학자가 말하는 통계적 회귀가 다소 다른 것을 알 수 있습니다. 왜냐하면 두 시점의 지지율, 즉 $Y_{t=1}$과 $Y_{t=2}$은 아마도 크게 다르지 않은 국민들에게서 나왔기 때문입니다. 아무튼 원인으로 간주되는 사건 이전에 측정된 결괏값이 극단적으로(extremely) 높거나 낮은 경우, 다음 시점에 측정된 결괏값이 평균쪽으로 낮아지거나 높아지는 현상이 나타났을 때, 우리는 두 시점의 결과의 차이가 원인이라고 지목된 사건이 아닌 통계적 회귀에 따른 결과인 것을 의심해 볼 수 있습니다. 이런 경우 통계적 회귀가 X → Y 인과관계의 내적 타당도를 저해하는 요인으로 작용할 수 있습니다.

시간요인에 해당되는 내적 타당도 저해요인들 중 마지막은 표본손실 요인입니다. 섬뜩하게 들리기는 하지만 사실 표본손실보다는 죽음(mortality, death)이라는 용어가 훨씬 더 쉽게 이해될 수 있습니다. 표본손실 요인을 이해하는 가장 좋은 사례는 나치의 유대인 학살일 것입니다. 독재자에 대한 지지율을 올리는 좋은 방법에는 무엇이 있을까요? 섬뜩하지만 반복적으로 역사에서 등장하는 방법은 다른 아닌 독재자를 지지하지 않는 국민을 제거해 버리는 것이었습니다. 간단한 예를 들어 $t=1$ 시점의 100만 명의 국민들 중에서 독재자를 지지하지 않는 국민들이 40만 명이라고 가정해 보겠습니다(지지와 비지지 두 가지 옵션만 존재한다면, 독재자에 대한 지지율은 60%입니다). 만약 괴벨스 같은 사람이 멋들어진 방식으로 독재자를 우상화하는 캠페인을 실시한 후 $t=2$ 시점에서 독재자에 대한 지지율을 측정해 보니 100%가 나왔다고 가정해 보죠. 그렇다면 독재자에 대한 지지율 증가는 독재자 우상화 캠페인의 결과라고 할 수 있을까요? 만약 비슷한 시점에 독재자에 반대하는 40%의 국민들을 해외로 추방하거나 시민권을 박탈당하거나 물리적으로 죽음을 당했다면 어떻게 될까요? 그렇습니다. 독재자에 찬성하는 국민만 남았으니 100%의 지지율을 얻을 수 있습니다. 다시 말해 우상화 캠페인의 효과가 아닌 구성원들을 물리적으로 제거하였기 때문에 60% → 100%로 지지율이 상승한 것으로 볼 수도 있습니다. 즉 서로 다른 두 시점 사이에 특정한 성향을 갖는 관측치가 이탈, 마멸, 죽음 (death)과 같은 이유들로 측정되지 않으면서 결과변수에 체계적인 변화를 가져왔을 때, 인과관계에서 제시된 원인이 아닌 표본손실 요인이 결과를 야기하였다고 볼 수 있다면 표본손실 요인은 내적 타당도 저해요인으로 작용할 수 있습니다.

위에서 설명하였듯 역사, 성숙, 통계적 회귀, 표본손실 요인의 공통점은 바로 원인이 되는 사건 이전과 이후의 결과변수 측정치의 차이가 진정으로 원인이 되는 사건에 의해 발생한 것인지 여부와 관련된 것입니다. 아마도 여러분들은 왜 제가 이 네 가지 내적 타당도 저해요인을 시간요인이라는 이름으로 묶었는지 감을 잡을 수 있을 것으로 믿습니다.

이에 반해 테스팅 요인과 도구화 요인은 측정치의 측정문제가 연구자가 주장하는 인과관계의 내적 타당도를 저해할 경우에 해당됩니다. 우선 테스팅 저해요인은 유기체가 측정도구에 익숙해 지면서 생긴 결과변수의 측정치 변화를 원인에 의한 것으로 잘못 파악하였다고 의심될 경우를 뜻합니다. 아마도 여러분들은 "시험 양식에 익숙해 진다"는 것의 의미를 알고 있을 것입니다. 왜 우리는 수능 기출문제를 풀어보는 것일까요? 이 이유 중 하나는 수능 기출문제 유형에 익숙해져서 실제 수능시험일에 문제 유형에 익숙하지 못하여 생길 수 있는 불이익을 막기 위한 것입니다. 실제로 표준화된 테스트 방식을 따르는 측정도구, 이를테면 토익, 토플, GRE, TEPS 등의 시험들은 시험을 보면 볼수록 시험양식에 익숙해 지면서 성적이 오르는 경우가 대부분입니다. 예를 들어 어떤 학생이 입시영어학원에 등록하기 이전과 이후에 각각 토익시험을 치루었다고 가정해 봅시다. 만약 학원등록 이전에 얻은 토익점수보다 등록 이후에 얻은 토익성적이 더 높았다면, 이 학생은 입시영어학원에 다닌 것이 토익성적 상승의 원인이라고 믿을 가능성이 높습니다. 과연 사실일까요? 아닐 수도 있죠. 즉 토익시험 경험이 늘어서, 즉 토익시험이라는 측정도구에 익숙해지면서(being more familiar with) 측정도구를 통해 얻은 성적이 늘었을 가능성을 배제하기 어렵습니다. 다시 말해 토익시험 성적 상승의 원인은 학원등록이 아니라 수험생의 실전경험 증가 때문이라고 볼 수 있고, 이때 반복되는 측정으로 인해 측정치에 익숙해지면서 나타난 부수적 효과가 바로 테스팅에 따른 내적 타당도 저해요인이라고 부릅니다.

끝으로 도구화 역시도 측정도구와 관련된 내적 타당도 저해요인입니다. 일견 비슷해 보이지만 테스팅 요인과 도구화 요인은 서로 다릅니다. 앞에서 설명하였듯, 테스팅 요인의 경우 측정도구 그 자체가 변하지 않습니다. 변하는 것은 측정도구를 접하는 유기체의 경험, 즉 익숙함이 변하는 것입니다. 반면 도구화 요인의 경우, 반복되는 측정으로 측정도구 자체가 변하는 경우를 뜻합니다. 사실 도구화 요인은 일반적인 사회과학자들이 접하기 어려운 내적 타당도 저해요인입니다. 왜냐하면 대부분의 사회과학 측정도구들은 물리적으로 변형되거나 마모되는 것이라기보다 상징적인 것인 경우가 대부분이기 때문입니다(이를테면 설문응답의 경우 설문문항은 그것 자체로 마모되거나 감소, 변형되는 경우는 드물기 때문입니다). 흔히 언급되는 도구화 요인의 사례로는 정치적으로 올바른 용어 사용에 따른 측정치 변화를 고려할 수 있습니다. 예를 들어 과거 미국의 설문조사에서는 흑인(the Black)을 언급할 때 'Negro'[8]라는 용어를 사용했지만, 현재는 아프리카계 미국인(African American)이라는 용어를 사용합니다. 즉 흑인에 대한 여론을 측정할 때의 측정도구가 바뀌었기 때문에, 과거 negro라는 표현이 들어간 상태의 응답과 현재의 African American 이라는 표현이 사용된 상태의 응답의 차이가 발생했다고 하더라도 이 차이가 연구자가 생각하는 어떤 원인 X에 따른 것이 아니라 측정도구가 바뀌었기 때문이라고 볼 가능성도 배제할 수 없습니다.[9] 그러나 물리적 단위를 측정하는 공학 분야의 연구에서는 도구화 요인이 종종 발생합니다. 예를 들어 무게를 재는 저울이 용수철 저울인 경우, 아시다시피 무게를 반복적으로 재면서 용수철의 탄성이 줄어듭니다. 다시 말해 시간에 따라 용

---

8   흔히 '검둥이'라고 번역되지만, 과도한 번역입니다. 상대를 비하하기 위한 목적으로 '검둥이'라는 말을 쓸 때는 nigger라는 표현을 쓰기 때문입니다.

9   사실 이 사례는 도구화 요인보다는 사회 내부의 변화라는 점에서 성숙 요인이나 아니면 해당 기간 동안의 인권운동의 결과, 즉 역사 요인으로 보는 것이 더 자연스럽고 합리적일수도 있습니다.

수철저울의 정확도는 감소합니다. 만약 이 정확도 감소분을 무시하기 어려울 정도라면, 감소하기 이전과 이후에 발생한 원인 X로 인해 무게가 변하였는지 아니면 용수철의 탄성 변화, 즉 도구화 요인으로 인해 변한 것인지 확정 지을 수 없습니다.

이상이 거의 모든 방법론 교과서에서 공통적으로 지적하는 최소한의 내적 타당도 저해요인 7개입니다. 여러분께서는 최소한 '선택' 요인은 그 의미가 무엇이며, 어떤 상황에서 발생하여 어떤 논리로 내적 타당도를 저해할 수 있는지 이해해 두시기 바랍니다. 물론 역사, 성숙, 통계적 회귀, 표본손실, 테스팅, 도구화 요인 등도 모두 중요하지만, 제 경험상 가장 빈번하게 발생하는 내적 타당도 저해요인은 바로 선택 요인입니다. 특히 나중에 다루게 될 설문조사기법[보다 정확하게는 횡단적 설문조사기법(cross-sectional survey method)]을 이용한 사회과학연구의 경우, 선택 요인에서 완전히 자유로워 지는 것이 거의 불가능에 가까울 정도라고 해도 과언이 아닙니다. 특히 최근 강조되고 있는 데이터 마이닝이나 빅데이터를 이용한 연구 역시도 다른 것보다 바로 이 '선택'요인에 따른 내적 타당도 문제를 둘러싸고 논란에 휩싸이는 경우가 매우 빈번합니다.

이제는 외적 타당도 저해요인 4가지를 살펴보도록 하겠습니다. 우선 외적 타당도 저해요인을 살펴보기에 앞서 반드시 유념할 것은 내적 타당도가 (최소한 어느 정도는) 확보되지 않은 상태에서 외적 타당도 저해요인에 대해 이러저러한 논의를 할 수 없다는 사실입니다. 즉 외적 타당도 저해요인을 따지려면 연구자가 내세우는 인과관계의 내적 타당도에는 별 문제가 없다고 가정할 수 있어야 합니다.

사실 외적 타당도 저해요인 4가지는 이미 외적 타당도를 설명하면서 이미 다 살펴보았습니다. 외적 타당도에 대한 정의를 다시 살펴보죠: "연구자가 주장하는 원인과 결과의 인과관계가 사람에 따라, 상황에 따라, 원인/결과의 종류 등에 따라 달라지지 않는다." 여기에 보면 원인-결과의 인과관계에 영향을 미치는 요인으로 4가지(사람, 상황, 원인의 종류, 결과의 종류)가 등장합니다. 바로 이 네 가지가 바로 외적 타당도 저해요인 네 가지이며, 보다 정확하게는 (1) 측정단위와 원인-결과의 인과관계의 상호작용, (2) 연구상황과 원인-결과의 인과관계의 상호작용, (3) 원인의 종류와 원인-결과의 인과관계의 상호작용, (4) 결과의 종류와 원인-결과의 인과관계의 상호작용으로 표현됩니다. 여기서 잘 드러나듯 "~~과 원인-결과의 인과관계의 상호작용"이 반복됩니다. 그렇다면 상호작용은 무슨 뜻일까요? 나중에 실험연구기법과 관련된 용어를 설명할 때 다시 말씀드리겠지만, 상호작용이란 조절효과와 크게 다르지 않습니다(실제로 조절효과를 설명하면서 외적 타당도를 언급한 적 있다는 것을 기억하실 것입니다). 즉 원인—결과의 인과관계가 측정단위의 변화에 따라 조절된다는 의미입니다.

사회과학에서의 측정단위의 변화는 대개의 경우 '사람'의 변화입니다. 앞서의 예를 들자면 청소년을 대상으로 실시된 연구를 통해 얻은 인과관계가 성인을 대상으로 실시한 연구에서도 그 내적 타당도가 확보될 수 있을까요? 만약 확보될 것으로 믿는다면 이때 외적 타당도는 측정단위 변화와 인과관계의 상호작용이라는 외적 타당도 저해요인에 대해 안전합니다. '상황'도 마찬가지입니다. 그렇다면 원인의 종류 변화 혹은 결과의 종류 변화는 무엇을 의미할까요?

사실 우리가 연구에서 사용하는 원인이나 결과는 우리가 개념화한 원인이나 결과의 한 유형인 경우가 대부분입니다. 여기서 앞서 제가 소개했던 플라톤의 이데아론을 떠올리시면 매우 쉽게 이해될 것입니다. 사실 무엇이 '폭력물'인지 아닌지를 판단 짓는 것은 쉽지 않은 일입니다. 도대체 뭐가 폭력물일까요? 어떤 연구자는 폭력물의 한 형태로 '범죄 드라마'를 연구에서 사용할 수도 있습니다. 만약 이 연구자가 범죄 드라마를 많이 시청한 사람일수록 세상을 더 위험한 곳으로 인식한다는 인과관계를 발견했다고 가정해 봅시다(내적 타당도에도 아무런 문제가 없다고 가정합시다). 만약 그렇다면 폭력물의 한 형태로 '스트리트 파이터(Street Fighter)'와 같은 "폭력적 오락물"을 연구에서 사용한다고 가정해 봅시다. 이때에도 앞서 발견했던 것과 유사한 인과관계를 확인할 수 있을까요? 글쎄요. 만약 확인할 수 없다고 믿으신다면 바로 이것이 세 번째로 언급한 원인의 종류와 인과관계의 상호작용이라는 외적 타당도 저해요인을 떠올리신 것입니다.

결과의 종류 변화도 마찬가지입니다. 범죄 드라마를 많이 시청한 사람일수록 세상을 더 위험한 곳으로 인식한다는 인과관계의 경우, 어떤 연구자가 위험한 세상인식을 "귀하께서는 생각하시기에 우리 사회에서 살인범죄로 희생되는 사람은 대략 몇 명 정도라고 생각하시나요?"라는 문항으로 측정했다고 가정해 보겠습니다. 만약 다른 연구자가 동일한 범죄 드라마에 대해 동일한 방식으로 "귀하께서 생각하시기에 우리 나라에서 절도범죄 피해를 입은 사람은 대략 몇 명 정도라고 생각하시나요?"라는 문항으로 측정했다고 가정해 보죠. 과연 두 번째 연구자는 첫 번째 연구자가 발견한 인과관계를 동일하게 확인할 수 있을까요? 만약 동일하다고 보신다면 결과의 종류와 인과관계의 상호작용이라는 외적 타당도 저해요인이 존재하지 않는다고 간주하시는 것이지만, 동일하게 반복되지 않는다고 믿으신다면 외적 타당도 저해요인을 마음속에 두고 계신 것입니다.

지금까지는 과학적 인과율을 보다 자세히 살펴보았습니다. 과학적 인과율이 연구 내부에서 충족되는가를 살펴보는 내적 타당도와 내적 타당도가 확보된 인과관계가 다른 사례들이나 상황, 원인 및 결과의 종류 변화에도 불구하고 유지될 수 있는지를 살펴보는 외적 타당도에 대해서 설명하였습니다. 또한 X → Y의 인과관계를 매개과정(매개효과), 그리고 인과관계의 방향성과 강도가 어떤 조건에서 달라지는가를 살펴보는 조절과정(조절효과)를 살펴보았습니다. 끝으로 내적 타당도 저해요인 7가지와 외적 타당도 저해요인 4가지가 어떤 의미인지를 가상적 사례와 함께 살펴보았습니다. 다음 장에서는 측정과정을 설명하겠습니다. 연구방법론의 네 영역(인과율, 측정의 타당도와 신뢰도, 체계성) 중 두 번째와 세 번째 영역입니다. 다시금 강조하지만 측정의 타당도는 이번 장에서 설명드린 내적 타당도나 외적 타당도와는 개념적으로 다릅니다. 부디 오해 없으시길 부탁드립니다.

CHAPTER 06

개념과 변수:
측정의 타당도와 신뢰도

앞서 과학적 인과율을 설명하면서 제가 몇몇 가상적 사례들을 소개하였습니다. 여러 차례에 걸쳐 제가 "측정에는 이상이 없다"거나 "분석에는 이상이 없다"고 가정했던 것을 기억하실 것입니다. 물론 개념을 설명하고 쉽게 이해시키기 위해 취했던 가정이지만, 실제 상황에서 이러한 가정이 충족되었는지 여부는 어느 누구도 알 수 없습니다. 여기서 소개할 측정의 타당도와 신뢰도는 앞서 설명드렸던 과학적 인과율, 보다 자세하게 말하자면 내적 타당도와 외적 타당도가 과연 성립 가능한지를 논의하기 위한 '가정(assumption)'의 문제를 다루고 있습니다. 즉 원인변수와 결과변수가 이론적 주장에서 제기된 원인개념과 결과개념을 타당하게 반영하며 안정되고 믿을 만하게 측정된 측정치라고 확신할 수 있는가의 문제를 다루는 것이 바로 여기서 소개할 내용입니다.

우선은 앞서 소개했던 내용 중 오해를 막기 위해 반복할 필요가 있는 내용을 살펴보겠습니다. 첫째, 여기서 설명할 측정의 '타당도'는 과학적 인과율의 확장 개념으로 설명하였던 내적 '타당도'와 외적 '타당도'와 같은 용어를 쓸 뿐 결코 동일한 의미를 갖지 않습니다. 측정의 타당도는 개념과 측정치의 관계, 즉 측정치가 개념을 타당하게 반영하는지 다룹니다. 다시 말해 측정의 타당도가 확보되었다고 해도, 원인변수와 결과변수의 관계가 인과관계를 갖는다고 확신할 수 없습니다. 그러나 원인변수와 결과변수의 관계가 과학적 인과율 3조건을 모두 충족시켰다고 하더라도, 두 변수가 측정의 타당도를 확보하지 못하였다면 연구자의 주장은 내적 타당도를 확보하였다고 보기 어렵습니다. 즉 측정의 타당도가 확보되지 못했다면 내적 타당도를 확보하는 것이 불가능합니다. 둘째, 측정의 '신뢰도'는 동일한 개념을 측정하는 측정치가 시간이나 형태, 관점의 변화에도 불구하고 일정하게(consistent) 나타나는지를 의미합니다. 즉 여기서 말하는 신뢰도는 우리가 일반 적으로 이야기하는 윤리적 의미의 신뢰도("그 사람은 믿을 수 있는 사람이지")와는 조금 다릅니다. 만약 어떤 사람이 지속적으로 거짓말을 하고 있다면, 그리고 그 사람이 진심으로 거짓말쟁이라면, 그 사람의 거짓말은 매우 신뢰도가 높습니다. 왜냐하면 그 사람은 일관 된 방식으로 거짓말이라는 측정치를 산출하고 있기 때문입니다. 즉 연구방법론에서 말 하는 '신뢰도'를 평가할 경우 개념이나 측정방식에 대한 윤리적 잣대를 들이대면 안 됩니 다. 왜냐하면 여기서 말하는 신뢰도(reliability)란 "개념을 반영하는 측정치가 지속적으로 일정하게 산출되었는가?"를 말하지 진실됨의 정도(trustworthiness)를 말하는 것이 아니기 때문입니다. 셋째, 측정의 타당도와 신뢰도를 평가할 때는 측정치가 측정하고자 하는 개 념과 개념이 반영하는 현실을 어떻게 가정하는가에 대해 주의 깊게 살펴야 합니다. 세상 만사가 그렇겠지만, 우리가 접하는 현실은 변하는 부분과 변하지 않는 부분이 있습니다 (이는 형이상학적인 문제이기 때문에 논란의 여지가 많습니다). 다시 말해 현실을 반영하는 개념 역시도 시간이나 공간에 따라 변하지 않는 부분(즉 서로 다른 시간과 공간 차이에도 불구하고 공통되게 나타나는 부분)도 있지만 변하는 부분도 있습니다. 현실이 바뀌었을 경우에 언급 되는 측정의 타당도와 신뢰도는 현실이 바뀌지 않았을 경우에 언급되는 측정의 타당도 와 신뢰도와는 다릅니다. 예를 들어 시간이 지나도 현실이 바뀌지 않았다고 가정해 보 죠. 이 경우 측정의 타당도와 신뢰도를 평가하는 기준은 과거나 현재나 동일하게 적용되 어야 합니다. 반면 시간이 지나면서 현실이 바뀌었다고 가정해 보겠습니다. 이 경우에는 측정의 타당도와 신뢰도를 평가하는 기준도 바뀌어야 합니다. 즉 측정의 타당도와 신뢰 도를 평가할 때 무엇보다 신경써야 할 것은 현실을 어떻게 보아야 할 것인가에 관한 것 입니다. 언론학을 예로 들어보죠. 과거 '피플미터 방식의 시청률'은 특정 채널 혹은 특정 콘텐트에 대한 수용자 노출도(audience exposure)를 측정하는 높은 수준의 타당도와 신뢰 도를 확보한 측정치였습니다. 하지만 현재도 그렇다고 말할 수 있을까요? 그렇다고 확 신하기 어렵습니다. 방송현실이 바뀌었기 때문에, 피플미터 방식의 시청률은 수용자 노 출도를 측정하는 측정치로서의 타당도와 신뢰도를 더 이상 확보한다고 보기 어렵습니 다. 현실이 바뀌면 측정의 타당도와 신뢰도를 평가기준과 결과 역시 바뀌어야만 합니다.

각주구검(刻舟求劍)의 어리석음을 범하면 안 됩니다. 그러나 사실 세상은 느리게 바뀝니다. 오늘은 어제와 분명 다르다고 보는 관점도 맞지만, 동시에 어제나 오늘이나 별반 다르지 않다고 취급하는 관점도 분명 맞습니다. 그렇다면 어느 정도 현실이 바뀌어야 정말로 현실이 바뀐 것일까요? 판정하기 어려운 문제입니다. 연구방법론, 특히 측정의 타당도와 신뢰도를 배우는 여러분들에게 부탁드리고 싶은 것은 '현실의 안정성'에 대한 진지한 반성과 성찰을 가져 달라는 것입니다.

이제 측정의 타당도와 신뢰도를 살펴봅시다. 다시 반복합니다만, 측정의 타당도는 '개념'과 '측정치'의 관계를, 그리고 측정의 신뢰도는 '동일한 개념'을 측정하는 '측정치들'의 관계를 다룹니다. 그렇다면 개념으로부터 어떻게 측정치를 얻을 수 있을까요? 개념을 반영하는 측정치를 얻는 과정을 흔히 측정과정(measurement process)이라고 부릅니다. 흔히 측정과정은 "개념착상(conception) → 개념화 과정(conceptualization process) → 개념(concept) 확정 → 조작화 과정(operationalization process) → 조작적 정의(operational definition) → 조작화(operationalization) → 변수(variable)"와 같습니다. 사실 다 만만한 용어들은 아닙니다만, 연구방법론의 기본적 사유과정을 설명하는 것이 본서의 목적인 이상 간단하게만 설명드리겠습니다.

개념착상(conception) _____ 개념착상이란 연구자가 생각하고 있는 개념의 단초를 마련하는 것을 의미합니다. 즉 어떤 개념이 머릿속에서 떠오르는 순간을 의미합니다. "An idea pops up!"이라는 영어 표현처럼 연구자가 연구하려는 현상에 대한 어떤 생각이 떠오르는데(숙제를 하는 경우는 개념착상을 강요당하는 경우겠죠!), 바로 이 시작을 의미합니다.

개념화 과정(conceptualization process) _____ 개념착상 과정을 통해 얻은 어떤 생각은 아직 정제되지 않은 상태입니다. 생각이 정리되지 않은 사람과 이야기하는 것은 사실 쉽지 않습니다. 왜냐하면 말하는 사람도 자신이 무엇을 말하고 있는지 모르기 때문에, 듣는 사람도 자신이 무엇을 듣고 있는지 모르기 쉽습니다. 영어로 "Let me see..."라는 표현이나, 한국어에서 "가만히 생각해 보면..."과 같은 표현은 여러분의 의식 속에서 여러분이 전달하고 싶어하는 개념을 정제하는 과정을 나타낸 표현입니다. 개념화 과정은 여러분이 보고 있는 현실에 대한 여러분의 비판적 이해과정을 뜻합니다. 이 개념화 과정이 더 자세하고 치밀할수록 여러분이 전달하고자 하는 개념은 더 명확해집니다. 방법론 문헌에서는 개념화 과정을 "언어를 통해 뜻하려는 바를 확정 짓는 과정"(Schutt, 2014, p. 103)이라고 보통 정의합니다.

개념(concept) _____ 개념화 과정을 통해 우리는 개념을 얻을 수 있습니다. 사실 '학생'의 입장에서 본다면, 개념은 스스로 얻어낸 것이라기보다, 타인에 의해 주어진 것인 경우가 더 많을 것입니다. 그러나 학생에게만 해당된 것은 아닙니다. 대부분의 사람들은 '개념의 생산자'라기보다는 '개념의 소비자'인 것이 보통입니다. 다시 말해 우리 대부분은 강요된 개념화 과정을 통해 개념을 획득하게 됩니다. 저 역시도 제가 만든 개념은 거의 없습니다. 우리가 아는 대부분의 개념들은 '학습과정'이라고 불리는 개념화 과정을 통해서 선대로부터 얻은 것입니다. 그러나 한번 다음과 같이 생각해 보세요. 만약 어떤 개념이 있는데, 이 개념에 대해서 어느 누구도 개념화를 하지 못했다고 말이죠. 이 경우 개념화 과정의 종착점은 '개념'이 될 것입니다. 방법론 교과서에서는 개념을 "일련의 비슷한 관측치, 느낌, 생각을 요약하는 심적 이미지(mental image)"(Schutt, 2014, p. 102)라고 정의합니다. 다시 말해 우리가 느끼고 겪은 것들을 집약해 놓은 것이 바로 개념입니다. 개념을 만들고 해당 개념을 다른 사람에게 설득시키는 커뮤니케이션 과정이 바로 이론의 구성과 학습과정이겠죠. 이론을 배우다 보면 누구나 느끼지만 어떤 사회과학 분과든 개념을 두고 논쟁이 벌어지는 경우가 많습니다.[1] 같은 개념을 두고 이 학자와 저 학자의 말이 다른 경우가 적지 않습니다. 가장 대표적인 예가 바로 '민주주의'라는 개념이라고 저는 봅니다. 사실 저는 '민주주의'가 무슨 뜻인지 모르겠습니다(냉소적인 의미는 절대 아니니

---

1 사실 자연과학이나 공학의 경우는 개념을 두고 논쟁을 벌이는 일이 그다지 많지 않습니다. 두 가지 이유가 있을 듯합니다. 첫째, 이공계 학문이 다루는 대상은 상대적으로 객관화시키기가 쉽습니다. '금'이라는 광물에 대해 개념적 정의를 내리는 것과 '인간'이라는 대상에 대해 개념적 정의를 내리는 것을 비교해 보시기 바랍니다. 인간을 정의 내릴 때 좋든 싫든 인간이 인간에 대해서 기대하는 윤리적 혹은 사회적 고려를 배제하는 것이 쉽지 않을 것입니다. 둘째, 이공계 학문이 다루는 대상은 상대적으로 고정적이고 안정적입니다. 5000년 전의 고양이의 모습과 5000년 전의 인간의 모습을 비교해 보시기 바랍니다. 만약 타임머신 같은 것이 있어 5000년 전의 고양이와 지금의 고양이를 비교해 본다고 상상해 보세요. 고양이의 습성이나 행태가 크게 다를까요? 그러나 5000년 전의 인간과 지금의 인간은 같은 생물학적 종이라고 해도 그 습성과 행태가 엄청나게 다를 가능성이 높습니다.

오해 마시기 바랍니다). 아마도 소위 민주주의 전문가라도 무엇이 보편적으로 받아들여지는 민주주의의 정의(definition)인지 모를 것입니다. 솔직히 고백하자면 언론학을 전공한다고 하지만 저는 '미디어'의 정의가 뭔지도 잘 모르겠습니다(물론 제가 정의 내릴 수는 있습니다만, 제가 정의 내린 방식의 미디어에 대해 모든 사람이 동의하지는 않을 것으로 확신합니다). 이런 사례들은 정말 많죠. 다시 말해 합의를 얻은 '사회과학 개념'은 정말 드뭅니다. 바로 이런 문제 때문에 방법론에서는 사회과학에서의 개념을 보통 '논쟁적 개념(contested concept)'이라고 부릅니다. 예상하시겠지만 이론적 주장을 제시하는 사람이 정의한 개념과 이 개념을 읽는 독자가 정의하는 개념이 다를 경우가 발생하겠죠? 이를 해소하기 위해 제가 아는 모든 사회과학자들은 자신이 제시하는 이론적 주장에 사용되는 핵심 개념들에 대해 명확한 정의를 자신의 연구에 명시하라고 권하고 있습니다. 즉 민주주의에 대해서 이야기하고 싶은 학자라면 자신이 정의하는 민주주의가 어떻게 정의되는 개념인지 명확하게 제시한 후에 '민주주의적 특성'을 측정하라는 것입니다. 연구자가 생각하는 개념에 대한 정의를 흔히 "개념적 정의(conceptual definition)"라고 부릅니다. 사회과학연구에서는 개념적 정의를 둘러싼 논란이 언제나 발생합니다. 특정 학문분과에서 이 논란 속 최종 승자가 바로 흔히 말하는 '주류 이론'입니다.

조작화 과정(operationalization process)과 조작적 정의(operational definition)_____ 개념 착상, 개념화 과정, 개념적 정의 등은 모두 이론의 영역입니다. 방법론적 관점에서 보다 중요한 과정은 바로 '조작화 과정'입니다. 조작화 과정이 바로 개념을 제대로 반영할 수 있는 측정치를 획득하는 과정입니다. 여기서 여러분에게 부탁드리고 싶은 것은 '조작'이라는 말을 나쁘게 받아들이지 말라는 것입니다. 개인적으로 방법론 용어 중에서 가장 잘못 번역된 용어가 바로 '조작화'라는 용어라고 생각합니다. 왜냐하면 일반인이 들었을 때 '조작'이라는 말은 '현실을 왜곡하여 상대를 속인다'(manipulation)는 뜻으로 사용되는 것이 보통이기 때문입니다. 아닙니다. 방법론에서 말하는 조작화의 '조작'은 절대로 그런 뜻이 아닙니다. 방법론에서 말하는 조작은 영어 단어 operation의 번역어입니다. 만약 제가 방법론 용어를 한국인 독자에게 최초로 설명하는 사람이었다면, '조작'이라는 말 대신에 '실천'이라는 말을 사용하였을 것입니다. 왜냐하면 operation의 동사형인 operate는 '~을 작동시키다'라는 뜻인데, 여기서 '작동시키다'의 목적어는 바로 좁게는 '측정과정' 넓게는

'연구'를 의미하기 때문입니다. 과학적 연구에서 말하는 조작적 정의란 바로 추상적인 개념을 실천가능한 개념으로 바꾸는 과정입니다. 앞서 저는 '폭력물 시청'이라는 개념을 종종 사용하였습니다. 그렇다면 폭력물 시청이라는 개념은 측정 가능할까요? 그렇지 않습니다. 왜냐하면 뭐가 폭력물인지, 또한 어떤 것이 시청인지에 대해서 현재 알지 못하기 때문입니다. 우리가 폭력물 시청이라는 개념을 측정하려면 "본 연구에서 말하는 폭력물이란 인간이 다른 인간에게 물리적인 위해를 가하는 장면을 담은 TV 콘텐트를 의미한다"라고 명시해야만 합니다(물론 이것으로 충분하지 않습니다. 도대체 물리적 위해란 무엇인지, 또한 요즘같은 다매체 환경에서 TV란 어떤 디바이스를 의미하는지 등등은 여전히 모호합니다. 하지만 일단은 이 정도로도 충분하다고 가정합시다). 또한 '시청'이라는 개념 역시도 정의한 방식의 폭력물에 '노출(exposure)'된 것만 의미할지, 아니면 폭력물에 노출된 후 기억에 남을 정도로 기억된 TV 콘텐트의 회차(episode) 혹은 장면의 수(scene)으로 정의할지도 결정해야 합니다. 이렇듯 개념을 측정 가능하도록 재정의한 것을 "조작적 정의"라고 부릅니다. 또한 지금의 간단한 사례를 통해서도 잘 드러나지만, 어떠한 조작적 정의도 개념을 완벽하게 담아내기 어렵습니다. 심지어 '성별'만 해도 그렇습니다. 남성, 여성, 매우 간단하여 명확할 듯하지만, 트랜스젠더와 같은 성소수자의 경우 통상적 방식의 정의를 사용하는 것은 매우 어렵습니다. 그러나 연구자라면 어렵다고 해도 혹은 불가능하다고 해도 조작적 정의를 내리지 않을 수 없습니다. 시지프스의 신화에 등장하는 시지프스와 같이 말이죠.

조작화(operationalization) _____ 조작적 정의가 완성되면, 연구대상에 적용하여 측정치를 산출합니다. 예를 들어 성별을 "주민등록번호의 뒷자리가 1로 시작하면 남성, 2로 시작하면 여성이다"라고 조작적 정의했다고 가정해 보죠. 응답자의 주민등록번호를 기준으로 1인 사람에게는 '남성'이라는 값을 주고, 2인 사람에게는 '여성'이라는 값을 주면 되겠죠. 즉 조작화란 조작적 정의를 현실 속에서 구현하는 것이라고 할 수 있습니다. 교과서에 따르면 조작화를 "조작, 즉 사례들의 값을 변수로 반영하는 과정"(Schutt, 2014, p. 109)이라고 정의하고 있습니다.

변수(variable) _____ 조작화의 결과로 얻는 것이 바로 변수(variable)입니다. 예를 들어 10명의 사람들의 성별을 '남성'과 '여성'으로 측정한 결과의 집합(set)이 바로 변수입니다.

여기서 오해가 없길 바랍니다. 변수는 말 그대로 변화하는 수(數)입니다. 다시 말해 만약 이화여대의 학부생을 상대로 성별을 측정했다면 그 측정값은 절대로 '변수'라고 불릴 수 없습니다. 왜냐하면 2018년 현재 이화여대 학부생은 모두 '여성'뿐이기 때문에, 성별은 변수가 아닌 상수가 됩니다. 변수를 구성하는 값들을 '속성(attribute)' 혹은 '수준(level)'이라고 부릅니다. 다시 말해 변수에는 최소 2개 이상의 속성들이 있어야 합니다(왜냐하면 1개의 속성값만 있다면 변수가 아니라 상수이기 때문입니다).

이러한 측정과정을 거쳐 변수를 얻으면, 과학적 인과율을 따질 수 있게 되겠죠. 즉 원인변수와 결과변수의 관계가 과학적 인과율 3조건을 충족시켜 연구의 내적 타당도를 확보하는지, 그리고 연구의 내적 타당도가 충분히 확보되었다고 한다면 연구의 외적 타당도를 확보할 수 있는지도 따져볼 수 있습니다.

그렇다면 측정의 타당도와 신뢰도는 어떻게 확보되었다고 확인할 수 있을까요? 이를 확인하기 위해서는 측정치에 대한 질적 판단과 양적 판단을 동시에 수행합니다. 여기서 '질적 판단'으로는 2가지 기준을 적용할 수 있습니다. 첫 번째는 측정치를 얻는 방식의 타당도와 신뢰도를 묻는 것입니다. 즉 측정방식이 얼마나 타당하고 신뢰할 만한 것인지를 따져보는 것입니다. 이번 장에서는 측정의 타당도와 신뢰도를 확보할 수 있다고 알려진 체계적(systematic) 측정방식의 사례로 '써스톤 척도(Thurstone scale)', '리커트 척도(Likert scale)', '의미분별척도(semantic differential scale)', '거트만 척도(Guttman scale)'의 네 가지를 간략하게 소개하도록 하겠습니다. 두 번째 질적 판단 기법은 측정치의 속성, 그 자체의 타당도와 신뢰도를 비판적으로 따져보는 것입니다. 여기서는 측정치에 내재된 주관성-객관성의 정도, 구조화의 정도 등이 측정의 타당도와 신뢰도에 어떤 영향을 미치는지 간략하게 살펴보겠습니다. 양적 판단의 경우 얻어진 측정치에 대한 데이터 분석(통계분석)을 바탕으로 측정치의 타당도와 신뢰도를 평가하는 것을 의미합니다. 이를 위해 우선 측정치의 수준(level of measurement)의 의미는 무엇이며, 각 수준별 적용 가능한 데이터 분석 알고리즘(매우 단순한 수준입니다!)에는 무엇이 있는지를 살펴본 후, 측정의 타당도 및 신뢰도 관련 평가지수를 소개하도록 하겠습니다.

측정치 획득 방법과 측정의 타당도·신뢰도에 대한 질적 판단

방법론 문헌에서 말하는 척도(尺度, scale)는 두 가지 의미로 사용됩니다. 하나는 측정치에 사용된 수치가 어떤 의미인지를 밝힐 경우에 사용되며(예: "○○은 명목척도다"), 다른 하나는 개념에 대한 측정치를 획득하는 방법을 지칭할 때 사용됩니다(예: "○○은 거트만 척도를 이용해 측정하였다"). 문헌에 따라 전자의 의미일 경우는 척도(scale)라는 명사를, 후자의 의미일 경우 척도화(scaling) 혹은 척도화 기법(scaling method)이라는 동명사 형태의 표현을 사용하기도 합니다. 아무튼 측정치의 수치에 담긴 의미를 밝히는 경우는 다음 섹션에서 언급할 예정입니다. 다시 말해 여기서 지칭할 '척도'는 "어떤 개념에 대해 측정치를 얻는 방법"을 뜻합니다.

측정치를 획득하는 척도에는 여러 가지가 있습니다만, 여기서는 써스톤 척도, 리커트 척도, 의미분별척도, 거트만 척도의 네 가지를 살펴보겠습니다. 척도 앞에 있는 이름을 보면 느끼시겠지만, 의미분별척도를 제외한 다른 세 척도들은 모두 척도를 제안한 학자의 이름을 붙인 것입니다.

써스톤 척도 _____ 네 척도들 중에서 가장 먼저 개발된 척도는 써스톤 척도입니다. 써스톤 척도는 루이 써스톤(Louis L. Thurstone)이 개발한 척도로 인간의 태도(attitude)라는 직접적 관측이 불가능한 현상에 대한 개념을 측정하기 위해 개발되었습니다.[2] 한번 생각해 봅시다. 예를 들어 폭력 행동에 대한 태도(여기서는 "폭력 행동에 대한 심리적 용인수준"이라고 정의해 봅시다)를 어떻게 측정할 수 있을까요? 써스톤 척도를 매우 단순화시켜 설명하면 다음과 같습니다.

첫째, 태도로 측정하고자 하는 대상을 언급한 진술문들(statements)을 수집합니다. 진술문은 태도의 보유자, 즉 일반 대중이 주로 접할 수 있는 신문이나 책, 잡지 등을 통해 수집합니다. 여기서 이렇게 물어볼 수도 있겠네요. "그냥 연구자가 태도가 언급하는 대상에 대한 진술문을 만들어내면 되지 않나요?" 하지만 이 경우 연구자가 대상에 대해 보유

---

2   척도에 대한 보다 자세한 설명은 써스톤의 논문을 보시기 바랍니다. 아주 옛날 문헌이지만, 오늘날 읽어도 참 좋은 내용입니다. Thurstone, L. L. (1928). Attitudes can be measured. *American journal of Sociology*, 33(4), 529-554.

하고 있는 생각, 의견, 신념 등이 진술문에 포함될 가능성이 높습니다. 다시 말해 연구자의 편견이 녹아들어갈 가능성이 적지 않습니다. 연구자의 편견이 진술문에 포함될 경우 측정의 타당도에 영향을 미치기 쉽기 때문입니다.[3] 아무튼 태도로 측정하고자 하는 대상을 언급한 진술문들을 충분히 모으는 것이 첫 단계입니다(보통은 200개 정도면 충분한 수입니다. 물론 꼭 200개여야만 할 이유는 없습니다).

둘째, 충분한 수의 사람들[4]을 소집하여 수집된 진술문들이 대상을 호의적으로 바라보는지 비호의적으로 바라보는지 평가하도록 요청합니다. 여기서 진술문을 평가하기 위해 동원된 사람을 '평가자(rater)'라고 부릅니다. 구체적으로 예를 들자면 200명의 평가자들에게 200개의 진술문들을 보여준 후, 해당 진술문이 태도가 측정하는 대상(즉 '폭력 행동')에 대해 극단적으로 용인하는 모습을 보인다고 생각하면 10점을, 극단적으로 용인하지 못하는 모습을 1점을 부여하도록 요청해 보죠. 조금 복잡해 보일 수 있지만 평가자를 i, 진술문을 j라고 부르고 각 평가자가 각 진술문에 대해 부여한 폭력행위에 대한 용인도 평가점수를 p라고 부르겠습니다. 즉 $i=\{1,2,3,\ldots,199,200\}$, $j=\{1,2,3,\ldots,199,200\}$, $p=\{1,2,\ldots9,10\}$의 값 중 하나를 갖게 됩니다. 예를 들어 1번째 사람이 200번째 진술문에 대해 부여한 평가점수가 7점이라고 해 보죠. 이 경우

$$p_{ij} = p_{1,200} = 7$$

과 같이 표현할 수 있습니다. 엑셀 프로그램과 같은 스프레트시트 형태를 상상해 보신 후, 세로줄(column)에는 진술문을, 가로줄(row)에는 평가자를 배치하고, 각 가로줄과 세로줄이 교차되는 칸(cell)에는 해당되는 평가점수를 넣어보죠. 즉 200개의 가로줄과 200

---

3 개인적으로는 이러한 우려는 과도한 걱정일 뿐 아니라, 연구자가 지나치게 방어적 자세로 연구를 하는 역효과를 낳을 수도 있다고 봅니다. 진술문들을 선정하는 것 역시도 정도의 차이가 있을 뿐 연구자의 주관, 즉 편견의 가능성을 완전히 배제하지는 못합니다. 또한 신문, 책, 잡지 등에서 언급된 진술문 역시 특정인의 주관이 완전히 배제되었다고 보기 어렵습니다. 무엇보다 써스톤 척도를 구축하는 과정에서 연구자의 편견이 반영된 진술문이라고 하더라도 편견을 걸러내는 장치가 있기 때문에, 연구자가 진술문을 만들어 넣는 것이 잘못이라고는 보기 어렵습니다.

4 여기서 충분한 수의 사람이란 보통의 경우 200명 정도를 뜻하겠지만, 현실적으로 200명의 평가자를 얻는 것은 매우 어렵습니다.

개의 세로줄로 구성된 행렬(matrix) 데이터를 구성할 수 있습니다.

셋째, 두 번째 단계에서 구성된 행렬 데이터에서 세로줄을 기준으로 200명의 평가자가 각 진술문에 대해 부여한 평가점수의 표준편차를 구한 후, 이를 기준으로 200명의 평가자들에게서 합의가 나타난 진술문과 그렇지 않은 진술문을 각각 구분합니다. 우선 왜 표준편차가 각 진술문에서 나타난 평가자들의 합의를 나타내는 수치일 수 있을지 생각해 보죠. 표준편차는 각 점수에서 평균을 뺀 점수들을 구한 후, 그 점수의 제곱합을 사례수로 나누어 주고 제곱근을 씌운 것입니다. 말로 하니 번거롭지만 아래와 같이 공식으로 나타내면 보다 간단합니다(여기서 $\bar{x}$는 평균을, N은 사례수를 의미하고, σ는 표준편차를 뜻합니다).

$$\sigma = \sqrt{\frac{\sum\limits_{n=1}^{N}(x_n - \bar{x})^2}{N}}$$

즉 점수들이 평균값을 중심으로 몰려있다면 위의 공식에서 분자가 0에 가까워집니다. 반면 점수들이 평균값에서 멀리 떨어져 있다면 분자는 0에서 멀어집니다. 다시 말해 표준편차가 작으면 작을수록 관측값들은 동질성(homogeneity)이 높지만, 크면 클수록 관측값들은 이질성(heterogeneity)이 높습니다.

200개의 진술문들 중 만약 6개의 진술문에서 다음과 같은 점수분포를 발견했다고 가정합시다(194개의 다른 진술문들도 비슷하게 살펴볼 수 있겠지만, 일단 설명의 편의를 위해 극단적으로 단순화된 방식의 6개만 살펴보겠습니다).

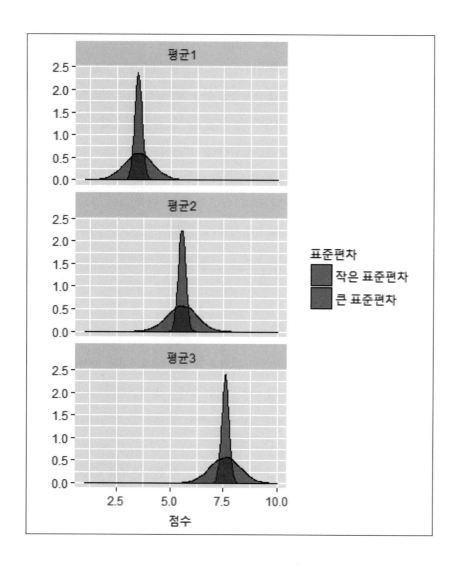

자 우선 가장 윗줄에 높인 그림('평균1'이라고 이름 붙여진 패널)의 경우 200명의 평가자들은 전반적으로 해당되는 두 진술문에 대해 낮은 점수를 부여했습니다. 그러나 붉은색으로 표현된 진술문의 경우 푸른색으로 표현된 진술문에 비해 동질적인 응답분포를 보이고 있습니다. 가운데 패널과 가장 아래의 패널도 200명의 평가자들이 부여한 점수의 평균이 다를 뿐, 응답자가 부여한 점수의 동질성이라는 측면에서는 비슷한 상황임을 보여줍니다. 질문을 던져보죠. 여러분이라면 붉은색 진술문을 택하시겠습니까? 아니면 푸른색 진술문을 택하시겠습니까? 붉은색 진술문을 택하는 것이 자연스럽습니다. 왜냐하면 해당 진술문의 경우 200명의 평가자들의 점수들이 더 강한 일관성(consistency)을 보이기 때문입니다. 다시 말해 붉은색 진술문이 푸른색 진술문에 비해 측정의 신뢰도를 확보할 가능성이 더 높습니다. 푸른색 진술문은 평가자들의 합의를 얻는 데 실패한 진술문입니다.

넷째, 표준편차가 작은 진술문들을 호의적 평가와 비호의적 평가를 보이는 진술문으로 분류합니다. 위의 그림에서 잘 나타나듯, 붉은색으로 표시된 진술문 3가지는 각각 폭력에 대한 부정적 태도, 중립적 태도, 긍정적 태도를 대표하는 진술문이라고 볼 수 있습니다. 물론 3개의 진술문을 고르라는 것은 아닙니다. 보통 10개에서 20개 정도를 선택합니다. 예를 들어 표준편차가 작으면서 평균이 골고루 분포되어 있는 진술문 10개의 평균이 다음과 같다고 가정해 보죠.

진술문 번호	평가점수의 평균	평가점수의 표준편차
14	2.0	0.5
34	3.9	0.4
89	4.8	0.6
92	5.3	0.5
107	5.4	0.5
133	5.5	0.6
161	6.5	0.4
189	7.1	0.5
191	7.6	0.6
199	9.3	0.4

다섯째, 이렇게 선정된 10개의 진술문을 이용해 연구자가 조사하고 싶은 사람들을 대상으로 폭력행동에 대한 태도를 측정합니다. 보통 10개의 진술문을 제시한 후, 해당 진술문들 중 응답자가 동의하는 것들을 체크하도록 요구합니다. 예를 들어 갑, 을, 병, 정이라는 네 사람에게 10개의 진술문을 제시한 후, 동의하는 진술문에 체크를 하라고 한 후 얻은 데이터가 다음과 같다고 가정해 보죠.

	14	34	89	92	107	133	161	189	191	199
갑	×	×	×	×	×	×	○	○	○	×
을	×	×	×	○	○	○	×	×	×	×
병	×	×	○	○	○	○	×	×	×	×
정	○	○	×	×	×	×	×	×	×	×

우선 갑이 고른 161번, 189번, 191번의 진술문의 경우 네 번째 단계를 통해 얻은 점수가 각각 6.5, 7.1, 7.6이었습니다. 이들의 평균점수는 약 7.07입니다. 마찬가지 방법으로 '을', '병', '정'의 점수를 계산하면 각각 5.40, 5.25, 2.95입니다. 수치에서 잘 나타나듯 폭력행위에 대해 가장 부정적인 태도를 견지하고 있는 사람은 '정'이고, 가장 긍정적 태도를 갖고 있는 사람은 '갑'입니다. 반면 '을'과 '병'은 중립적 태도를 갖고 있다고 볼 수 있습니다.

써스톤 척도는 측정의 타당도와 신뢰도를 확보한 측정방법으로 널리 인정받고 있습니다. 우선 측정하고픈 개념에 대한 사회적 담론을 통해 측정을 시도한다는 점에서 어느 정도의 타당성을 확보하고 있으며, 무엇보다 여러 평가자들의 평가들이 일관성을 보이는 진술문들을 선정한다는 점에서 신뢰도를 확보한다는 장점이 있습니다.[5]

그러나 써스톤 척도는 최근 연구에서는 많이 사용되지 않습니다. 여러 이유가 있겠지만, 가장 결정적인 이유는 바로 '번잡함'입니다. 여러 진술문을 모으는 것도 쉽지 않은데다가, 평가자 표본과 평가의 대상이 되는 응답자 표본을 별도로 모아야 한다는 것도 번잡한 일입니다(시간과 노력이 많이 드는 것은 물론이고, 세속적입니다만 '돈'도 많이 듭니다). 그러나 상당히 체계적이고 매우 사려 깊은 방식으로 측정한다는 것을 느끼셨을 것입니다. 물론 철학적으로 깊이 파고들자면 써스톤 척도 역시 문제가 많습니다. 앞서 각주에서 잠시 언급하기도 했지만, 신문이나 책 등으로 얻은 진술문이 과연 타당하게 현실을 반영하고

---

5 이 신뢰도 개념은 나중에 다시 설명드릴 코더간 신뢰도(inter-coder reliability, inter-rater reliability)와 매우 밀접한 관련을 맺고 있습니다. 그러나 여기서 사용한 표준편차는 흔히 코더간 신뢰도 지수라고 알려진 통계치와는 완전히 일치하지 않습니다. 이 부분은 상당히 높은 수준의 기술적 지식(techical knowledge)을 요구하기 때문에 본서에서는 다루지는 않겠습니다. 그러나 개념적으로는 코더간 신뢰도 계수와 표준편차는 매우 비슷합니다.

있는지도 확신하기 어렵습니다(매카시즘이 득세하던 시대에 공산주의에 대해 긍정적 태도를 보인 진술문을 신문이나 잡지 등에서 얻는 것이 가능할까요?). 또한 평가자에게 200개의 진술문을 평가하도록 하는 것이 과연 현실적으로 타당할지도 의문일 수 있습니다. 왜냐하면 인간은 인간인 이상 피로를 느끼는 것이 당연하기 때문입니다(30~40개는 모르겠는데, 200개의 진술문을 하나하나 집중해서 평가하는 것은 상당히 피곤한 일이겠죠?). 즉 평가자의 평가점수 그 자체의 타당도와 신뢰도가 완전히 확보되었다고 보기 어렵습니다. 끝으로 평가자 표본과 응답자 표본이 과연 동등한지도 확신하기 어렵습니다. 예를 들어 평가자는 200명의 대학생이었는데 응답자는 일반인이라고 한다면 두 표본이 과연 동등하다고 말할 수 있을까요?

그럼에도 불구하고 적어도 제가 아는 범위에서 써스톤 척도는 다른 척도들에 비해 훨씬 더 많은 연구자의 땀과 시간, 그리고 연구비가 투입된 척도임에 틀림없습니다. 제가 부디 당부드리고 싶은 것은 방법론을 배우실 때 어떤 방법이 완벽하지 않다고 무시하시면 안 된다는 것입니다. 모두가 인간인 이상 완벽한 것은 없습니다. 절대적으로 타당한 방법은 존재하지 않는다고 저는 믿습니다. 우리가 추구할 것은 알려진 기법들 중에 가장 타당한 방법을 찾는 것이겠죠. 이런 면에서도 써스톤 척도는 다른 척도들에 비해 상당히 좋은 척도입니다. 또한 최근 '어휘사전기반 감정분석(lexicon-based sentiment analysis)'과 같은 소위 빅데이터 분석기법의 경우 써스톤 척도를 대용량 데이터에 적용시킨 것으로 이해할 수도 있습니다. 써스톤 척도가 현실 사회과학연구에서 별로 사용되지 않을지 몰라도 써스톤 척도에 담긴 아이디어는 언제나 살아 있습니다. 잘 사용되지 않는 기법을 배우는 이유는 그 기법에 담긴 아이디어를 현실에서 되살리기 위함이지 잘 사용되지도 않는 기법을 무리하게 현실에서 부활시키라는 의미가 아닙니다. 방법론은 암기의 대상도 아니고 타인의 연구를 헐뜯는 도구도 아닙니다. 방법론적 사유는 현실을 보다 잘 이해하기 위한 사유방법입니다.

리커트 척도 _____ 사회과학에서 사용되는 (심지어 사회과학적 연구방법을 접하지 않은 다른 분과의 학문에서도) 가장 널리 알려진 척도는 리커트 척도입니다. 써스톤 척도와 마찬가지로 리커트 척도 역시 개발자인 렌시스 리커트(Rensis Likert)의 이름을 딴 것입니다. 한 가지 역설적인 것은 현재 사용되고 있는 리커트 척도의 의미와 용례는 개발자인 렌시스 리커트가 제시한 방식의 리커트 척도와는 큰 관련이 없다는 사실입니다. 우선 흔히 사용되는 리커트 척도의 의미부터 살펴보죠. 설문조사를 한 번이라고 접해 본 분이라면 5점 척도(1점에는 '전혀 동의하지 않는다'를 5점에는 '강하게 동의한다' 그리고 3점에는 '그저 그렇다'를 부여하는 것과 같은 방식)를 접해 보셨을 것입니다(맥락에 따라 4점 척도나 7점 척도가 사용되기도 합니다만, 응답을 얻는 방식은 5점이든 아니면 다른 점수든 큰 차이가 없습니다). 즉 흔히 말하는 리커트 척도는 앞서 설명하였던 써스톤 척도와는 매우 다릅니다. 써스톤 척도는 개념을 측정하는 측정치를 얻는 측정방식 중에서 '진술문'을 어떻게 확보하는가에 초점을 맞추는 반면, 흔히 말하는 리커트 척도는 응답자의 응답형식(answer format)에 초점을 맞추고 있습니다. 아마도 여러분이 접하는 거의 대부분의 사회과학연구에서 리커트 척도는 질문지를 어떻게 구성하는가의 문제가 아닌, 응답형식을 어떻게 구성하는가의 문제로 정의되고 소통되고 있습니다.

반면 애초 개발자인 렌시스 리커트가 말한 '리커트 척도'는 현재 사회과학자들이 이해하는 방식의 리커트 척도와는 상당히 달랐습니다. 렌시스 리커트의 '리커트 척도'는 써스톤 척도를 보다 간략하게 바꾸었다고 볼 수 있습니다. 렌시스 리커트의 리커트 척도는 연구자가 생각할 수 있는 가장 극단적인 2개의 진술문들(이를테면 "어떠한 상황에서도 폭력행동은 용인될 수 없다"와 "상황만 허락된다면 어떠한 폭력행동도 용인될 수 있다")을 중심으로 대상에 대한 여러 진술문들의 상대적 위치를 정하는 방법입니다. 예를 들어 써스톤 척도에서는 각 진술문에 대한 평가자들의 점수의 평균을 이용하여 해당 진술문의 점수를 계산했습니다. 반면 렌시스 리커트의 '리커트 척도'에서는 가장 극단적인 2개의 진술문들에 각각 1과 10의 점수를 부여한 후, 이 점수들을 양 극단값으로 고정합니다. 이후 응답자들에게 다른 진술문들을 제시하고 앞에서 소개한 리커트 방식의 5점(혹은 7점 등) 척도를 이용해 각 진술문의 점수를 구하여 다른 진술문들의 상대적 위치를 파악하는 방법입니다.

하지만 앞서 이야기하였듯 렌시스 리커트가 제안한 리커트 스케일은 응답형식이 남았을 뿐 태도를 측정하는 진술문들의 위계적 구조를 파악할 때는 더 이상 사용되지 않습니다.

그렇다면 측정의 타당도와 신뢰도와 관련하여 리커트 척도가 언급되는 이유는 무엇일까요? 왜냐하면 흔히 사용되는 '몇' 점 척도와 같은 응답형식은 '응답의 형식'일 뿐이지 그것이 개념과 측정치의 관계, 혹은 측정치와 측정치의 관계와는 별 상관이 없기 때문입니다. 그러나 사회과학에서 사용되는 리커트 척도는 다음과 같은 방식으로 측정의 타당도 및 신뢰도와 관련을 맺습니다.

우선 신뢰도를 살펴보죠. 첫째, 측정의 신뢰도를 확보하기 위해서 어떤 하나의 개념을 측정하는 진술문을 여러 개 제시합니다. 둘째, 하나의 개념을 측정하는 진술문들은 표현은 다르지만 전달되는 내용은 동등하게 제시합니다. 예를 들자면 '동등한 난이도를 갖는 여러 문제들'이라고 생각하시면 이해가 쉽지 않을까 싶습니다. 이 두 가지 조건이 가정된다고 가정할 때, 여러 진술문들에 대한 리커트 척도로 측정된 응답들은 하나의 동일한 개념을 측정하고 있기 때문에 일관성(consistency)을 가져야만 합니다. 즉 데이터 분석결과 리커트 척도가 적용된 문항들의 측정값들 사이의 상관관계가 매우 강하게 나타난다면, 측정의 신뢰도를 확보할 수 있습니다. 이러한 방식으로 측정의 신뢰도를 점검하고 정당화시키는 것은 사회과학에서 매우 보편적으로 사용됩니다. 만약 여러분이 어떤 사회과학 논문을 읽는데 크론바흐의 알파(Cronbach's α)[6]라는 통계치가 제시되었다면, 바로 이를 통해 여기서 소개한 리커트 척도의 응답형태에서 얻은 측정치들이 어느 정도의 상관관계를 갖는지 알 수 있습니다(크론바흐의 알파는 0부터 1까지 움직입니다. 1이 될 경우 각 응답들이 완벽하게 일관적으로 움직인다고 볼 수 있습니다).

측정의 타당도의 경우 다소 제한적이고 명확하지 않은 것이 보통입니다. 아마도 2가지 방법이 있을 듯합니다. 첫째, 자신이 연구하고자 하는 개념이 선행연구에서 이미 다루어진 것이라면, 해당 연구에서 사용된 통상적 리커트 척도 방식을 따르는 진술문들을 그대로 가져다 자신의 연구에서 사용합니다. 오해가 없으셔야 합니다만, 선행연구에서 사용한 리커트 타입의 측정문항들을 그대로 사용하시는 것은 표절이 아닙니다(오히려 권장되는 행동입니다). 대신 자신이 사용한 측정문항이 어떤 선행연구에서 가져온 것인지를 반드시 밝히시기 바랍니다. 즉 선행연구를 정당화의 근거로 삼아, 자신의 사용하는 통상

---

6 사실 크론바흐의 알파는 측정의 신뢰도, 보다 정확하게는 측정치들 사이의 내적 일관성(internal consistency)을 살펴보기 위한 좋은 지수는 아닙니다. 해당 통계치 대신 보다 최근에 제시된 ω나 H 지수 등을 사용하는 것이 훨씬 더 바람직합니다. 너무 기술적인 내용이기에 본서는 다루지 않습니다만, 관심 있는 분이라면(그리고 어느 정도의 통계적 지식을 갖추었다면) 다음의 문헌을 참고하시기 바랍니다. McNeish, D. (2017). Thanks Coefficient Alpha, We'll Take It From Here. *Psychological Methods*. Advance online publication. http://dx.doi.org/10.1037/met0000144

적인 리커트 척도를 따르는 진술문들이 자신이 측정하고자 하는 개념을 타당하게 반영한다고 주장하는 것입니다. 물론 자신이 인용하는 선행연구가 학계에서 널리 받아들여지고 인정된 선행연구여야 측정의 타당도가 더 쉽게 확보될 수 있을 것입니다.

둘째, 만약 연구에서 개념적으로 구분되는 2개 이상의 개념들을 상정하고 있는 경우, 통상적인 방식의 리커트 척도로부터 얻은 측정치들의 상관관계를 통해 측정의 타당도를 간접적으로 정당화할 수 있습니다. 예를 들어 두 개의 개념 C_1과 C_2를 네 개의 진술문 s_1, s_2, s_3, s_4를 통해 측정하였고(s_1과 s_2는 C_1을, s_3과 s_4는 C_2를 측정하였음) 이때 각 진술문은 동일한 리커트 척도의 응답형태로 응답자에게 제시되었다고 가정해 보겠습니다. 이 경우 s_1과 s_2의 응답들은 매우 강한 상관관계를 가지고, s_3과 s_4의 응답들은 서로 강한 상관관계를 가질 것입니다(왜냐하면 동일 개념을 측정하였기 때문이죠). 그렇다면 s_1과 s_3, s_2와 s_3, 그리고 s_1과 s_4, s_2와 s_4의 상관관계는 어떠할까요? 낮아야 정상이겠죠. 왜냐하면 앞에서 언급하였듯 두 개의 개념 C_1과 C_2는 개념적으로 구분되기 때문입니다. 즉 데이터에 대한 분석결과를 토대로 간접적으로나마 각 측정치가 반영한다고 가정된 개념을 제대로 반영하고 반영하지 않는다고 가정된 개념을 제대로 반영하지 않는다고 말할 수 있는 근거를 가질 수 있습니다. 흔히 사회과학에서는 이러한 방식의 타당도를 판별타당도(discriminant validity)라고 부릅니다. 그러나 이러한 판별타당도는 쓰임이 제한적이고 측정치가 개념을 제대로 반영하고 있다는 의미에서의 타당도를 직접적으로 보여주는 증거로 사용되지 못합니다. 우선 하나의 개념에 대해서는 판별타당도를 적용할 수 없습니다. 소위 개념의 다차원성(multi-dimensionality)을 가정한 경우에만 판별타당도가 적용될 수 있습니다. 또한 연구자가 상정한 개념의 다차원성이 과연 폐쇄적 시스템을 따르는지도 확인할 수 없습니다. 예를 들어 앞서의 예에서 s_1과 s_2가 C_1을 반영하는 측정치가 아니라 실제로는 C_3라는 개념을 반영하는 측정치라고 가정하고, C_3는 C_2와 개념적으로 구분되는지 여부를 알 수 없다고 가정해 봅시다. 만약 상황이 이런 경우 판별타당도는 적용되지 않을 수도 있습니다. 즉 연구자가 생각하는 두 개의 개념 C_1과 C_2 외에 과연 다른 개념이 없는 것인지를 완벽하게 확신할 수 없는 한 판별타당도를 통해 개념의 타당도를 완전히 확보하는 것은 어렵습니다.

리커트 척도를 설명하면서 너무 많은 부분을 설명했네요. 여기서 잠시 언급한 측정의 신뢰도와 타당도 내용이 조금 버겁다면 잠시 동안 잊으셔도 괜찮습니다. 앞서 언급했던 타당도 관련 설명은 본서 후반에 다시 설명드리도록 하겠습니다. 하지만 리커트 척도와 관련하여서는 다음의 내용을 이해하고 숙지하기 바랍니다. 첫째, 통상적으로 언급되는 '리커트 척도'는 진술문에 대해 응답자의 '응답을 얻는 형식(answer format)'을 뜻한다. 둘째, 통상적으로 언급되는 리커트 척도 구성에서는 하나의 개념을 측정하기 위해 둘 이상의 진술문들을 필요로 한다.

의미분별척도 _____ 의미분별척도는 여러 가지 면에서 앞서 설명한 통상적으로 사용되는 리커트 척도와 유사합니다. 다른 점이 있다면 통상적으로 사용되는 리커트 척도의 경우 진술문에 대한 주관적 동의 정도를 통해 대상에 대한 태도를 측정하는 반면, 의미분별척도에서는 대상에 대한 응답자의 태도를 일련의 대립된 형용사들(예를 들어, "아름답다" – "추하다")을 이용해 측정합니다. 즉 의미분별척도에서는 써스톤 척도나 리커트 척도와는 달리 진술문이 주어지지 않기 때문에 많은 경우 특정 대상에 대해 응답자가 어떤 생각을 갖고 있는가를 탐색적으로 알아보는 목적으로 많이 사용됩니다.

구체적으로 의미분별척도에서는 대립되는 형용사들을 양 극단에 배치한 후, 특정 대상에 대해 응답자가 부여하는 '의미'가 어떻게 '분별'되는가를 살펴봅니다. 예를 들어 '백영민의 강의'에 대해서 다음과 같은 방식으로 여러분께 응답을 요구했다고 가정해 봅시다.

질문: 백영민의 강의에 대한 여러분의 느낌을 골라주세요.
백영민의 강의는...

	매우	약간	어느쪽도아님	약간	매우	
재미있다	☐	☐	☐	☐	☐	재미없다
흥미롭다	☐	☐	☐	☐	☐	지루하다
새롭다	☐	☐	☐	☐	☐	진부하다
유익하다	☐	☐	☐	☐	☐	쓸모없다
혁신적이다	☐	☐	☐	☐	☐	고루하다
쉽다	☐	☐	☐	☐	☐	어렵다
친근하다	☐	☐	☐	☐	☐	딱딱하다

실제로 조사해 보아야 하겠지만, 아마도 응답자에 따라 몇 가지 패턴으로 나뉠 것 같습니다. 예를 들어 모든 면에서 백영민의 강의가 싫은 분이라면, 백영민의 강의는 재미도 없고 진부하고 지루하고 쓸모도 없고 고루하고 딱딱하며 어렵다고 생각할 수 있습니다(물론 제 강의에 대해서 이것과 완전히 다른 생각, 즉 완벽하게 호의적인 평가도 '이론적으로는' 가능합니다). 이런 분들의 시각에서 보았을 때 백영민의 강의는 '일차원적'입니다. 즉 모든 것이 다 부정적(혹은 모든 것이 다 긍정적)입니다.

반면 어떤 분들은 백영민의 강의가 재미있고 흥미롭고 새롭고 유익하지만, 고루하고 어렵고 딱딱하다고 생각할 수 있습니다(물론 그 반대도 마찬가지로 가능합니다). 앞서의 응답자와는 달리 이런 응답자의 경우 백영민의 강의를 "이건 좋은데, 이건 별로..."와 같은 방식으로 "2차원적"으로 바라보고 있습니다(3차원적, 4차원적도 가능하지만 설명의 편의를 위해 1차원적으로 평가하는 응답자와 2차원적으로 평가하는 응답자로만 나누겠습니다).

앞서 설명드렸던 통상적 방식의 리커트 척도와 마찬가지이지만, 개념과 측정치의 관계설정 방향이 조금 다를 수 있습니다. 대부분의 리커트 척도의 경우 측정문항이 개념을 반영한다고 가정하는 반면, 대부분의 의미분별척도에서는 측정치의 응답패턴을 통해 개념의 차원수와 각 차원을 구성하는 측정치가 무엇인지를 파악하는 것이 보통입니다.[7] 즉 앞서 설명했던 써스톤 척도나 리커트 척도의 경우 개념을 시작으로 진술문을 도출하여 태도를 측정하지만, 의미분별척도의 경우 형용사의 쌍들을 이용한 응답자의 응답패턴을 기준으로 응답자의 태도가 1개의 개념으로 구성된 1차원인지 아니면 2개의 개념들로 구성된 2차원인지를 추정합니다. 즉 일견 리커트 척도와 비슷한 방식으로 보이지만, 의미분별척도에서 말하는 측정의 타당도와 신뢰도는 대개의 경우 연구자가 기대(expectation)한 것이 충족되었는가 보다, 응답의 분석을 통해 연구자가 발견(discovery)한 것을 중심으로 평가됩니다. 측정의 신뢰도와 타당도에 대한 평가방법은 앞서 설명드렸던 리커트 척도에서 사용되는 방식과 크게 다르지 않습니다.

탐색적 목적으로 주로 사용되는 의미분별척도의 특징 때문인지는 몰라도, 저자가 알고 있는 범위에서 의미분별척도가 가장 많이 그리고 가장 활발하게 사용되는 영역은 '마

---

7 표현에 주의하시기 바랍니다. 리커트 척도를 이용하면서 탐색적 연구를 수행하는 것도 가능하고, 의미분별척도를 확인적 연구를 위해 사용하는 것도 가능합니다.

케팅'입니다. 새로운 상품이 출현하였을 때, 신상품을 사용해 본 사람들이 해당 상품에 대해 몇 개 차원의(즉 몇 개의 개념들로 구성된) 태도를 갖고 있는지를 알아볼 때, 의미분별 척도는 매우 유용합니다. 또한 홍보업무에서도 특정 회사(혹은 브랜드)가 다른 회사에 비해 어떤 차원에서는 강점이 있고, 어떤 차원에서는 약점이 있는지를 파악하는 데 유용하게 사용될 수 있습니다[예를 들자면, 어떤 기업은 기업능력(corporate ability)에서는 호평을 받지만, 사회적 책임(social responsibility)에서는 저평가를 받을 수 있습니다].

거트만 척도 _____ 써스톤 척도나 리커트 척도와 마찬가지로 거트만 척도 역시 루이 거트만(Louis Guttman)이라는 학자에 의해 제안된 척도입니다. 반복해서 미안합니다만, 써스톤 척도와 리커트 척도(통상적으로 사용되는)의 특징을 다시금 짚고 넘어갑시다. 써스톤 척도는 특정 진술문에 대한 평가자들의 평가가 동질적인 항목들을 부정적인 태도부터 긍정적인 태도를 반영할 수 있도록 골고루 추출한 후, 해당 진술문에 대한 응답자의 동의를 묻는 방식으로 측정치를 얻습니다. 반면 통상적으로 사용되는 리커트 척도의 경우 동일한 어떤 개념을 측정하는 상이한 표현의 동등한 진술문들을 통해 응답자의 응답을 얻어냅니다. 곰곰이 생각해 보면 써스톤 척도에 비해 통상적으로 사용되는 리커트 척도에 부족한 것이 하나 존재한다는 것을 느끼실 수 있을 것입니다. 그것은 바로 여러 진술문들 사이의 내적 위계(internal hierarchy)입니다. 왜냐하면 통상적인 방식의 리커트 척도에서는 하나의 개념을 측정하는 여러 진술문들에서 얻은 응답들 사이에는 내적인 위계가 존재하지 않는데, 써스톤 척도에서는 내적인 위계가 존재하기 때문입니다(예를 들어 앞서 제시한 그림에서 평균1에 해당되는 진술문에 동의한 응답자라면 평균3에 해당되는 진술문에 동의하지 말아야 할 것입니다).

거트만 척도는 바로 이 문제, 즉 진술문들 사이의 내적 위계를 명확하게 반영하는 방식으로 태도를 측정하는 척도입니다. 구체적인 사례를 들어보겠습니다. '일반사회조사(GSS, General Social Survey)'라는 설문자료는 사회과학자들에게 매우 잘 알려진 데이터입니다. GSS 자료는 일반적 미국인의 태도가 시대에 따라 어떻게 변하는지를 파악하는 데 매우 유용합니다. 아무튼 여기에는 낙태(abortion)에 대한 응답자의 태도를 측정하는 문항이 있는데, 이 문항은 매우 잘 알려진 전형적인 거트만 척도입니다. 응답자에게는 다음의 3가지 상황을 제시하고, 각 상황에서의 낙태에 대한 찬반(support or oppose)을 묻습니다(응답형식에 주목하세요. 예/아니오, On/Off와 같은 이분형식입니다).

상황1: 여성이 결혼하지 않은 상태일 때
상황2: 강간으로 인한 임신일 때
상황3: 산모의 건강이 심각하게 위험할 때

일단 낙태에 대한 여러분 개인의 태도는 잠시 접어두시기 바랍니다. 두 종류의 사람을 생각해 보죠. 첫 번째 응답자는 여성이 출산에 대한 모든 통제권을 행사해야 한다고 믿는 사람이고, 두 번째 응답자는 생명의 탄생은 신의 섭리이기 때문에 인간이 낙태를 할 권리는 절대로 허용될 수 없다고 믿는 사람이라고 가정해 보겠습니다. 자 첫 번째 응답자는 각 상황에 대해서 어떻게 응답할까요? 그렇죠. 3번 "예"라는 응답을 택할 것입니다. 그렇다면 두 번째 응답자는 어떨까요? 그렇습니다. 3번 "아니오"라고 답할 것입니다. 이두 타입의 응답자는 바로 가장 극단적인 태도를 갖는 응답자라고 볼 수 있습니다(여기서 극단적이라는 말은 정치적·윤리적인 옳고 그름과는 어떠한 관계도 없음을 먼저 밝힙니다). 그렇다면 이 두 타입의 응답자 중간에는 다음과 같은 응답자가 있을 것입니다.

	산모건강	강간	미혼
극단적 낙태찬성론자	예	예	예
제한적 낙태찬성론자	예	예	아니오
제한적 낙태반대론자	예	아니오	아니오
극단적 낙태반대론자	아니오	아니오	아니오

만약 언급한 세 가지 상황이 모두 동등한 간격으로 위계를 갖는다고 가정하고, 3문항에 대해 예라고 응답하면 1점을, 아니라고 응답하면 0점을 부여한다고 가정해 보죠. 이 경우 세 상황에 대한 응답자의 응답들의 총합을 구하면 0~3점의 범위를 갖는 '변수'를 구성할 수 있습니다. 즉 0일수록 극단적인 낙태반대론자인 반면, 3일수록 극단적인 낙태찬성론자라고 볼 수 있는 것이죠.

사실 거트만 척도가 가장 전형적으로 사용되는 영역은 객관식 시험입니다. 난이도 조절에 성공한, 다시 말해 어려운 문제와 중간 수준의 문제 그리고 쉬운 문제들을 골고루 배치한 시험은 바로 다름 아닌 거트만 척도를 그대로 구현하고 있습니다(우연으로 찍어 맞춘 경우를 제외하고, 어려운 문제를 맞추었다면 중간 혹은 쉬운 문제를 다 맞출 수 있겠지만, 쉬운 문제를 맞추었다고 해서 어려운 문제의 답을 알지는 못하겠죠).

아쉽게도 거트만 척도의 경우 측정의 타당도와 신뢰도 평가의 대부분은 질적인 판단에만 의존합니다. 써스톤 척도처럼 평가자들 사이의 합의정도를 살펴보거나 통상적인 리커트 척도처럼 동일한 개념을 측정한 응답들 사이의 상관관계를 살펴보는 방식과 같은 양적인 판단기준은 그다지 널리 사용되는 것 같지 않습니다. 물론 언제나 그런 것은 아닙니다. 라쉬 모형(Rasch model)과 문항반응이론(Item Response Theory, IRT) 등을 기반으로 거트만 척도의 타당도와 신뢰도를 체크하는 양적 분석기법들이 있습니다만, 본서를 통해 소개할 수 있는 간단한 기법들은 아닙니다. 이에 본서에서는 라쉬 모형이나 문항반응이론 등에 대해서는 추가적 설명을 제시하지 않겠습니다.

측정치 속성과 측정의 타당도와 신뢰도

앞서 소개했던 써스톤 척도, 리커트 척도, 거트만 척도, 의미분별척도는 개념(대개의 경우 특정 대상에 대한 태도)을 타당하고 신뢰할 수 있게 반영하는 측정치를 얻는 측정방법을 다루고 있습니다. 이번 섹션에서 소개할 내용은 측정방법보다는 측정치 그 자체에 초점을 맞추고 있습니다.

여러분 입장에서 측정치 자체의 신뢰도와 타당도를 이해하는 가장 좋은 방법은 여러분들이 경험했던 시험을 채점하는 사람을 떠올리는 것입니다. 객관식 시험(5지선다 형태)을 생각해 보세요. 만약 1~5번까지의 정답지들 중에서 2번이 정답이라고 가정합시다. 즉 2번을 선택하면 정답, 1, 3, 4, 5번 중 하나를 선택하면 오답이라고 해 보죠. 2번이 정답이라고 가정되는 그 순간 문제를 맞출 수 있는 학습능력이 있는지에 대해서 매우 신뢰도가 높은 측정치를 얻을 수 있습니다. 왜냐하면 A가 채점을 해거나 B가 채점을 하거나 그 결과는 동일하기 때문입니다(물론 채점자가 피곤해서 혹은 충분한 주의를 기울이지 않아서 3번을 택한 응답을 정답이라고 '잘못 채점'할 수도 있습니다만, 그 가능성은 매우 낮다고 볼 수 있습니다). 반면 문제가 묻고자 하는 학습내용을 2번이라는 정답이 정말 타당하게 반영하는가, 즉 "2번이 정답이라고 가정되는 그 순간"이라는 제 가정에 대해 불신하는 경우도 많습니다. 다시 말해 2번이라고 응답한 학생이라도 소위 '긴가민가'하면서 답을 맞춘 사람도 있고, 어떤 학생은 '확신을 갖고' 답을 맞춘 사람도 있겠죠. 다시 말해 객관식 시험으로는 이 두 학생과 같은 미묘한 차이를 반영하기 어렵습니다(즉 측정의 타당도가 완벽하게 보장된다고 보기 어렵죠). 또한 소위 말하는 '찍어 맞추기(random guess)' 확률도 무시하기 어렵습니다. 5지 선다의 경우 아무 생각없이 찍어도 답을 맞출 확률이 20%이기 때문이죠. 어쩌면 객관식 시험은 실력을 테스트하는 것이 아니라 '운(luck)'을 테스트하는 것일 수도 있습니다[물론 1~2개의 시험문제로 제한될 경우만 그렇습니다. 만약 5지선다 10문제를 정말 찍어서 다 맞출 확률은 매우 낮습니다(계산해 보면 그 확률은 .0000001024 정도네요)].

그렇다면 주관식 시험(이를테면 에세이 형태의 시험)은 어떨까요? 우선 에세이 형태의 답안은 채점자가 해당 분야의 전문가일 경우 매우 타당도가 높은 측정치입니다. 왜냐하면 에세이를 통해 수험자가 얼마나 많은 지식을 얼마나 논리적으로 제시할 능력을 갖추고 있는지 매우 상세하게 평가하는 것이 가능하기 때문입니다. 그러나 예상하듯 신뢰도는 처참할 정도로 낮을 가능성이 높습니다. 우선 채점자가 여러 명일 경우, 누가 채점을 하는가에 따라 평가가 갈릴 수 있습니다(예를 들어 완벽한 전문가가 채점할 경우와 어정쩡한 전문가가 채점할 경우). 또한 심지어 채점자가 동일인물이라고 해도 평가가 달라질 수 있습니다. 채점자가 인간인 이상 피로를 느낄 수밖에 없고, 따라서 처음의 답안과 나중의 답안이 달라질 가능성을 부정하기 어렵습니다. 다시 말해 채점자에 따라, 채점시점에 따라 측정치가 달라질 수 있습니다. 흔히 전자를 코더간 신뢰도의 문제, 후자를 검사-재검사 신뢰도의 문제라고 부릅니다만, 이에 대해서는 나중에 보다 자세한 사례와 함께 설명드리겠습니다.

거칠게 결론을 내리자면, 객관식 시험으로 얻은 측정치는 신뢰도는 높지만 타당도가 높지 않을 가능성이 있습니다. 객관식 시험에 대한 일반적 비판은 측정치의 타당도에 집중되어 있습니다. 최근 수능시험의 절대평가, 상대평가를 둘러싼 문제도 방법론적 용어로 번역하자면 다름 아닌 타당도 문제입니다. 반면 주관식 시험으로 얻은 측정치는 타당도가 높을 수는 있지만(단 채점자가 해당 분야의 전문가라는 전제조건하에), 신뢰도는 높지 않은 가능성이 있습니다. 대입전형에서 논술시험을 둘러싼 논란, 그리고 인문·사회과학 관련 교과목에서 치르는 필답고사에 대한 학생들의 불만을 떠올려 보세요. 방법론적 용

어로 번역하면 이들 대부분의 논란과 불만은 신뢰도의 문제에 집중되어 있습니다.[8]

이제 측정의 신뢰도와 타당도 부분에서 흔히 언급되는 측정치의 속성들을 살펴봅시다. 첫째, 측정치의 객관성–주관성의 정도를 생각해 볼 수 있습니다. 여기서 말하는 측정의 객관성과 주관성은 상대적입니다. (적어도 제가 알고 있는 한) 철저하게 주관성이 배제된 객관적 측정치란 존재하지 않으며, 철저하게 객관성이 배제된 주관적 측정치도 존재하지 않습니다. 흔히 교과서에서는 기계를 통해 측정된 측정치, 예를 들면 온도, 신장, 몸무게 등을 객관적(objective) 측정치 혹은 직접적 측정치(direct measure)라고 언급합니다. 그러나 생각해 보면 온도 역시도 측정 순간 편향이 개입됩니다. 온도계를 위에서 보는가, 아니면 아래서 보는가에 따라 온도가 미묘하게 달리 읽힐 수 있습니다. 디지털 온도계라고 하더라도 차가운 물체를 재기 위해 온도계를 들이 밀면, 차가운 물체의 '객관적 온도'는 측정자의 체온에 의해 영향을 받지 않을 수 없습니다. 물론 몇몇 독자께서는 이런 비판을 '트집잡기' 정도로 치부할 수 있습니다(저도 비슷한 의견입니다). 여기서 말하는 객관적 측정치란 무시할 수 있을 정도로 측정자의 주관이 작다는 의미입니다. 즉 '객관적 측정치'의 경우 측정자로 인해 생길 수 있는 측정의 타당도 문제나 신뢰도 문제가 발생할 가능성이 매우 낮습니다. 문제는 사회과학에서 사용할 수 있는 객관적 측정치는 그리 많지 않다는 것입니다. 만약 TV 폭력물이 미치는 시청자의 생리적 반응이라는 주제로 연구를 한다면, 시청자의 동공반응이나 피부반응 혹은 혈압변화, 뇌파변화 등을 측정할 수 있을지도 모르겠습니다.

반면 '주관적 측정치'는 측정자의 주관성이 매우 강하게 녹아 있는 측정치입니다. 여기서 오해가 없으셔야 할 것은 흔히 주관적 측정치와 관련하여 언급되는 측정자는 연구자가 아닌 연구대상이 되는 응답자 혹은 실험참여자를 의미합니다. 주관적 측정치는 측정의 타당도와 신뢰도의 문제가 매우 빈번하게 제기됩니다. 예를 들어 보겠습니다. 연구자가 여러분을 실험실에 데려와 공포영화를 보여줍니다. 영상이 종료된 후 연구자가 여러분에게 와서 "얼마나 무서웠나요? 전혀 무섭지 않았으면 1점, 죽을 정도로 무서웠다면 10점이라고 할 때, 방금 시청한 영상에 대해서는 몇 점을 주시겠어요?"라고 묻습니다.

---

8 만약 채점자가 갖고 있는 이념적·사회적·정치적·문화적 편견이 채점할 때 녹아 있다고 말한다면 이 부분은 채점자의 전문성을 부정하는 것이기 때문에 신뢰도가 아닌 타당도의 문제를 지적하는 것입니다.

그러면 여러분은 어떻게 답을 하시겠습니까? 물론 어떤 분들은 솔직하게 답을 할지 모르겠습니다. 하지만 어떤 분은 "내가 느낀 공포점수는 2점밖에 안되지만, 이렇게 말하면 연구자의 연구는 수포로 돌아가고, 이 연구자는 절망에 빠질거야. 인간적으로 할 짓은 아니겠네. 에고... 그래 그냥 8점이라고 주자"라고 생각했다고 가정해 봅시다. 반면 어떤 분은 이렇게 생각할지도 모르겠습니다. "무서워 죽는 줄 알았네. 8점을 줄까? 아냐, 내가 가오가 있지, 무섭다고 하면 볼품없잖아. 그래 여기서는 센척하지 뭐. 2점주면 되겠네." 이 두 사람의 경우 어떤가요? 그렇습니다. 측정의 타당도가 확보되지 않습니다. 측정의 신뢰도 역시 마찬가지입니다. 필립 컨버스(Philip Converse)라는 학자의 유명한 연구 (1964)[9]에 따르면, 미국시민들의 정치적 이념성향(1점이면 강한 진보, 7점이면 강한 보수)을 2년 단위로 세 차례 반복측정한 결과 약 10% 정도의 시민들만이 일관적 정치적 이념성향을 보였다고 합니다. 물론 현실이 바뀌어서 이에 맞도록 정치적 이념성향을 바꾼 시민들도 있겠지만(예를 들어 보수적 유권자였는데 보수 정권의 무능력에 환멸을 느끼고 중도적 혹은 진보적 성향으로 자신의 정치성향을 바꾼 경우), 아무리 그렇다고 하더라도 현실변화에 따라 자신의 정치적 이념성향을 바꾼 시민들이 전체의 90%를 차지한다고 보는 것은 비현실적이겠죠. 즉 흔히 설문조사에서 묻는 정치적 이념성향에 대한 응답은 그때그때 변화하는 값에 불과하기 때문에 측정의 신뢰도를 확보했다고 보기 어려울지 모릅니다(물론 컨버스의 경우 측정의 신뢰도 문제를 통해 일반 시민들이 과연 정치적 이념성향이라는 것을 갖고 있다고 보는 정치이론은 비현실적이라고 주장하기는 합니다. 즉 컨버스는 측정의 신뢰도를 통해 기존 이론의 타당도를 공격하고 있습니다).

한 가지 오해하지 말아야 할 것은 주관적 측정치에 측정의 타당도와 신뢰도 문제가 내재되어 있다고 해서 주관적 측정치 그 자체가 의미없다고 폄하하면 안 됩니다. 제가 이렇게 부탁드리는 이유는 3가지입니다. 첫째, 측정의 타당도와 신뢰도가 모든 경우에 불신되는 것이 아니기 때문입니다. 즉 측정의 타당도와 신뢰도가 매우 심각하게 문제되는 경우도 있지만, 반면 별 문제가 되지 않는 경우도 있습니다. 어떤 경우에 측정의 타당도와 신뢰도에 문제가 있다고 볼 수 있는지, 그리고 왜 그런 상황적 변화가 발생하는지에

---

9 1964년 컨버스의 논쟁적인 연구는 2006년 학술논문으로도 재출간 되었습니다. Converse, P. E. (2006). The nature of belief systems in mass publics (1964). *Critical review, 18*(1-3), 1-74.

대한 지식은 그것 자체로 유용하고 흥미로울 수 있습니다. 둘째, 측정의 타당도와 신뢰도에 문제가 있다고 해서 그 측정치를 배제해 버리면 사회과학 자체가, 아니 과학 자체가 부정되어 버리기 때문입니다. 넓게 본다면 학자들의 논문(심지어 물리학자의 논문도 포함)도 자연현상에 대한 학자 개인의 주관적 측정치("나는 이렇게 이해하고 있다!")이기 때문입니다. 제가 앞에서도 말씀드렸듯, 현실적으로 완벽하게 개념을 반영하는 측정치란 존재하지 않습니다(플라톤 방식으로 말하자면, 인간은 현실을 통해 이데아를 알 수 없듯). 다시 말해 측정의 타당도와 신뢰도가 완벽하게 보장되는 경우는 존재하지 않습니다. 우리가 추구할 것은 측정의 타당도와 신뢰도를 최대한으로 확보하는 것이고, 만약 측정의 타당도와 신뢰도에 심각한 문제가 있는 것이 아니라면 "측정의 타당도와 신뢰도 문제에도 불구하고, 우리는 ~~라고 말할 수 있다"와 같은 현실적으로 실용적이면서도 이론적으로 겸손한 지식을 추구하는 것이 목적이기 때문입니다. 셋째, 측정의 타당도와 신뢰도의 문제가 확률적으로 균등하게 발생했다면, 개별 측정치에는 측정의 타당도와 신뢰도 문제가 있다고 하더라도 전체표본(혹은 사회전체)이라는 관점에서는 문제가 발생하지 않았다고 볼수 있습니다. 앞의 공포영화를 보여준 후 얼마나 공포스럽게 느꼈는가에 대한 상황을 다시 생각해 봅시다. 전자의 경우 실제로 체감공포가 2점인데 8점이라고 응답했고, 후자의 경우 8점인데 2점이라고 답을 했습니다. 만약 이 두 사람이 솔직하게 응답했다고 가정한 후 두 사람의 체감공포 점수평균을 구해 보세요. 다음으로 이 사람들의 거짓된 응답, 즉 측정의 타당도가 보장되지 않은 응답의 평균을 구해 보세요. 그렇습니다. 둘 다 5점입니다. 확률적 관점에서 만약 측정의 타당도와 신뢰도 문제가 균등하게 발생하였다고 가정한다면, 표본 전체로 보았을 때는 큰 편향이 발생하지 않았을 것으로 기대할 수 있습니다. 특히 과학연구의 경우 1회의 실험이나 설문조사로 이론이 확증(confirmation)되지 않습니다. 제가 "X는 Y의 원인이야!"라고 이야기해도, 다른 학자들이 이 이야기를 그대로 믿지 않습니다(물론 연구자는 믿어주길 바라겠지만, 그건 연구자의 개인적 바람에 불과하죠). 정말로 X → Y인지에 대하여 여러 학자들이 반복적으로 연구를 실시합니다. 다시 말해 만약 제 연구에서 X의(혹은 Y의) 측정치에서 측정의 타당도와 신뢰도 문제가 발생했다고 한다면, 후속연구를 통해 제 연구에서 나타났던 문제가 체계적으로(systematically) 발생한 문제인지 아니면 확률적으로 무시해도 좋을 정도의 문제인지를 가늠할 수 있습니다.

인간을 대상으로 하는, 특히 거짓말에 능숙하고 불안정한 인간의 생각과 감정, 행동을 대상으로 하는 사회과학에서는 주관적 측정치를 사용할 수밖에 없습니다. 즉 측정의 타당도와 신뢰도가 확보되었다고 하는 오만(hubris)은 절대로 피해야 하지만, 동시에 측정의 타당도와 신뢰도가 확보되지 않았다고 절망에 빠질 이유도 전혀 없습니다.

그렇다면 주관적 측정치에 내재한 측정의 타당도와 신뢰도 문제를 어떻게 어느 정도는 감소시킬 수 있을까요? 흔히 사회과학자들이 제시하는 방법은 주관적 측정치가 '간주관적(inter-subjective)' 측정치가 될 수 있는지를 점검해 보는 것입니다. 간주관적 측정치란 동일한 개념이나 대상에 대한 합의에 도달한 복수의(plural) 주관적 측정치를 의미합니다. 즉 어떤 대상에 대해 A의 평가와 B의 평가가 일치한다면 A와 B는 해당 대상에 대한 평가에서 합의에 도달했다고 볼 수 있습니다. 다시 말해 적어도 A와 B로 구성된 사회에서 '해당 대상에 대한 평가'라는 측정치는 객관적 측정치와 다름없다고 가정할 수 있습니다. 사실 여러분은 이러한 아이디어를 본서에서 이미 접한 바 있습니다. 써스톤 척도를 구축하는 과정을 떠올려 보세요. 진술문들을 선정한 후 여러 명의 평가자들에게 평가를 요구하고, 각 진술문에 대한 평가자의 평가들의 표준편차를 구한다는 설명을 기억하실 것입니다. 여기서 각 평가자의 평가는 주관적 측정치를, 주관적 측정치들 사이의 동질성을 표시하는 지수인 표준편차가 바로 '진술문에 내재된 대상에 대한 태도'가 얼마나 간주관적 측정치인지를 보여줍니다. 표준편차가 낮은 진술문만을 뽑는다는 것은 다름 아닌 간주관적 측정치라고 인정된 진술문만을 고려해야 "태도를 객관적으로 측정할 수 있다"고 주장할 수 있기 때문입니다. 특정 진술문에 대한 평가들이 얼마나 공통되는가에 대한 부분은 다음에 언급할 '코더간 신뢰도' 부분에서 다시 나옵니다.

측정치의 객관성-주관성과 아울러 측정치의 구조화 정도(degree of structuredness)도 측정의 타당도와 신뢰도에서 자주 언급되는 측정치의 특성입니다. 측정치는 그 구조화의 정도가 높을수록 '폐쇄형 측정치(closed-ended measure)' 혹은 '정형 측정치(structured measure)'로, 구조화 수준이 낮을수록 '개방형 측정치(open-ended measure)' 혹은 '비정형 측정치(unstructured measure)'라고 불립니다.

앞서의 시험의 사례로 들자면 객관식 문제에 대한 응답이 바로 폐쇄형 측정치, 정형화된 측정치에 해당됩니다. 또한 일반적 설문조사에서 많이 사용되는 5점 단위의 리커트 척도형 응답형식, 영화평이나 제품리뷰에서 많이 볼 수 있는 별(star)점수 등은 모두 폐쇄형 측정치입니다. 반면 에세이 형태의 응답, 자유롭게 서술된 텍스트, 혹은 소위 온라인에서 긁어온(scraped or crawled) 텍스트 자료들은 개방형 측정치에 해당됩니다.

상황에 따라 다르겠지만, 폐쇄형 측정치는 타당도가 별로 높지 않을 수 있습니다. 반면 개방형 측정치는 신뢰도가 높지 않을 가능성이 높습니다. 예를 들어 100명 수강생의 강의만족도를 폐쇄형 측정치로 혹은 개방형 측정치로 측정한다고 생각해 보죠. 우선 5점의 리커트 척도형 응답형식을 이용해 강의만족도를 측정한다고 가정해 보죠(1점은 매우 불만족, 5점은 매우 만족). 만약 강의에 대해 평균점수가 2.50점이 나왔다고 해 보죠. 사실 매우 명쾌합니다. 100명의 응답이 2.50이라는 매우 간략한 수치로 요약됩니다. 그러나 과연 2.50이라는 점수는 "강의만족"이라는 개념을 잘 보여줄까요? 강의만족을 어떻게 보는가에 따라 다르겠지만, 이 점수로는 강의에 대한 수강생의 생각을 알 수 없습니다(즉 다소 불만족한 대상이 강사인지, 강의의 내용인지, 강의평가 방식인지...).

반면 개방형 응답으로 강의만족도를 측정했다고 가정해 보겠습니다. 우선 어떤 점이 불만이고 어떤 점이 만족스러웠는지를 섬세하게 알 수 있습니다(물론 개방형 응답을 읽어본다는 전제조건하에). 그러나 100명의 응답을 하나하나 읽는 것은 사실 쉬운 일은 아니죠(최근의 텍스트 마이닝 기법은 대용량의 텍스트를 효율적으로 요약하는 기능을 수행합니다만, 현재의 인공지능은 인간의 수준으로 텍스트를 해석하고 요약하지는 못합니다). 또한 응답을 다 읽었다고 하더라도 응답을 통해 100명의 수강생이 강의에 대해 "전반적으로 어떤 생각을 갖는지"를 간단히 요약하기 어렵습니다. 강사가 개방형 응답들을 읽었다면 전반적으로 만족한 쪽의 의견에 방점을 찍겠지만, 강사를 고용한 학교 집행부에서 읽었다면 불만족한 쪽의 말에 보다 주목할 수 있죠.

위의 사례에서 알 수 있듯, 각 측정치는 나름의 장·단점을 갖고 있습니다. 다시 말씀 드리죠. 측정의 타당도와 신뢰도를 완벽하게 확보하는 측정치와 측정방법은, 적어도 제 지식범위에서는, 존재하지 않습니다. 그렇다고 허무하게 느낄 필요는 없습니다. 완벽하지 않으니 완벽할 때까지 노력할 가치가 있는 것이죠. 완벽한 그 무엇이 있다면, 이미 그 세상은 끝난 것이고, 인생의 의미도 없을 것이니까요? 완벽할 수 없기 때문에 기성 세대는 자신이 이루어 놓은 것에 대해 겸손해야만 하고, 그렇기 때문에 새로운 세대는 자신의 뜻을 자신이 원하는 방식으로 펼 수 있는 것이지 않을까요?

측정의 타당도와 신뢰도의 종류와 이에 대한 양적 판단

앞에서는 개념을 반영하는 측정치는 얻는 방법, 그리고 측정치 자체의 속성이 측정의 타당도 및 신뢰도와 어떤 관련을 맺고 있는지를 다루었습니다. 이번 섹션에서는 데이터 분석을 통해 측정의 타당도와 신뢰도를 어떻게 평가할 수 있는지 설명하겠습니다. 주류 사회과학에서 측정의 타당도와 신뢰도를 평가할 때는 대개의 경우 데이터를 근거로 평가와 비판, 논쟁이 벌어집니다. 주류 사회과학 연구들을 읽어보면 ○○신뢰도, ○○타당도 등과 같은 용어들을 거의 언제나 접하게 됩니다. 여기서 소개할 것은 바로 측정의 타당도와 신뢰도를 평가할 때 데이터를 통해 어떤 측면의 타당도 혹은 신뢰도를 평가하는지를 설명하고, 이때 등장하는 여러 의미의 타당도와 신뢰도 개념들을 살펴보겠습니다.

구체적인 설명에 앞서 두 가지를 언급드리고자 합니다. 첫째, 여기서 설명되는 측정의 타당도와 신뢰도는 높은 수준의 기술적 지식(technical knowledge)의 영역입니다. 다시 말해 용어를 이해하는 것도 중요하지만, 용어를 암기하는 것도 중요합니다. 또한 이 부분에 대한 설명을 이해하기 전에 먼저 타당도와 신뢰도가 무엇을 뜻하는지를 되새겨보시기 바랍니다. 중요하니 반복해도 무방하겠죠. 측정의 타당도란 측정치가 연구자가 측정하고자 하는 개념을 타당하게 반영하는 정도를 의미합니다. 이 타당도의 정의는 뒤에 나오게 될 데이터 분석에 기반한 타당도와 구분하기 위해 흔히 '액면타당도(face validity)'[10]

---

[10] 액면타당도와 함께 내용타당도(content validity)라는 용어도 거의 대부분의 사회과학 방법론 교과서에 사용됩니다. 내용타당도가 적용되기 위해서는 연구자가 측정하고자 하는 개념이 반드시 다차원적이어야 합니다. 예를 들어 연구자의 개념(C)이 2차원(C_1과 C_2)이라고 해 보죠(즉 연구자의 개념에는 2개의 하위개념이 존재합니다). 이때 액면타당도를 살펴보니 측정치가 만약 C_1만을 반영하고 C_2는 반영하지 못한다고 판단한다면 어떻게 될까요? 그렇습니다. 이 경우 연구자의 개념 C는 해당 측정치를 통해 불충분하게(즉 타당하지 않게) 반영되지 못한다고 보는 것이 당연합니다. 왜냐하면 C_2는 개념에서는 등장하지만, 측정치에서는 등장하지 않기 때문입니다. 즉 내용타당도란 측정치의 포괄범위(coverage)가 개념의 포괄범위와 일치하는지를 의미합니다.

개인적으로 저는 내용타당도에 대해서는 별로 호의적이지 않습니다. 그 이유는 개념을 다차원으로 생각하는 것이 현실적으로 복잡할뿐더러 방법론적으로도 타당하지 않다고 생각하기 때문입니다. 예를 들어 측정의 문제에서 우리는 개별 개념인 C_1과 C_2를 생각하면 되지, 굳이 C_1과 C_2를 포괄하는 C를 생각할 필요가 없기 때문입니다. 앞에서 제가 설명드렸듯 타당도는 현실을 설명하는 개념에 측정치가 얼마나 부합되는가를 다룹니다. 만약 개념이 $C=\{C_1, C_2\}$과 같은 위계구조를 갖는다면, (제 생각에는) 당연히 측정치 역시도 위계구조를 가져야만 하지 않을까요? 즉 C_1의 측정치와 C_2의 측정치를 포괄하는 C에 대응되는 메타측정치(meta-measure)를 상정해야 하지 않을까요? 하지만 메타 측정치란 당연히 없

라고 불립니다. 즉 액면타당도란 이론적·상식적 관점에서 할 때 측정치가 개념을 타당하게 반영한다고 충분히 믿을 수 있을 경우 확보되었다고 말할 수 있습니다. '액면'이라는 말을 쓴 이유는 겉으로 드러난 측정치의 모습에 초점을 맞추기 때문에 그렇습니다. 둘째, 여기서 설명할 측정의 신뢰도와 타당도는 모두 데이터 분석을 기반으로 진행됩니다. 다시 말해 모든 측정치는 데이터 분석, 즉 통계분석이 가능하다는 가정을 취하고 있습니다. 일단 몇몇 독자께서는 데이터 분석에 익숙하지 않을 것입니다. 따라서 여기서는 상관계수라는 아주 간단하며 매우 널리 사용되는 통계치의 의미에 대해 아주 간략하게 알려드리고 넘어가겠습니다.[11] 다양한 상관관계가 있지만 거의 대부분의 상관관계는 [0, 1]의 범위를 갖습니다(물론 −1의 값을 갖는 경우도 많지만, 여기서는 절댓값, 즉 두 변수의 연결강도에만 집중하도록 하겠습니다). 즉 0에 가까울수록 두 변수는 서로 무관하며, 1에 가까울수록 완벽하게 일관되게 움직입니다. 앞으로 ○○신뢰도, ○○타당도에 대해서 언급할 때는 [0, 1]의 범위를 갖는 상관관계를 의미하여, 상관관계는 영어 표현 cor−relation의 r로 흔히 축약되어 나타납니다.

다음으로 측정치에 적용되는 수학적 알고리즘에 따라 측정치를 어떻게 구분할 수 있는지 설명드리겠습니다. 측정의 수준(level of measurement)은 데이터 분석을 사용하는 모든 과학분과에서 공유하는 내용입니다.[12] 측정의 수준에는 총 4개 수준이 있습니다. 수학적 알고리즘의 적용범위가 좁은 것부터 말씀드리겠습니다. 첫째, 명목수준(nominal level)의 측정치가 있습니다. 명목수준으로 측정된 측정치를 흔히 명목변수(nominal variable)이라고 부릅니다. 명목수준은 그 이름에서 유추할 수 있듯, 숫자를 '이름'처럼 사용합니다. 따라서 여기에 적용될 수 있는 통계치는 빈도나 퍼센트 정도입니다. 예를 들

습니다(적어도 제가 아는 범위에서). 그렇다면 다차원적 개념(즉 위계적 개념구조)에 대한 측정치는 없다고 보아야 합리적이고, 따라서 다차원적 개념의 타당성에 해당되는 내용타당도 역시 측정의 영역에서 불가능하기에 폐기되어야 할 개념이 아닐까요? 일단 제 개인적 생각임을 명확하게 밝힙니다.

11 권고사항이지만, 데이터 과학과 관련된 과목을 꼭 들어보세요. 데이터 분석과 관련하여 제가 저술한 책도 몇 권 있습니다. 알고리즘은 이제 피해갈 수 없는 지식의 영역입니다. 인문·사회과학 전공자라고 피하지 마시기 바랍니다.

12 관심 있는 분은 다음의 사이언스 논문을 읽어보세요. 옛날 논문이지만, 여전히 학술적인 광채가 빛나는 저작입니다. Stevens, S. S. (1968). Measurement, statistics, and the schemapiric view. *Science*, *161*(3844), 849-856.

어 100명의 사람들 중에서 여성일 경우 1의 값을, 남성일 경우 2의 값을 부여했다고 해보죠. 계산을 해 보니 1의 값을 갖는 사람은 총 67명, 2의 값을 갖는 사람은 총 33명이라고 가정합시다. 쉽게 말해 명목변수로는 이 이상의 분석이 불가능합니다. 왜냐면 부여된 수치, 즉 1과 2는 서로 같은지 다른지(= 혹은 ≠)를 의미하는 것 이상의 의미가 없기 때문입니다.

둘째, 서열수준(ordinal level)의 경우 명목수준에 비해 연산의 적용범위가 조금 더 넓습니다. 명목변수와 마찬가지로 서열수준으로 측정된 측정치를 서열변수(혹은 순위변수)라고 부릅니다. 이름에서 잘 드러나지만, 서열변수에 사용된 숫자는 서열, 순위 혹은 등급의 의미를 갖습니다. 사회과학에서 가장 많이 사용되는 변수는 다름 아닌 서열변수입니다. 서열변수는 여러분의 삶에서도 매우 익숙할 것입니다(아쉽지만, 죽는 그 날까지 익숙하게 될 겁니다). 내신등급은 전형적인 서열변수입니다. 1등급은 2등급보다 서열이 높고, 2등급은 3등급보다 서열이 높죠. 학점도 마찬가지죠. A>B>C>D 등의 서열을 갖습니다. 즉 서열변수의 경우 명목변수에서 사용되었던 =나 ≠는 물론 '크다(>)' 혹은 '작다(<)' 등도 사용 가능합니다.

셋째, 등간(等間)수준(interval level)의 경우 서열수준보다 연산의 적용범위가 보다 더 넓습니다. 마찬가지로 등간수준으로 측정된 측정치는 등간변수라고 불립니다. 이름에서 유추할 수 있듯, 등간변수에 사용된 수치와 수치의 간격(등간의 間)은 동등합니다(등간의 等). 대표적인 변수로는 '돈'을 들 수 있지 않을까 싶네요. 1,000원과 2,000원의 차이는 19,000원과 20,000원의 차이와 동등합니다(즉 모두 전자보다 후자가 1,000원이 더 많으며, 이 차이는 동등합니다). 여기서 어떤 분들은 이렇게 질문할 수도 있을 듯합니다. 내신 1등급과 2등급의 차이는, 4등급과 5등급의 차이와 동등하니까 서열변수인 내신등급도 등간변수라고 볼 수 있지 않는가? 아닙니다. 현재 고교내신의 각 등급은 전체 학생 중 자신의 상대적 위치가 어느 급간(class)에 포함되는가에 따라 결정됩니다. 다시 말해 1등급(상위4%)과 2등급(상위11%)의 차이는 누적비율로 보면 7%이지만, 4등급(상위40%)과 5등급(상위60%)의 경우 20%입니다. 즉 내신등급은 서열변수이지 절대 등간변수가 아닙니다. 단순한 수치의 차이로만 본다면 1등급 차이로 등간변수 같아보이지만, 실제로는 등간이 아니라고 말씀드리는 이유를 이해하실 수 있을 것입니다. 등간변수는 =, ≠, >, <와 같은 알고리즘은 물론 변수에 부여된 숫자에 대해 +나 − 등도 적용할 수 있습니다.

끝으로 비율수준(ratio level)의 경우 등간수준보다 알고리즘 적용범위가 보다 더 넓습니다. 마찬가지로 비율수준으로 측정된 측정치는 비율변수라고 불립니다. 이름에서 유추할 수 있듯, 비율변수의 경우 비율(比率)을 구하는 것이 가능하며, 절대영점(absolute zero)을 갖는 특징을 갖습니다. 여기서 절대영점이란 0이라는 숫자가 상대적으로 취급되지 않고 절대적으로 취급된다는 의미입니다. 즉 −10℃와 같이 섭씨로 표현된 온도에서 0은 절대영점이 아닙니다. 물리학의 경우 온도가 없는 절대온도 K 라는 것이 있는데 이는 화씨나 섭씨와는 달리 절대영점(즉 온도가 사라지는 점)을 갖습니다. 흔히 사회과학교과서에서는 연령이나 키, 몸무게 등을 비율변수의 사례로 언급합니다. 그러나 현실적으로 아쉽게도 사회과학에서 비율변수는 거의 존재하지 않습니다. 예를 들어 현직 대통령에 대한 태도가 절대영점(0)을 갖는다고 볼 수 있을까요? "난 정치에는 아무 관심 없어!"라고 말한다고 할 때 이는 태도를 형성하지 않았다는 의미이지, 태도가 0이라는 의미는 아닐 것입니다(물론 개념화를 어떻게 하는가에 따라 개념은 달라집니다만, 상식적으로 '태도가 0'이라는 표현보다는 아무런 태도가 없다고 표현하는 것이 타당할 듯합니다.) 어쨌든 비율변수의 경우 앞서 소개했던 모든 수학적 연산 =, ≠, >, <, +, −이 모두 가능함과 동시에 ×, ÷도 사용 가능합니다. 즉 비율변수에 부여된 수치를 이용해 모든 사칙연산을 적용해도 무방합니다.

다소는 비과학적이지만, 사회과학에서 흔히 통용되는 가정을 설명하고 이제 측정의 타당도와 신뢰도를 자세히 설명하겠습니다. 아쉽게도 사회과학에서는 비율변수는 거의 없고, 등간변수도 드물고, 대부분은 서열변수이거나 명목변수입니다. 앞서 설명하였듯, 수학적 알고리즘의 적용범위는 명목변수보다는 서열변수가, 서열변수보다는 등간변수가, 등간변수보다는 비율변수가 더 넓습니다. 또한 비율변수는 등간변수, 서열변수, 명목변수의 속성을 다 포괄하며, 등간변수는 서열변수와 명목변수의 속성을 포괄하며, 서열변수는 명목변수의 속성을 포괄합니다. 따라서 가능하다면 개념을 측정할 때는 측정의 수준이 가능하면 비율수준 쪽에 가깝도록 측정하는 것이 보다 다양하고 효율적인 데이터 분석을 하는 데 유리합니다. 그러나 아쉽게도 사회과학적 개념의 대부분은 서열변수입니다. 다시 말해 +/−를 적용하는 것이 불가능한 경우가 적지 않습니다. 그러나 상당수의(조금 과장하자면 모든) 사회과학자들은 서열변수를 등간변수와 같다고 가정하고 데이터 분석을 실시합니다. 실제로 학점의 평량평균을 생각해 보세요. 서열변수인 학점을 이용해 학점의 평균을 구하지 않습니까? 엄밀하게 말하면 이는 옳지 않은 방식입니다.

하지만… 편리하죠. 또 틀렸다고 하더라도 심각한 문제를 일으킨다고 보기도 어렵습니다. 바로 현실적 편의와 다양한 분석의 적용 가능성으로 인해 거의 절대 다수의 사회과학자들은 서열변수를 등간변수로 취급합니다. 이 때문인지는 몰라도 등간변수로 측정할 수 있는 것을 서열변수로 측정하는 경우도 있습니다. 개인적으로는 자제되어야 할 매우 나쁜 관례라고 봅니다. 등간변수로 측정 가능하다면 서열변수가 아닌 등간변수로 측정되는 것이 훨씬 좋습니다. 예를 들어 응답자의 어제 TV 시청량을 측정한다면 몇 시간을 시청했는지를 측정하는 것("귀하께서는 어제 몇 시간 몇 분가량 TV를 시청하셨나요?")이 "① 30분 미만; ② 30분 이상 1시간 미만; ③ 1시간 이상 2시간 미만; ④ 2시간 이상 4시간 미만; ⑤ 4시간 이상"과 같이 서열변수로 측정하는 것보다 좋습니다. 왜냐하면 서열변수 형태로 측정한 TV 시청량을 등간변수처럼 바꿀 수는 없지만, 등간변수로 측정된 TV 시청량은 연구자가 원하는 대로 서열변수로 바꿀 수 있기 때문입니다.[13]

본서에서는 4가지 측정수준과 관련해 모든 측정치가 최소 서열변수 이상(즉 등간변수 혹은 비율변수)인 것을 가정하도록 하겠습니다. 왜냐하면 사회과학에서 상관계수 r은 등간변수, 최소한 서열변수 이상이어야 계산 가능하기 때문입니다.[14] 먼저 다양한 신뢰도부터 설명하고, 다음으로 타당도를 설명하겠습니다. 신뢰도를 먼저 설명하고 타당도를 나중에 설명하는 이유는 이번 장 말미에 다시 말씀드리겠습니다.

신뢰도

반복되지만 측정의 신뢰도는 동일한 개념을 측정하는 복수의 측정치들의 일관성을 의미합니다. 여기서 중요한 가정은 바로 "개념이 변하지 않았다"는 점입니다. 다시 말해 만약 개념이 변했다면(혹은 개념이 묘사하는 현실이 변했다면), 복수의 측정치들이 변화에 맞게 변해야만 합니다. 신뢰도의 평가시 이 가정은 매우 중요하니 반드시 유념하시기 바랍니다.

그렇다면 동일한 개념에 대해 복수의 측정치를 어떻게 얻을 수 있을까요? 임마누엘 칸트를 떠올릴 것도 없지만, 두 가지로 가능합니다. 첫째, 동일한 측정도구 혹은 관측자

---

13 데이터 분석을 배우셨던 분이라면 변수의 리코딩(recoding)을 떠올리시기 바랍니다.

14 물론 명목변수의 경우도 상관관계를 구할 수 있고 여러 통계치들이 개발된 것도 사실입니다만, 설명이 복잡하고 이해가 쉽지 않기에 이렇게 가정한 것을 밝힙니다.

로부터 반복적으로(repeatedly) 측정치를 얻는 것입니다. 즉 개념이 변하지 않았다고 가정할 때, 서로 다른 시점의 측정치들이 일관성을 보인다면 측정의 신뢰도가 확보되었다고 볼 수 있습니다. 이러한 방식으로 점검되는 신뢰도를 흔히 '검사-재검사 신뢰도(test-retest reliability)'라고 부릅니다. 둘째, 변하지 않는 개념에 대해 동일한 시점에서 동일하지 않지만, 유사한[흔히 "동등하고 교체 가능한(equivalent and exchangeable)"이라는 표현을 씁니다] 측정도구 혹은 관측자로부터 복수의 측정치를 얻는 방법이 있습니다. 이런 방식으로 점검되는 신뢰도는 유사한 측정도구에 관한 것일 경우 '항목간 신뢰도(inter-item reliability)', 유사한 관찰자에 관한 것일 경우 '코더간 신뢰도(inter-coder or inter-rater reliability)'라고 불립니다.

우선 검사-재검사 신뢰도부터 살펴보죠. 용어에서 잘 드러나듯 여기서는 2번(혹은 3번 이상)의 측정치를 반복적으로 얻습니다. 예를 들어 용수철 저울로 체중을 잰다고 가정해 보죠. 만약 용수철 저울이 체중을 재는 신뢰도 높은 측정도구라면, 실제 체중의 변화가 없다고 가정할 때 $t=1$일 때 측정한 측정치와 $t=2$일 때 측정한 측정치가 유사해야(이상적으로는 동일해야) 합니다. 다시 말해 두 측정치의 r이 1에 근접할수록 체중계의 신뢰도는 더 많이 확보됩니다. 예를 들어 어제 측정한 체중과 오늘 측정한 체중의 차이가 약 10kg이었다고 가정해 보죠. 여러분은 이 체중계를 '신뢰'할 수 있겠습니까? 아니죠. 신뢰할 수 없습니다. 반면 어제 측정한 체중과 오늘 측정한 체중이 100g 정도 차이난다고 가정해 보죠. 신뢰할 수 있을까요? 저라면 신뢰할 것 같습니다. 왜냐하면 100g 정도는 물 한잔만 마셔도 변할 수 있는 중량이기 때문입니다. 즉 100g 정도의 체중 차이는 용인할 수 있는 수준의 차이라고 할 수 있고, 단 하루 만에 체중이 급격하게 변하는 경우는 생각하기 어렵기에 사용하고 있는 체중계는 믿을 만합니다. 그러나 오해하시지는 마시기 바랍니다. 6개월간 식이요법으로 다이어트를 한 사람을 생각해 봅시다. 만약 6개월 전의 체중과 현재의 체중이 동일했다고 가정해 보죠. 가능성은 2가지입니다. 첫째, 6개월간의 식이요법 다이어트가 실패하였을 가능성이 있습니다. 단 이렇게 이야기하려면, 우리는 체중계가 신뢰도 높은 측정도구라고 가정해야만 합니다. 둘째, 식이요법 다이어트는 성공했으나, 체중계가 매우 신뢰할 수 없는 측정도구일 수 있습니다. 예를 들어 앞서 배웠던 내적 타당도 저해요인 중 '도구화(instrumentation)'요인이 발생하였을 수 있습니다(즉 식이요법 다이어트의 효과가 발생했지만, 도구화로 인해 해당 인과관계가 존재하지 않는다고 착각하는 경우). 이와 같은 두 가지 상황에서 만약 어떤 사람이 X → Y 인과관계(즉 식이요법 다이어트를 하면 체중감소가 발생한다)를 주장했다고 가정해 보죠. 측정의 신뢰도, 보다 구체적으로 검사−재검사 신뢰도가 확보되지 않은 측정도구를 이용할 때 X → Y 인과관계가 존재한다 혹은 존재하지 않는다고 확신할 수 있을까요? 그렇습니다. 확신하기 어렵습니다. 현재 상황에서 X → Y 인과관계가 존재하지 않는다고 이야기하려면 체중계의 신뢰도에 아무런 문제가 없다는 것을 증명한 후에야 가능합니다. 반면 X → Y 인과관계가 존재한다고 믿는다면, 현재의 체중계는 신뢰도가 낮은 측정도구라는 것을 먼저 증명한 후, 검사−재검사 신뢰도가 확보된 체중계를 사용하여 다이어트 효과를 다시 살펴보아야 합니다. 이 사례는 왜 제가 측정의 신뢰도가 없이는 인과관계에 대해 어떠한 이야기도 할 수 없다고 여러분께 말씀드렸는지를 잘 보여주었을 것입니다.

검사−재검사 신뢰도는 사실 우리네 인생입니다. "그 사람 말은 믿어도 돼!"라는 말은 사실 어떤 사람의 말, 즉 그 사람에게서 얻은 측정치가 시간에 따라 반복적으로 유사하게 나타났다는 말과 다르지 않습니다. 검사−재검사 신뢰도가 확보되지 않은 말을 하는 사람이 바로 '거짓말쟁이(liar)'입니다. 정치인의 말 바꾸기에 대해 시민들이 분노하는 이유도 어찌 보면 검사−재검사 신뢰도가 확보되지 않은 사람은 리더가 될 자격이 없다고 굳게 믿기 때문일 것입니다.

다음으로는 문항간 신뢰도와 코더간 신뢰도를 살펴보겠습니다. 방금 소개한 검사−재검사 신뢰도가 같은 측정도구 혹은 사람에게서 서로 다른 시점에서 얻은 측정치의 일관성이라면, 지금 소개할 문항간 신뢰도와 코더간 신뢰도는 동일 시점(보다 정확하게는 거의 다르지 않은 시점)에서 얻은 측정치들의 일관성을 다룹니다.

둘 중에서 먼저 문항간 신뢰도를 살펴보겠습니다. 문항간 신뢰도란 서로 동등하고 교체 가능하다고 가정된 둘 혹은 그 이상의 문항들을 비슷한 시점에서 측정하였을 때, 해당 문항들로 얻은 측정치들의 일관성을 의미합니다. 예를 들어 제가 여러분이 신뢰도 개념을 제대로 이해하고 있는지를 테스트하기 위해 10문항을 출제했다고 가정하겠습니다. 만약 제가 신뢰도 개념을 묻는 10문항들의 난이도를 유사하게 유지한 문항들을 만들었다면, 이 문항들에 대한 여러분의 정·오답 확률은 서로서로 일관될 것입니다(즉 1번 문항에서 정답을 맞출 확률이 높다면, 2번 문항에서도 정답을 맞출 확률이 높을 것입니다). 즉 어떤 문항에 대한 측정치와 다른 문항에 대한 측정치의 r이 높다면, 문항간 신뢰도를 확보하였다고 이야기할 수 있습니다. 문항간 신뢰도를 측정하는 가장 널리 알려진 통계치는 앞서도 잠시 언급했던 크론바흐의 알파(Cronbach's α)인데, 사실 크론바흐의 알파는 짝지어진 두 문항들의 r값들을 통합하여 요약한 통계치입니다.[15]

개념적으로 유사한 신뢰도로 '동일형식 신뢰도(parallel forms reliability)'가 있습니다. 항목간 신뢰도가 개별 측정항목들(items) 측정치 사이의 일관성에 초점을 맞춘다면, 동일형식 신뢰도는 측정항목들을 포괄하는 전체 테스트 형식들(forms) 사이의 일관성에 초점을 맞춥니다. 예를 들어 다음과 같은 상황을 생각해 보시기 바랍니다.

- 동일한 개념을 가르치는 2명의 강사(A, B)가 존재하며, 동등한 수업내용을 동등한 시간을 통해 강의하였다.
- 각 강사는 10문항으로 구성된 시험(test form)을 출제하였으며, 두 강사의 수업을 동시에 수강한 200명의 학생에게 해당 시험을 치르도록 요구하였다. 각 강사가 마련한 시험은 그 형태와 내용, 난이도가 유사하도록 지침을 주었다.
- 각 강사는 자신의 시험을 구성하는 10문항의 난이도가 엇비슷하도록 출제하였다.

앞서 설명하였듯, 이 경우 두 강사의 시험형식별로 문항간 신뢰도를 계산할 수 있습니다. 만약 A강사의 10문항들에서 나타난 크론바흐의 알파(즉 r과 개념적으로 유사한 의미)가 .95라고 하고, B강사의 10문항들에서 나타난 크론바흐의 알파가 .60이었다고 한다면 이 결과를 어떻게 보아야 할까요? 그렇습니다. 시험의 출제대상이 동일하고 시험을 치른 학생들이 동일하기 때문에, A강사는 난이도가 유사한 신뢰도 있는 시험(test form)을 출제한 반면, B강사는 난이도 조절에 실패한, 즉 신뢰도를 확보하였다고 확신하기 어려운 시

---

15 공식으로는 아래와 같이 표현됩니다(여기서 $\bar{r}$은 r들의 평균을 의미하며, k는 문항의 수를 의미합니다. 앞서의 예를 들자면 문항이 10개이기 때문에 k=10이 되며, 10개 문항들을 짝지우면 총 $\frac{10 \cdot 9}{2} = 45$개의 r이 나오며, 이 45개 r들의 평균이 바로 $\bar{r}$입니다).

$$\alpha = \frac{k \cdot \bar{r}}{1 + \bar{r} \cdot (k-1)}$$

험을 출제하였습니다. 바로 이러한 방식을 통해 우리는 여러 시험 중 '문항간 신뢰도'를 더 확보한 시험이 무엇인지 정량적으로 확인할 수 있습니다.

개념적으로는 유사하지만 측정의 수준이 조금 다른 것이 바로 동일형식 신뢰도입니다. 만약 A강사와 B강사 모두에게서 문항간 신뢰도가 충분히 높았다고 가정해 봅시다(즉 두 명의 강사가 출제한 시험형식에서 문항간 신뢰도는 모두 .95였다고 가정하죠). 이때 각 시험의 문항에 대해 정답인 경우 1을, 오답인 경우 0을 부여한 후 각 시험의 10문항들의 합을 구해 봅시다(이 경우 각 시험별로 총점의 범위는 0~10이 됩니다). 앞의 가정에서 우리는 시험이 다루는 대상이 동일하고, 시험을 본 학생들이 동일하다는 것을 알고 있습니다. 만약 각 강사의 시험형태(test form)가 신뢰도를 확보하였다고 가정한다면, 우리는 학생들의 A강사의 시험에서 얻은 성적과 B강사의 시험에서 얻은 성적이 서로 유사할 것으로 예상하게 됩니다. 만약 A강사의 시험에서 얻은 성적과 B강사의 시험에서 얻은 성적의 r이 매우 높다면, 우리는 두 강사의 시험형식은 동일형식 신뢰도를 확보하였다는 정량적 증거를 얻게 됩니다.

이렇게 볼 때 항목간 신뢰도와 동일형식 신뢰도는 매우 유사합니다. 항목간 신뢰도에서 주목하는 것이 동일 측정자의 어떤 시험형식(즉 측정도구)을 구성하는 복수의 문항들인 반면, 동일형식 신뢰도는 동일 측정자의 시험형식들 사이의 관계입니다. 즉 측정의 단위가 다르지만, 항목간 신뢰도와 동일형식 신뢰도는 개념적으로 동일한 방식에 따라 신뢰도의 수준을 정량화시킵니다.

항목간 신뢰도를 이해했다면 코더간 신뢰도를 이해하는 것도 어렵지 않습니다. 살펴보았듯 항목간 신뢰도에서는 동일 측정자에게서 얻은 동등하고 대체 가능한 복수의 측정치들의 일관성을 살펴봅니다. 비슷하게 코더간 신뢰도의 경우 동일한 해석 대상에 대한 동등하고 대체 가능한 복수의 평가자(rater or coder)의 평가들의 일관성을 살펴봅니다. 즉 문항간 신뢰도와 코더간 신뢰도의 유사성은 다음과 같이 나타낼 수 있습니다.

	문항간 신뢰도	코더간 신뢰도
측정대상	응답자의 생각(예: 능력, 태도 등)	해석의 대상(예: 신문, 문서 등)
측정도구	문항	대상에 대한 이성적 판단
측정주체	응답자	코더
측정치	문항에 대한 평가	대상에 대한 평가

코더간 신뢰도에 대해서는 써스톤 척도를 설명하면서 이미 설명한 바 있습니다. 즉 써스톤 척도에서는 동일한 진술문(즉 상징)에 대한 여러 평가자들의 주관적 평가가 서로서로 엇비슷하면(다시 말해, 표준편차의 값이 0에 가까울수록), 해당 진술문에 대해서는 간주관성(inter-subjectivity)을 확보하였다고 간주할 수 있습니다. 문항간 신뢰도와는 측정대상과 측정주체가 다를 뿐("한 사람의 여러 문항들에 대한 평가" 대(對) "한 문항에 대한 여러 사람들의 평가"), 신뢰도를 추출하고 해석하는 것은 동일한 것을 알 수 있습니다(비슷한 시점에 대한 동등하고 대체 가능한 문항에 대한 평가 혹은 평가자의 평가). 써스톤 척도를 설명하며 동일한 대상에 대한 여러 평가자(코더)들의 해석·판단의 일관성을 표준편차를 이용한다고 소개하였습니다. 보통 코더간 신뢰도에 대한 평가는 '크리펜도르프의 알파(Krippendorff's α)'나 '코헨의 카파(Cohen's κ)'를 사용하며, 경우에 따라 급내상관계수(intra-class correlation, ICC)을 사용하기도 합니다. 해당 통계치의 경우 별도의 데이터 분석 지식이 필요하기 때문에 여기서는 구체적인 설명을 제시하지는 않겠습니다만, 모든 코더간 신뢰도 지수들도 r과 마찬가지로 0일 경우에는 일관성이 없고, 1일 경우에는 완전하게 일관성을 갖는다고 해석됩니다.

타당도

측정의 신뢰도에 대한 보다 자세한 용어로 검사-재검사 신뢰도, 항목간 신뢰도(확장된 개념으로 동일형태 신뢰도), 코더간 신뢰도를 소개하였습니다. 다시 반복합니다만, 측정의 타당도란 측정치가 측정하고자 하는 개념을 타당하게 반영하였는지를 뜻합니다. 따라서 측정의 타당도를 평가하는 가장 첫 단계는 측정치의 액면타당도(face validity)입니다. 즉 여기서 소개할 여러 타당도는 액면타당도가 확보된 후의 이야기입니다. 여기서는 타당도의 종류로 '기준타당도(criterion-related validity)'와 '구성타당도(construct validity)' 두 가지를 소개하고자 합니다.

우선 기준타당도는 다시 '공변타당도(concurrent validity)'와 '예측타당도(predictive validity)' 2가지로 나눕니다. 기준 관련 타당도는 그 이름에서 추정할 수 있듯, 연구자가 제시하고자 하는 측정치가 측정하고자 하는 개념을 타당하게 측정함을 보여주기 위해 '기준측정치(criterion measure)'에 의존합니다.

우선 공변타당도는 연구자가 제시하고자 하는 측정치의 타당성을 다음과 같은 과정을 통해 확보합니다. 첫째, 연구자가 측정하고자 하는 개념 C를 잘 반영한다고 알려진 '기준측정치'(여기서는 c이라고 약칭하겠습니다)가 있다는 것을 가정하고, 이 가정의 합리성을 독자에게 설득시킵니다. 둘째, 개념 C를 타당하게 반영하는 새로운 측정치(여기서는 m이라고 약칭하겠습니다)의 액면타당도는 확보되었다고 가정하고, 이 가정의 합리성을 독자에게 설득시킵니다. 셋째, m이 C를 잘 반영한다는 것을 보여주기 위해 m과 c의 상관관계(r)를 구합니다. 여기서 만약 r이 1에 매우 가까운 수치를 갖는다면 우리는 다음과 같은 삼단논법을 적용할 수 있습니다(여기서 ≈ 기호는 개념과 관측치, 혹은 관측치와 관측치가 매우 유사함을 의미합니다).

$$가정: C \approx c$$
$$경험적\ 증거: c \approx m$$
$$결론: C \approx m$$

즉 기준측정치인 c를 이용하여 개념 C를 연구자가 새로 제시한 측정치 m이 타당성 있게 측정한다는 것을 보여줍니다. 어떤 분은 다음과 같은 질문을 던질 수도 있습니다. 개념 C를 타당하게 반영하는 c라는 측정치가 있다면 c를 쓰면 되지 굳이 m을 쓸 필요가 없지 않을까? 매우 좋은 질문입니다. 사실 그렇습니다. c가 매우 타당하게 C를 반영한다면, C를 측정하기 위해 굳이 새로운 측정치를 만들 이유가 없습니다. 그러나 여기서 다소는 세속적인 이유를 떠올려 봅시다. 만약 c 1단위를 얻는 데 드는 비용이 1,000원인 반면, m 1단위를 얻는 데 드는 비용이 10원이라고 가정해 봅시다(즉 c가 m보다 100배 더 비싸게 소요되는 측정치입니다). 만약 위와 같은 공변타당도 검증과정을 통해 개념 C의 측정에 m이 c만큼의 타당도를 확보할 수 있다고 주장할 수 있다면, 경제적 측면에서 우리는 c보다 m을 쓰는 것이 더 나을 것입니다. 예를 들어 시청률 측정에서 공변타당도는 매우 유용합니다. 만약 어떤 연구자가 스마트폰 폭력게임 플레이 시간이 게임 플레이어의 폭력에 대한 용인도에 미치는 효과를 연구하고자 한다고 가정해 보죠. 스마트폰 폭력게임 플레이 시간을 측정하는 가장 좋은 방법은 스마트폰에 감시앱(monitoring app)을 설치하여 해당 스마트폰 소유자의 폭력게임 플레이 시간을 기계적으로 측정하는 것이겠죠. 그러나 이를 위해서는 감시앱을 설치하기 위해 이용자에게 동의를 구하고, 감시앱을 개발하는(혹은 개발자를 통해 구입하는) 등의 시간 및 노력, 자원이 소모됩니다. 만약 감시앱을 이용한 기계측정방식 대신 스마트폰 소유자에게 '폭력게임 플레이 시간'을 추정하는 방식으로 자기보고(self-report)를 하라고 하면 어떨까요? 이는 상당히 효율적인 방법입니다. 왜냐하면 감시앱의 개발 및 감시앱 설치를 위한 사전동의와 같은 번거로운 일을 하지 않아도 되고, 무엇보다 폭력에 대한 용인도를 측정하기 위해 어차피 스마트폰 소유자를 상대로 설문을 실시해야 하기 때문이죠(즉 설문을 하나 추가하는 방식이라 추가비용이 미미할 정도로 작습니다). 즉 C를 '폭력게임 플레이'라고 하고 c를 감시앱을 통한 폭력게임 플레이 측정치로, m을 자기보고 방식을 통해 얻은 폭력게임 플레이 측정치로 가정해 보죠. 만약 소규모의 표본을 통해 위와 같은 방식으로 c를 기준으로 m이 C를 타당하게 측정한다는 것을 보여준다면(즉, m의 공변타당도를 확보한다면), 대규모 표본에서는 감시앱을 설치하는 등의 번거로운 작업 없이 경제적이고 쉽게 측정할 수 있는 m을 이용해 보다 대규모의 조사를 실시할 수 있습니다.

두 번째로 소개할 기준 관련 타당도는 '예측타당도'입니다. 예측타당도 역시도 공변타당도와 유사하지만, 다른 점이 있다면 기준측정치와 연구자가 제시하는 측정치가 동일시점에 측정된 공변타당도와 달리 두 측정치의 측정시점이 다르다는 점입니다. 즉 여기서도 연구자가 제시하고자 하는 m과 아울러 기준측정치인 c가 존재합니다. 그러나 공변타당도와 다른 점은 예측타당도에서는 개념이 2개가 등장하며, 두 개념은 시간적 선후에 따른 인과관계를 갖습니다. 여기서는 아래첨자를 사용하여 개념 C_1이 원인으로 결과인 개념 C_2에 선행한다고 가정하겠습니다. 즉 $C_1 \rightarrow C_2$와 같은 인과관계가 참이라고 가정하겠습니다. 이때 만약 연구자가 개념 C_1을 타당하게 반영하는 기준측정치 c를 확보하고 있으며, 연구자가 새로 제안하고자 하는 측정치인 m이 개념 C_2를 타당하게 반영한다는 것을 확인하고 한다고 가정해 봅시다. $C_1 \rightarrow C_2$와 같은 인과관계가 참이라고 가정하였기 때문에, 측정시점에 따라 우리는 $c_1 \rightarrow m_2$와 같은 인과관계를 가질 것으로 가정할 수 있습니다. 즉 공변타당도에서 살펴보았던 삼단논법이 예측타당도의 경우 다음과 같이 변형되어 개념적으로 동일하게 적용 가능합니다.

$$\text{가정들:}\ C_1 \rightarrow C_2\ \text{그리고}\ C_1 \approx c_1$$
$$\text{경험적 증거:}\ c_1 \rightarrow m_2$$
$$\text{결론:}\ C_2 \approx m_2$$

여러분께서는 이제 예측타당도가 공변타당도와 완전히 동일하지는 않지만, 개념적으로 동일한 것을 느끼셨을 것입니다. 즉 예측타당도와 공변타당도는 모두 특정 개념을 완벽하게 반영한다고 가정할 수 있는 기준측정치를 가정한 후, 연구자가 제안하고자 하는 측정치가 기준측정치와의 높은 r을 가진다는 것을 보여줌으로써 연구자가 제안하는 측정치가 연구자가 목표로 삼은 개념을 타당하게 보여준다는 것을 정량적 수치(즉 0~1)로 보여줍니다.

공변타당도나 예측타당도와 같은 기준 관련 타당도와는 달리 구성타당도에서는 개념들의 구조와 측정치들의 구조의 대응정도(degree of correspondence)를 보여주는 것을 목표로 합니다. 구성타당도와 관련하여 반드시 명심하실 것은 구성타당도는 단일개념을 가정하지 않는다는 사실입니다. 다시 말해 구성타당도를 평가할 때는 반드시 최소 2개 이상의 개념들과 해당 개념들이 어떠한 관계를 맺으며 구조화되어 있는지에 대한 이론적 기대(theoretical expectation)이 있어야 합니다. 예를 들어 한국인이 북한정권에 대해서 느끼는 태도라는 개념(C_1)과 북한주민에 대해서 느끼는 태도라는 개념(C_2)으로 구성된 '북한에 대한 개념구조'를 연구하는 학자가 있다고 가정합시다. 사람에 따라 여러 가지 가능성이 있을 것입니다. 북한정권에 대해 부정적 태도를 보이지만, 북한 주민에 대해서는 긍정적 태도를 보이는 사람도 있을 것입니다. 반면 북한정권과 북한주민 모두에 대해서 부정적 태도를 보이는 사람도 없다고는 말 못할 것입니다. 아무튼 만약 어떤 연구자가 두 개념은 동일한 개념은 아니지만 약하게 연관된 구조를 갖는다고 생각하는, 즉 $C_1 \xleftrightarrow{\text{weak}} C_2$과 같은 구조를 갖는다고 구상했다고 칩시다.

이러한 개념구조를 측정하기 위해 이 연구자는 C_1을 측정하는 측정치로 c_{1a}와 c_{1b}를, C_2를 측정하는 측정치로 c_{2a}와 c_{2b}를 제안하였다고 가정해 보죠. 만약 이 연구자의 개념구조가 이 연구자가 제안한 측정치의 구조에 의해서 타당하게 반영되었다면, 네 개의 측정치들에 대한 분석결과는 어떻게 나올까요? 만약 측정치의 구조가 개념의 구조를 타당하게 반영한다면 개념 C_1을 반영하는 두 측정치 c_{1a}와 c_{1b}는 서로서로 상관관계가 높아야 하고, 개념 C_2를 반영하는 두 측정치 c_{2a}와 c_{2b}는 서로서로 상관관계가 높아야 합니다. 왜냐하면 짝지워진 두 측정치들은 같은 개념을 반영해야 한다는 이론적 기대를 충족시켜야 하기 때문입니다. 그러나 동시에 측정치의 구조가 개념의 구조를 잘 반영한다면 c_{1a}은 c_{2a}와 c_{2b}와 상관관계가 낮고, c_{1b}도 c_{2a}와 c_{2b}와 상관관계가 낮아야 하지만, 완전히 무관하면 안될 것입니다. 왜냐하면 각 측정치는 서로 다른 개념을 반영하지만, 상이한 두 개념은 약하게 연관되어 있다는 이론적 기대가 있기 때문입니다.

쉽게 이야기하면 개념의 구조에 맞도록, 개념을 반영하는 측정치들은 관련 있는 것은 관련 있는, 관련 없는 것은 관련 없는 상관관계를 보일 때 측정치의 구성타당도가 충족되었다고 이야기합니다. 보통 방법론 교과서에서는 구성타당도를 '수렴타당도(convergent validity)'와 '판별타당도(discriminant validity)'로 나누는데, 여기서 수렴타당도란 같은 개념을 반영하는 측정치들 사이의 상관관계는 높다는 것을 뜻합니다(즉 측정치들이 서로 수렴한다는 의미). 반면 판별타당도란 다른 개념을 반영하는 측정치들 사이의 상관관계는 낮다는 것을 말합니다(즉 측정치들이 서로서로 분별, 판별, 차별된다는 의미). 즉 구성타당도가 충족되었다는 상황은 수렴타당도와 판별타당도가 모두 충족된 상황을 의미합니다. 위에서 언급한 사례에서 만약 연구자가 제안한 측정치의 구성타당도가 확보되었다면 네 측정치들 사이에는 다음과 같은 상관관계가 나타날 것입니다. 여기서 .90은 강한 상관관계를, .30은 약한 상관관계를 의미한다고 가정합시다(대각선의 1.00은 당연하죠. 왜냐하면 두 측정치는 서로 동일하기 때문입니다).

	a_{1a}	a_{1b}	a_{2a}	a_{2b}
a_{1a}	1.00	.90	.30	.30
a_{1b}	.90	1.00	.30	.30
a_{2a}	.30	.30	1.00	.90
a_{2b}	.30	.30	.90	1.00

지금까지 측정의 신뢰도에 대한 양적 판단과 관련하여 '검사-재검사 신뢰도', '항목간 신뢰도(동일형식 신뢰도 포함)', '코더간 신뢰도'를 살펴보았고, 측정의 타당도의 양적 판단과 관련하여서는 '기준 관련 타당도'로 '공변타당도'와 '예측타당도'를, '구성타당도'로 '수

렴타당도'와 '판별타당도'를 살펴보았습니다. 기술적인 내용인 많지만, 뭐라고 해도 측정의 타당도란 측정치가 측정하고자 하는 개념을 타당하게 반영하는지, 측정의 신뢰도란 동일한 개념에 대한 여러 측정치들이 얼마나 일관적인지를 의미한다는 기초(basic)가 제일 중요합니다.

끝으로 측정의 신뢰도와 타당도의 긴장(tension between reliability and validity)이라는 것에 대해 말씀드리고 이번 장을 마무리 짓겠습니다. 앞에서 우리는 인과관계와 관련하여 내적 타당도와 외적 타당도의 관계를 논의하면서, 내적 타당도가 확보되지 않았다면 외적 타당도를 따지는 것이 무의미하다는 것을 알 수 있었습니다. 그렇다면 측정의 신뢰도와 타당도의 관계는 어떨까요? 물론 가장 이상적인 상황은 측정의 신뢰도와 타당도가 모두 확보된 경우이고, 최악의 상황은 측정의 신뢰도와 타당도 모두를 확보할 수 없는 경우일 것입니다. 하지만 다음과 같이 어정쩡한 상황은 어떨까요?

첫째, 측정의 신뢰도는 확보되었지만, 측정의 타당도를 확보하지 못한 경우입니다. 즉 연구자가 생각하는 어떤 개념을 측정한다고 믿었던 여러 측정치들 사이의 상관관계를 구해 보니 매우 높게 나타났습니다. 그런데 연구자의 연구를 본 사람들이 이구동성으로 "연구자가 제시한 측정치는 연구자가 말하는 개념을 타당하게 반영하지 못한다"라고 이야기하고 있습니다.

둘째, 측정의 타당도는 확보되었으나, 측정의 신뢰도 확보에는 실패한 경우입니다. 즉 연구자가 어떤 개념을 반영하는 측정치들 사이의 상관관계를 살펴보니 처참할 정도로 그 값이 낮았습니다. 주변 연구자에게 물어보니 각각의 측정치는 연구자가 상정한 개념을 타당하게 반영한다고 믿는 것으로 나타났습니다.

일단 제 입장을 말씀드리겠습니다. 우선 전자의 경우 저를 포함한 많은 연구자들은 "개념화 과정을 다시 밟을 것"을 권합니다. 즉 측정치가 반영하는 개념이 이 연구자가 애초에 생각했던 그 개념이 아니라는 것이죠. 즉 개념을 반추(反芻, theoretical reflection)함으로써 측정치에 부합하는 개념으로 재탄생시키면, 측정의 타당도와 신뢰도가 모두 높은 다시 말해 가장 이상적인 상황을 얻을 수 있습니다.

그렇다면 후자의 경우는 어떤가요? 저는 후자의 상황은 존재하지도 않고, 만약 존재한다면 이론이나 개념, 혹은 현실을 연구자는 물론 연구자 주변 사람들도 매우 잘못 파악하고 있다고 생각합니다. 왜냐하면 측정치들이 그렇게 다르다는 것은 개념의 범위가 너무 넓어 모호하다는 것이고, 모호한 개념이라는 의미는 연구자가 개념화 과정을 충분히 밟지 않았다는 것을 반영한다는 것이 제 믿음이기 때문입니다. 그런데 몇몇 방법론 교과서에서는 신뢰도는 낮으나 타당도가 높은 상황이 가능하다는 주장을 펴기도 합니다. 저 개인적으로는 이러한 주장을 도저히 받아들일 수 없습니다. 여러분은 어떻게 생각하시나요?

바로 이런 이유 때문에 제가 측정의 타당도와 신뢰도에 대한 양적 판단을 설명할 때 신뢰도들(검사−재검사, 문항간, 코더간 신뢰도)을 먼저 소개하고, 다음으로 타당도들(기준 관련 타당도, 구성타당도)를 소개한 것입니다. 즉 연구결과, 즉 연구자가 주장하는 인과관계를 점검하기 위해 측정치를 사용할 때 먼저 살펴야 하는 것이 '측정의 신뢰도'이며, 일단 신뢰도가 확보된 후에야 '측정의 타당도'를 살필 수 있습니다. 물론 여기서 오해가 없으시기 바랍니다. 측정의 신뢰도 점검 이전에 연구자가 반드시 확인하여야 하는 것은 다름 아닌 액면타당도를 확보하는 것입니다. 즉 액면타당도는 측정치의 타당도와 신뢰도를 판단하는 첫 단추이며, 이 첫 단추는 데이터 분석의 영역이 아닌 이성적 판단의 영역입니다. 이성적 판단이 끝난 후에는 측정의 신뢰도를 정량적으로 확보하는 과정이 필수적입니다. 실제로 사회과학 연구에서도 기준 관련 타당도나 구성타당도에 대한 정당화 없이도 연구를 진행한 경우는 있어도, 측정의 신뢰도를 확보하지 않고 연구를 진행하는 경우는 거의 없습니다(솔직히 저는 본 적이 없습니다).

다음 장에서는 연구표본(sample)이란 무엇이며, 연구표본을 얻는 과정, 즉 표집(sampling)의 기초를 소개하고, 사회과학에서 널리 사용되는 표집기법 8가지를 설명하겠습니다. 과목의 성격상 표본과 표집의 경우 수학적인 내용을 소개하지 않을 수 없고, 간략한 실습도 필수적입니다. 개념의 설명을 위해서 오픈소스 프로그램인 R을 이용해 표집이란 무엇이며, 각 표집기법의 장·단점이 무엇인지를 가능하면 구체적으로 소개하도록 하겠습니다. 물론 R에 대한 지식이 없어도 다음 장을 이해할 수 있으니 걱정하시기 않으셔도 됩니다.

CHAPTER 07

표본수집

세속적이지만 연구자가 연구를 진행할 때 어쩔 수 없이 고려할 요소는 바로 '돈'입니다. 연구에 따라 다를 수 있지만, 어떤 연구를 진행하든 정해진 연구비 내에서 진행할 수밖에 없습니다. 즉 연구대상이 되는 모든 사례를 연구하는 것은 현실적으로 불가능하며, 연구자는 어쩔 수 없이 연구대상 중 일부만을 조사하는 것이 보통입니다. 이번 장에서는 전체 연구대상에서 일부의 연구대상을 추출하는 방식, 즉 표본 추출법에 대해서 설명하도록 하겠습니다.

잠시 언급했지만 모든 연구는 표본을 대상으로 수행됩니다. 하지만 최근 빅데이터 분석이 대두되면서 '표집'이 더 이상 필요하지 않다고 오해하는 분들이 적지 않습니다. 일단 명확하게 말씀드립니다. 앞서 밝혔듯 표집은 현실적으로도 필요할뿐더러, 이론적으로도 피해갈 수 없습니다. 우선 표집의 필요성은 연구비의 문제에서 발생합니다. 그렇다면 만약 어떤 연구자가 무한대의 금액을 연구비로 사용할 수 있다면 표집이 필요하지 않은 것일까요? 그렇지 않습니다. 왜냐하면 이론적으로 표집은 피할 수 없는 것이기 때문입니다. 연구대상을 다 조사한다고 하더라도 연구자는 결코 "미래의 연구대상"을 조사할 수는 없습니다. 간단한 예를 들어보죠. 어떤 연구자가 대한민국의 모든 거주민을 상대로 측정의 타당도와 신뢰도를 완벽하게 확보한 자료를 수집한 후 과학적 인과율을 완전히 충족시킨 연구를 수행했다고 가정해 보죠. 의심의 여지없이 이 연구자의 연구결과는 데이터를 수집한 바로 그 시점에서는 완벽하게 타당합니다(즉 내적 타당도). 하지만 과연 1년 혹은 10년 후에도 완벽하게 타당할까요? 아닙니다. 또한 해당 연구가 100년 전 상황에 대해서도 적용 가능할까요? 아닙니다. 왜냐하면 시대가 바뀌면서 연구대상도 바뀌었기 때문입니다. 다시 말해 어떠한 연구자도 미래의 연구대상을 표집할 수는 없습니다. 거시적인 역사적 관점에서 본다면 현재의 모든 사람들은 특정 시점에서 표집한(sampled) 전체 인류 중 일부에 불과합니다. 즉 연구자는 특정사례로 구성된 표본을 대상으로 연구를 수행하며, 결코 완벽한 의미에서 모든 사례를 연구할 수 없습니다.

표집기법을 이해하기 위해서는 관련 용어의 의미를 먼저 이해하셔야 합니다. 표집과 관련 여러 용어들이 존재하지만, 여기서는 기본적인 필수용어들의 의미만 살펴보도록 하겠습니다. 우선 가장 먼저 이해하셔야 할 용어들은 모집단(population), 표집(sampling), 표본(sample)입니다. 먼저 모집단이란 "연구자가 연구결과를 일반화시키려는 개체들의 전체집합(set)"을 의미하고, 표본이란 "표집과정을 통해 얻은 모집단의 부분집합(subset)" 입니다. 모집단의 정의에 주목하시기 바랍니다. 모집단이란 바로 연구자의 연구대상입니다. 즉 연구자가 어떤 대상을 염두에 두고 있는가에 따라(혹은 연구를 접하는 독자가 어떤 대상을 염두에 두고 있는가에 따라), 모집단의 범위가 달라지고, 더 나아가 표본의 범위도 변합니다. 흔히 사회과학에서는 "국민국가(nation-state)"를 모집단으로 상정하는 것이 보통이지만, 연구자에 따라 얼마든지 다를 수 있습니다. 청소년 집단의 연구자가 생각하는 모집단에는 19세 이상의 성인들이 포함되지 않을 가능성이 높습니다. 여성용품에 대한 광고기법을 연구하는 사람에게 남성은 모집단의 구성원으로 받아들여지지 않습니다. 즉 연구에서 (명시적, 혹은 암묵적으로) 정의하는 모집단은 연구자의 연구목적에 따라 달라집니다. 모집단을 정의한 후 모집단을 구성하는 개체 중 일부, 즉 표본을 얻는 과정이 바로 표집입니다.

예를 들어 어떤 학기에 제 강의를 듣는 수강생이 80명이었다고 가정해 보죠. 이 학생들의 이름을 가나다 순서로 정렬하고 그 순서대로 1부터 80까지의 숫자를 부여해 보죠 (즉 학생 각각에 명목변수를 부여함). 즉 모집단은 다음과 같이 정의됩니다.

$$모집단 = \{1, 2, 3, 4, \ldots, 77, 78, 79, 80\}$$

이 중에서 10명의 학생들을 무작위로 뽑아보겠습니다(randomly draw). 즉 모집단에서 표본을 확보하는 방법을 표집(sampling)이라고 부릅니다[왜 동명사(gerund) 형태의 명사인지 이해가 되죠?]. 이렇게 무작위로 표본을 얻는 표집기법을 '단순 무작위 표집'이라고 부릅니다. 단순 무작위 표집 기법에 대해서는 조금 후에 보다 구체적으로 살펴보죠. 무작위로 10명을 선정해 보니 아래와 같네요. 이와 같은 모집단의 부분집합(subset)을 표본이라고 부릅니다.

$$표본 = \{20,22,26,33,46,50,56,57,67,73\}$$

모집단, 표집, 표본을 이해하였다면 표집의 기초를 이해한 것입니다. 여기서 조금만 더 세분화된 용어를 살펴봅시다. 아까 제가 모집단으로 정의한 80명의 학생들 목록(즉, '출석부')을 '표집틀(sampling frame)'이라고 부릅니다. 즉 모집단을 구성하는 개체들의 정보(여기서는 번호)를 담고 있는 리스트가 바로 표집틀입니다. 사실 표집틀을 확보하는 것은 만만한 일이 아닙니다. 학생들의 출석부의 경우 인가된 사람만이 접속 가능합니다(이를테면 교직원). 예를 들어 여러분이 살고 있는 동네 사람들의 '동네 만족도'를 측정하고자 한다면, 여러분은 '모든 동네 사람들의 정보'가 기록된 표집틀을 확보해야 합니다. 왜냐하면 표집틀이 없이는 표집을 실시할 수 없고, 표집을 실시하지 못한다면 표본을 확보할 수 없기 때문입니다. 그러나 아마도 예상하시듯 해당 정보는 행정부(이를테면 동사무소나 주민센터)에서 확보하고 있으며, 여러분들은 이 정보에 접속할 법적 권리를 갖고 있지 않습니다. 다시 말해 표집틀을 확보하는 것은 모집단 구성원에 대한 정보에 접속할 수 있는 권력(power)을 확보하고 있다는 것을 의미합니다. 국가권력이 권력인 이유는 바로 국민국가의 구성원, 즉 국민의 정보에 접속할 수 있는 독점적 권리를 법적 정당성이라는 이름으로 확보하고 있기 때문입니다.[1]

다음으로 꼭 기억하여 두실 것은 표집단위(sampling unit)와 요소(element)입니다. 우선

---

1   남성들은 일정 나이가 되면 신체검사를 받으라는 '국가의 부름(?)'을 받습니다. 예비군 훈련, 민방위 훈련 등을 받기 싫어도 받아야죠. 즉 국가는 자신의 목적에 맞는 모집단 구성원 일부, 즉 표본을 확보할 수 있는 능력을 갖고 있습니다. 세금도 마찬가지입니다. 내가 일해서 번 소득을 귀신같이 파악하고 있는 것을 보면 국가의 감시체계가 얼마나 효율적인지를 느끼지 않을 수 없습니다. 물론 불로소득을 누리는 몇몇 사람들을 보면 국가의 감시체계가 얼마나 불합리하고 비효율적인지도 느낄 수 있습니다.

표집단위는 말 그대로 표집이 이루어지는 단위입니다. 경우에 따라 표집은 다단계로 이루어지기도 합니다. 다단계로 이루어지는 표집에 대해서는 '다단계 군집표집'에서 다시 자세히 말씀드리도록 하겠습니다. 간단한 사례를 들어보죠. 보통 대학(university)은 여러 단과대학들(college)로 구성되어 있습니다. 또한 각 단과대학은 여러 학과들로 구성되어 있고, 각 학과는 학생들로 구성되어 있습니다. 예를 들어 어떤 대학의 소속 대학생들의 학교만족도를 조사한다고 가정해 보죠. 대학에 소속된 학생부 명부를 표집틀로 삼아 곧바로 표집을 할 수도 있겠지만, 단계별로 표집을 할 수도 있습니다. 예를 들어 10개의 단과대학 중 5개를 표집한 후, 각 5개의 단과대학에서 각각 2개의 학과를 표집하고, 각 학과에서 10명의 학생들을 표집하는 방식으로 3단계(단과대학, 학과, 학생 수준)에 걸쳐 표집을 진행할 수도 있습니다. 이때의 각 단계에서 표본의 대상이 되는 단위를 표집단위라고 부릅니다. 3단계로 진행된 이 사례의 경우 단과대학, 학과, 학생이라는 세 개의 표집단위가 존재합니다. 요소는 각 단계별 표집틀을 구성하는 개체입니다. 위의 사례에서 10개의 단과대학이 존재할 경우 요소는 10이 되겠죠. 하지만 대개 요소는 최종 단계의 사례를 뜻합니다. 왜냐하면 단과대학이나 학과는 추상적인 존재에 불과하며, 최종 표집단위인 학생의 속성(예를 들어 '성춘향'이라는 이름의 학생은 단과대학이라는 변수의 속성으로 '사회과학대학'을, 학과라는 변수의 속성으로는 '언론학과'를 가짐)이기 때문입니다.

이제 표집기법을 이해하기 위한 최소한의 용어들은 다 살펴보았습니다. 본격적으로 표집기법을 설명하기에 앞서 표집의 목적을 말씀드리고자 합니다. 표집기법의 장단점을 이해하기 위해서는 좋은 표본의 특성에 대해서 먼저 이해해야 합니다. 우선 좋은 표본은 "모집단에 대한 대표성 있는 표본(representative sample)"입니다. 그렇다면 대표성(representativeness)은 무슨 뜻일까요? 흔히 방법론 교과서에서는 대표성 있는 표본을 다음과 같이 정의합니다.

> "대표성이 있는 표본이란 잠재적으로 연구와 관련된 모든 측면이 포함된 모집단과 유사해 보이는(look like) 표본이다. 대표성이 있는 표본에 속한 요소들의 특성들 분포는 전체 모집단에 속한 요소들의 특성들 분포와 동일하다. 대표성이 결여된 표본에서는 몇몇 특성들이 과대하게 혹은 과소하게 분포되어 있다"
>
> (Schutt, 2014, p. 138)

어떤 표본이 대표성을 확보하였다고 판단하려면 먼저 "어떤 측면에서 대표성이 있는지?"에 대해 먼저 정의해야 합니다. 즉 모집단의 특성들과 표본의 특성들을 비교하기 위해 "어떤 특성들(what characteristics)", 다시 말해 "어떤 변수들(variables)"을 비교할 것인지 먼저 정의해야 합니다. 사실 대표성을 확보한다는 것은 말은 쉬울지 몰라도, 현실적으로는 매우 어려운 과정입니다. 그 이유는 다음의 2가지입니다. 첫째, 표본의 특성들을 아는 것은 쉬운 일이지만(측정의 신뢰도와·타당도가 확보되었다고 가정한다면), 모집단의 특성들을 아는 것은 결코 쉬운 일이 아닙니다. 앞에서 소개한 예에서 80명의 수강생 모집단으로부터 10명의 수강생 표본을 추출하였을 때, 10명의 수강생 표본에게 연령을 물어보는 것은 쉬운 일입니다. 그러나 80명 중 나머지 70명의 수강생의 연령은 어떻게 확보할 수 있나요? 어떤 분은 다음과 같이 말할 수도 있겠네요. 그냥 80명 전체의 연령을 다 물어보면 되잖아요? 맞습니다. 그러나 본질적으로 틀린 반문(反問)입니다. 왜냐하면 80명 전체의 연령을 다 물어본다는 것은 표집을 하지 않는다는 의미이기 때문입니다. 비용과 시간을 아끼기 위해 10명만 표집하여 조사하는데, 80명 다 물어보라는 것은 비용과 시간을 아끼지 않겠다는 말과 동일하기 때문입니다. 다시 말해 우리가 얻은 표본의 특성이 정말로 모집단의 특성에 부합하는지, 우리는 확신하기 어려운 상황이 너무 많습니다.

둘째, 물론 모집단의 특성이 알려져 있는 경우도 있습니다. 예를 들어 국가행정체계가 잘 갖추어진 나라에서는 믿을 수 있는 센서스[국세조사(國勢調査), census] 자료를 주기적으로 간행합니다. 즉 센서스 자료를 이용하여 연구자가 얻은 표본이 모집단에 부합하는지 여부를 판가름할 수 있습니다. 그러나 이 역시도 한정적으로 타당한 대표성 확보방법에 불과합니다. 예를 들어 '기자에 대한 신뢰도'를 측정하고자 하는 언론학자가 있다고 가정해 보죠. 이 언론학자가 대한민국 국민의 표본을 확보한 후, 기자에 대한 신뢰도가 1-5점의 리커트 척도 형식의 응답으로 평균 2.30의 점수를 보였다고 가정해 보죠. 과연 표본에서 얻은 2.30이라는 특성은 모집단의 특성을 대표성 있게 반영할까요? 알 수 없습니다. 왜냐하면 센서스 자료에서는 인구통계학적 변수들(연령, 성별, 거주지역 등)에 대한 모집단 특성을 제시할 뿐, '기자에 대한 신뢰도'와 같은 특성은 담고 있지 않기 때문입니다. 표본에서 얻은 통계치가 모집단의 통계치를 얼마나 잘 대표할 수 있는지 "알 수 없습니다". 또 심지어 인구통계학적 변수라고 하더라도 대표성을 얼마나 잘 확보하였는지 말할 수 없습니다. 예를 들어 2017년도 3월의 국가통계에 따르면 대한민국 국민의 평균연령이 41세라고 합니다. 만약 2017년도 9월에 얻은 표본의 평균연령이 41세라고 나왔더라도(다른 특성들은 고려하지 않는다고 하더라도), 과연 현재의 표본의 연령특성이 현재의 모집단의 연령특성을 대표성 있게 반영한다고 볼 수 있을까요? 불확실합니다. 왜냐하면 2017년도 3월의 모집단은 2017년도 9월에는 변하였을 가능성이 높기 때문입니다(물론 이는 좀 과도하게 대표성을 적용한 것입니다. 이론적으로 그렇다는 것에 불과하니 이런 방식으로 과도하게 따지는 것도 합리적이지 않습니다). 참 아쉬운 일이지만, 표본이 모집단을 잘 대표하는지는 알 수도 없고, 만약 모집단의 정보가 알려졌다고 하더라도 확신하기 어려운 경우가 대부분입니다. 따라서 우리가 표본의 대표성을 평가할 때 주목해야 하는 것은 표본의 특성과 모집단의 특성의 부합 여부가 아닙니다. 우리가 표본의 대표성을 평가할 때 가장 중요하게 보아야 할 것은 바로 "표집기법의 합리성"입니다. 즉 사용된 표집기법이 합리적이라면 "우리는 이론적으로 어느 정도의 표본의 대표성을 기대"할 수 있습니다. 과학이라는 것이 원래 그렇겠지만, 과학에서 중요한 것은 결과보다 결과를 이끌어낸 과정의 합리성입니다(물론 그렇다고 결과가 중요하지 않다는 것은 아니니 오해 없으시기 바랍니다).

그렇다면 표집기법의 합리성은 어떻게 가능할까요? 역설적이게도 표집기법의 합리성은 '비합리성'으로부터 확보됩니다. 여기서 제가 말씀드리는 비합리성이라는 것은 바로 '무작위성(randomness)'입니다. 무작위성이라는 것은 어떠한 체계(system)도 고려하지 않는다는 것을 의미하며, 여기서 말하는 체계란 좋게 말하면 규칙(rule), 나쁘게 말하면 편향(bias)으로 불립니다. 구체적으로 무작위성을 적용할 경우 모집단(population)에 속하는 요소(element)는 모두 동등한 확률로 표본에 포함될 확률을 갖습니다(즉 무작위성이 적용되면 모집단의 모든 요소는 평등하게 취급됩니다). 이러한 무작위성을 기반으로 표집기법은 크게 2개의 집단으로 나뉩니다. 순수하게 무작위성을 기반으로 하거나 혹은 무작위성을 원칙으로 하되 어떤 특정한 체계를 가미하는 방식을 적용한 표집기법들을 '확률표집(probability sampling)' 기법이라고 부르며, 무작위성을 원칙으로 삼지 않거나 삼기 어려운 경우에 적용되는 표집기법들을 '비확률표집(non-probability sampling)' 기법이라고 부릅니다. 일반적으로 대표성 있는 표본을 확보하는 데는 확률표집 기법들이 비확률표집 기법들보다 더 낫지만, 비확률표집 기법들은 편의성이나 비용, 현실성 등의 측면에서 확률표집 기법들보다 더 나은 경우가 많습니다. 차례대로 확률표집 기법들 네 가지를 먼저 살펴보고, 그 다음으로 비확률표집 기법들 네 가지를 소개하도록 하겠습니다.

확률표집 기법들: 단순 무작위 표집, 체계적 무작위 표집, 층화 무작위 표집, 다단계 군집표집

우선 가장 단순하면서 수학적으로 가장 명확한 '단순 무작위 표집(simple random sampling)'부터 살펴보겠습니다. 단순 무작위 표집을 실시하기 위해서는 연구자가 정의한 모집단의 표집틀을 반드시 확보해야 합니다. 표집틀을 확보하면 모집단을 구성하는 요소들에 접속할 수 있고, 이들을 대상으로 무작위 표집이 가능합니다. 예를 들어 앞에서 소개했던 사례(80명의 수강생 중 10명을 표집)를 한번 생각해 보죠. 80명의 수강생 중 10명을 무작위로 표집한다는 것은 80명의 수강생은 모두 각각 1/80의 확률로 표본에 뽑힐 가능성이 있다는 의미입니다. 상황에 따라 단순 무작위 표집은 EPSEM, 동일선택확률 기법(equal probability of selection method)이라고 불리기도 합니다. 매우 간단하죠?

그러나 생각해 보면 그렇게 간단하지 않습니다. 80명 중에서 10명을 뽑는다면 뽑는 횟수는 총 10번입니다. 그렇다면 1회차에서 80명의 수강생 중 1번 수강생이 뽑힐 확률은 얼마일까요? 그렇죠. $\frac{1}{80}$입니다. 만약 1회차에서 80명의 수강생 중 65번 수강생을 뽑았다고 가정해 봅시다. 그렇다면 2회차에서 1번을 뽑게 될 확률은 얼마인가요? 그렇습니다. $\frac{1}{79}$입니다. 이제 제가 왜 단순 무작위 표집이 간단한 문제가 아니라고 말씀드렸는지 감이 오시죠? 1회차와 2회차에 1번 수강생이 뽑힐 확률값을 비교해 보시면, 동일확률이 아니라는 것을 명확하게 확인하실 수 있습니다. 다시 말해 철저한 단순 무작위 표집을 수행하기 위해서는 1회차에서 추출된 사례라고 하더라도 2회차에서 배제하면 안 됩니다. 이전 회차에서 추출된 사례를 다음 회차에서 다시 추출하는 방식으로 단순 무작위 표집을 실시하는 것을 "교체 단순 무작위 표집(simple random sampling with replacement)"이라고 부릅니다. 반면 이전 회차에서 추출된 사례를 다음 회차에서 표집할 때 모집단에서 배제하는 방식으로 단순 무작위 표집을 실시하는 것을 "무교체 단순 무작위 표집(simple random sampling without replacement)"이라고 부릅니다. 무교체 단순 무작위 표집은 엄밀한 의미에서 EPSEM이라고 불릴 수 없습니다.

그러나 실질적인 측면에서 무교체 단순 무작위 표집은 교체 단순 무작위 표집과 별반 다르지 않습니다. 그리고 무엇보다 사회과학이론적 측면에서 교체 단순 무작위 표집은 매우 문제가 많습니다. 대부분의 사회과학이론적 맥락에서 교체 단순 무작위 표집은 사회적 통념이나 원칙에 배치됩니다. 예를 들어 투표를 생각해 보죠. 한번 투표한 유권자는 또 다시 투표하지 못합니다. 물품 구매나 태도 형성의 경우도 비슷합니다. 따라서 특별한 경우가 아니라면 사회과학에서 말하는 단순 무작위 표집은 "무교체 단순 무작위 표집"을 의미합니다.

그렇다면 한번 실습을 해 보죠. 예시로 제시한 데이터는 예전에 연구방법론을 수강한 80명의 학생들의 번호, 학년, 중간성적, 기말성적, 숙제성적들(5회)의 데이터입니다. 여기서는 80명의 학생들 중에서 우선 80명의 학생들 중에서 10명을 단순 무작위 표집으로 뽑은 후, 모집단의 중간고사 성적평균과 표본의 중간고사 성적 평균을 비교해 보도록 하겠습니다. 우선 공유해 드린 데이터를 대상으로 R이라는 프로그램을 이용해 모집단의 평균값을 구해 보았습니다. 본서의 목적이 R을 설명하는 것이 아니기 때문에 코드에 대한 구체적인 설명은 제시하지 않겠습니다. 여러분께서는 # 표시가 들어간 부분의 표현만 살펴보시고, 계산된 통계치를 확인하시는 것만으로 이번 장의 내용을 충분히 이해하실 수 있습니다.

```
> mypop <- read.csv("D:/data/example.csv",header=TRUE)
> mean(mypop$test1,na.rm=TRUE) #평균구하기
[1] 13.26337
```

위의 결과에서 알 수 있듯, 모집단의 중간고사 평균값은 13.26입니다. 이제 이 80명 중에서 10명을 교체 없이 무작위로 표집한 후, 표본의 중간고사 평균값을 한번 구해 봅시다.

```
> myselect <- sample(1:80,size=10,replace=FALSE) #교체 없이 10명 무작위 표집
> mysample.simple <- mypop[myselect,]
> sort(mysample.simple$pid) #무작위 표집된 10명의 번호는 다음과 같음.
 [1]  3  6 12 45 46 47 48 57 68 69
> mean(mysample.simple$test1,na.rm=TRUE) #10명 표본의 중간고사 성적은?
[1] 10.939
```

위의 결과에서 나타나듯, 80명 중 3, 6, 12, 45, 46, 47, 48, 57, 68, 69번의 10명이 무작위로 추출되었고, 이렇게 추출된 10명의 중간고사 점수는 10.94입니다. 모집단의 평균과 비교해 보니 어떤가요? 모집단 평균보다 약 2.31점이 낮은 평균점수를 얻었습니

다. 다시 말해 중간고사 점수라는 측면에서 우리가 얻은 표본의 중간고사 점수는 모집단의 중간고사 점수를 과소대표(underrepresent)하고 있습니다. 아마 여러분이 직접 위의 과정을 반복해 보면 추출된 학생의 번호와 표본의 평균값이 다를 것입니다.

여기서 만약 우리가 모집단에서 10명의 표본을 무작위 추출해서 얻는 횟수를 10,000번으로 늘려 보면 어떨까요? 즉 위와 같은 과정을 10,000번 실시한 후, 각 표본의 중간고사의 평균을 구해 보면 어떨까요? 이 과정을 실제로 밟아보죠.

```
> mysample.simple.means <- rep(NA,10000)
> for (i in 1:10000) {
+    myselect <- sample(1:80,size=10,replace=FALSE)
+    mysample.simple <- mypop[myselect,]
+    mysample.simple.means[i] <- mean(mysample.simple$test1,na.rm=TRUE)
+ }   #10명의 교체 있는 단순 무작위 표집을 10,000번 반복한 후 평균값 저장
> hist(mysample.simple.means,xlab="표본(n=10) 중간고사점수 평균",
+       ylab='빈도',main='10000번의 단순 무작위 표집의 표본의 중간고사점수 평균 분포',
+       xlim=c(5,20),breaks=30)    #분석결과의 시각화
> abline(v=mean(mypop$test1,na.rm=TRUE),col='red',lwd=3) #모집단 평균을 덧그림
```

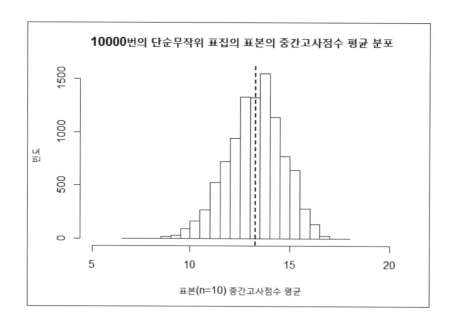

위의 결과에서 점선은 모집단의 평균입니다. 어떤가요? 대부분의 평균값들이 모집단의 평균값 주위에 몰려있습니다. 위의 값을 기준으로 상위 2.5%에 해당되는 표본평균값과 하위 97.5%에 해당되는 표본평균값의 기준점을 한번 구해 봅시다. 왜 하필이면 2.5%와 97.5%냐고요? 그 이유는 고등학교에서 배웠던, 그리고 여론조사에서 흔히 기준으로 언급되는 95% 신뢰구간의 하한점과 상한점이 2.5%, 97.5%이기 때문입니다. 즉 표본평균의 분포가 극단적 위치에 올 확률을 5%로 제한하였을 때 그 경계값이 얼마인지를 살펴보는 것이죠. 아무튼 그 값은 다음과 같습니다.

```
> quantile(mysample.simple.means,p=c(0.025,0.975))
   2.5%  97.5%
10.314 15.784
```

이 말은 무슨 말일까요? 그렇습니다. 10,000번의 표집을 실시하였을 때, 극단적으로 낮은 확률(전체 중 5% 혹은 그 미만)에 속하는 표본평균이라고 판정하려면 10.314보다 작거나 15.784보다 큰 값이 나오면 됩니다. 아까 앞에서 우리가 1회 실시했던 표본평균은 어떤가요? 모집단의 평균보다 작기는 하지만, 드문(rare) 케이스라고 보기는 어렵습니다. 다시 말해 중간고사 점수라는 특성을 기준으로 볼 때, 모집단에서 완전히 벗어난 나쁜 표본은 아니라는 뜻입니다. 수학적·통계학적 용어를 써서 미안하지만, 그 이유가 있습니다. 단순 무작위 표집은 표본을 통해 모집단을 추정하는 수학적 기초로 사용됩니다. 자세한 이야기를 이번 학기에 소개하기는 어렵습니다만, 이 정도만 이해하여도 표집기법의 기본을 이해하기에 충분할 것입니다.

(무교체) 단순 무작위 표집은 표집의 근본이자 시작입니다. 그러나 단순 무작위 표집에는 단점이 있습니다. 만약 여러분의 표본에 사회적 소수자 집단이 포함되게 하려면 무작위 표집으로 얻는 표본의 수가 충분히 커야 합니다. 예를 들어 80명 중 8명이 소수자라고 해 보죠. 이 경우 단순 무작위 표집으로 10명 크기의 표본을 표집할 때 8중 1명이 표집될 가능성은 그다지 높지 않습니다. 즉 10명을 뽑을 경우, 소수자가 0명으로 표집될 가능성이 1명 이상 표집될 가능성보다 높습니다. 사회적 소수자가 표본에 반드시 포함되어야 하는 경우 단순 무작위 표집을 사용할 때 표본의 크기를 키우거나 혹은 단순 무작

위 표집이 아닌 다른 표집기법을 사용하는 것이 좋습니다. 이 경우 가능하다면 다음에 소개할 층화 무작위 표집(stratified random sampling)을 사용하면 좋습니다.

다음으로는 체계적 무작위 표집(systematic random sampling)기법을 살펴보죠. 여기서 '체계적'이라는 말은 표본을 추출할 때, 특정한 체계(system)을 적용한다는 의미입니다. 기본적으로는 무작위 표집입니다만, 여기서 무작위 표집이 되는 대상은 1회차에 한정됩니다. 즉 첫 번째 사례를 무작위로 선정한 후, 일정한 간격(interval)에 따라 모집단을 구성하는 요소(element)를 추출하는 확률표집 기법이 체계적 무작위 표집입니다. 공간적으로 동질적인 장소에서 표본을 추출할 때 비교적 쉽게 적용 가능합니다. 체계적 무작위 표집은 위대한 언론학자 폴 라자스펠트(Paul F. Lazarsfeld) 연구진 등이 수행한 『국민의 선택(People's choice)』이라는 최초의 과학적 선거연구에서 사용된 바 있습니다. 체계적 무작위 표집을 적용할 때는 반드시 모집단의 요소가 무작위로 배치되어 있다고 가정할 수 있어야 합니다. 앞에서 언급하였던 80명의 모집단에서 10명의 표본을 구성할 때 체계적 무작위 표집을 이용해 보죠. 1번부터 80번까지의 학생들 중에서 먼저 1번부터 8번까지의 학생 중 한 명을 무작위로 선정합니다. 이후 무작위로 선정된 학생의 번호를 기준으로 8번째(혹은 8미만의 다른 숫자)에 해당되는 학생들만 선정하여 총 10명의 표본을 구성합니다. 한번 실습을 해 보죠.

우선 1부터 8번까지의 번호 중 하나를 무작위로 선정하였습니다. 선정된 숫자는 6입니다. 즉 6번 학생이 무작위로 선정되었습니다.

```
> mystart <- sample(1:8, size=1, replace=FALSE)
> mystart
[1] 6
```

6번 학생을 기준으로 다음번 8번째에 배치된 학생들을 추가로 선정하였습니다. 선정된 학생들의 번호는 다음과 같습니다.

```
> myselect <- c(mystart,rep(NA,9))
> for (i in 1:9){
```

```
+     myselect[1+i] <- mystart+8*i
+   } #매 8번째 위치한 사람을 표집
>   myselect #번호는 다음과 같음.
 [1]   6 14 22 30 38 46 54 62 70 78
```

위의 번호들에 해당되는 학생들의 중간고사 성적 평균을 구해 보면 어떨까요? 표본으로 선정된 10명 학생들의 중간고사 성적점수 평균은 13.91점이며, 이는 모집단의 중간고사 성적점수 평균 13.26과 매우 유사한 것을 알 수 있습니다.

```
> mysample.systematic <- mypop[myselect,]
> mean(mysample.systematic$test1,na.rm=TRUE)
[1] 13.908
```

그러나 앞서 이야기하였듯, 체계적 무작위 표집의 가정이 충족되지 않는다면 이 표집법은 상당히 위험합니다. 예를 들어 80명의 학생들이 만약 다음과 같이 정렬되어 있다고 가정해 봅시다(분량상 1번부터 18번까지만 보여드립니다)[2]. 무엇인가 패턴이 보이시죠? 그렇습니다. 8명을 기본단위로 중간고사 성적이 완전하게 정렬되어 있습니다.

```
   pid2 test1
1     1  3.13
4     2  5.47
6     3  8.59
5     4  9.38
2     5 10.16
```

---

2 다음의 R 코드를 사용하였습니다.

```
mypop.sort <- mypop[order(mypop$test1),]
mypop.sort$neworder <- rep(1:10,each=8)
mypop.sort <- mypop[order(mypop.sort$neworder,mypop$test1),]
mypop.sort$pid2 <- 1:80
head(mypop.sort[,c('pid2','test1')],18)
```

```
3      6 10.16
7      7 17.19
8      8 17.19
12     9 12.50
15    10 13.28
11    11 14.84
9     12 15.63
10    13 17.19
13    14 17.19
14    15 17.19
16    16 17.19
19    17  0.78
22    18  9.38
```

만약 데이터가 위와 같은 형태였는데(즉 모집단의 요소가 무작위로 배치되었다고 보기 어려운데) 체계적 무작위 표집을 적용했다면 어떻게 될까요? 예를 들어 1번부터 8번까지 학생 중에서 무작위로 선정된 숫자가 2번이고, 마찬가지로 8을 기준으로 체계적 무작위 표집을 실시한 후 표본의 중간고사 평균성적을 구해 보죠.

```
> mystart <- sample(1:8, size=1, replace=FALSE)
> mystart
[1] 2
> myselect <- c(mystart,rep(NA,9))
> for (i in 1:9){
+   myselect[1+i] <- mystart+8*i
+ }
> myselect
 [1]  2 10 18 26 34 42 50 58 66 74
> mysample.systematic <- mypop.sort[myselect,]
> mean(mysample.systematic$test1,na.rm=TRUE)
[1] 9.924
```

위의 결과에서 잘 드러나듯, 모집단의 중간고사 평균점수인 13.26과 비교할 때 표본의 중간고사 평균점수는 너무도 낮습니다. 앞에서 살펴본 단순 무작위 표집을 10,000번 실시한 결과를 통해 얻은 95% 신뢰구간의 최저값이 10.31이라는 점을 감안할 때, 위와 같은 방법으로 체계적 무작위 표집을 실시하였을 때 표본이 얼마나 모집단을 잘못 대표하는지 몸으로 느끼실 수 있을 것입니다. 즉 모집단의 요소분포에 특정한 규칙이 존재하고, 이 규칙이 체계적 무작위 표집에서 사용되는 고정간격(interval)과 관련된 경우 체계적 무작위 표집은 "체계적으로 잘못된 표본"을 낳습니다.

다음으로 층화 무작위 표집(stratified random sampling)을 소개하죠. 매우 유용하며, 실제 표집에서 많이 사용되는 표집기법입니다. 여기서 '층화'란 모집단 요소의 특정 속성을 기준으로 모집단을 계층화(stratification)시킨다는 의미입니다. 아마도 눈치채셨겠지만, 층화 무작위 표집을 실시하기 위해서는 모집단을 구성하는 요소는 물론 모집단의 속성, 즉 변수도 확인될 수 있어야 합니다. 층화 무작위 표집에서 '층화'를 위해 사용되는 변수를 흔히 '기준변수 혹은 준거변수(reference variable)'라고 부릅니다. 예를 들어 모집단의 성별 변수를 기준변수로 삼아 층화 무작위 표집을 실시한다고 한다면, 모집단을 구성하는 사람의 성별이 무엇인지가 알려져 있어야만 합니다. 왜냐하면 모집단의 구성요소의 성별이 알려져 있지 않다면 층화 그 자체가 불가능하기 때문입니다.

층화 무작위 표집을 구체적으로 살펴보죠. 만약 연구자가 대상으로 삼고 있는 모집단의 남녀 비율이 30:70이라고 가정해 봅시다. 이 모집단에서 연구자는 총 50명을 뽑아 표본으로 구성하고자 합니다. 연구자는 성별을 기준변수로 삼고 있기 때문에, 50명의 표본의 성비 역시 30:70을 유지해야 합니다. 다시 말해 50명 중에서 남성은 15명, 여성은 35명이 되어야 합니다. 연구자는 모집단을 남성 모집단과 여성 모집단으로 구분한 후[흔히 이렇게 나눈 모집단의 일부를 하위모집단(subpopulation)이라고 부릅니다], 남성 모집단에서 15명을 그리고 여성 모집단에서 35명을 단순 무작위 표집 혹은 체계적 무작위 표집으로 선정합니다.

층화 무작위 표집은 '기준변수'라는 측면에서 표본이 완벽하게 모집단을 대표할 수 있다는 점에서 매우 유용합니다. 예를 들어 '선거'를 생각해 보죠. 선거결과를 예측할 때 가장 중요한 변수가 무엇일까요? 물론 시대와 장소에 따라 다를 수 있지만, 적어도 우리나라의 현대 선거에서 중요한 변수는 '연령', '지역', '소득' 등입니다(왜인지에 대해서는 특별히 설명을 하지 않아도 이해할 수 있을 것입니다). 즉 이들 변수를 기준변수로 삼아 층화 무작위 표집을 하는 것이 단순 무작위 표집, 혹은 체계적 무작위 표집을 하는 것보다 훨씬 더 좋

은 표본입니다. 왜냐하면 핵심적 변수들에서는 층화 무작위 표집을 적용한 표본은 모집
단을 완벽하게 반영하는 반면, 단순 무작위 표집이나 체계적 무작위 표집은 핵심적 변수
들에서의 대표성을 완벽하게 보장하지 못할 가능성을 배제할 수 없기 때문입니다.

우리가 사용했던 80명의 학생 표본에 대해 층화 무작위 표집을 적용해 보죠. 해당 데
이터에는 학년(year)라는 이름의 변수가 있습니다. 이 변수는 해당 과목을 수강한 학생이
2학년인지 아니면 2학년이 아닌지(대개의 경우 재수강)를 나타내는 변수입니다. 여기서
year 변수의 값이 2이면 2학년이며, 9이면 3학년 이상인 경우를 나타냅니다. 일단 학년
변수를 기준변수로 삼은 후 각 하위모집단에는 몇 명의 학생들이 있으며, 이들의 평균중
간고사 점수가 어떠했는지를 살펴보죠.

```
> table(mypop$year)

 2  9
65 15
> aggregate(test1 ~ year, mypop, mean)
  year    test1
1    2 12.42923
2    9 16.87800
```

3학년 이상의 학생들이 약 20% 정도(80명 중 15명)이고, 80% 정도의 학생이 2학년인
것으로 나타났습니다. 평균을 비교하니 3학년 이상의 학생들이 2학년 학생들보다 중간
고사의 평균점수가 약 4점 가량 더 높은 것을 알 수 있습니다(16.88>12.43).

앞에서의 사례와 마찬가지로 10명의 학생들로 구성된 표본을 층화 무작위 표집으로
뽑아보죠. 현재 학년 변수가 조건변수이기 때문에, 10명 중에서 8명은 2학년을, 2명은 3
학년 이상을 뽑아야 합니다. 앞에서 설명하였듯, 우선 학년 변수를 기준으로 모집단을
두 개의 하위모집단으로 구분한 후, 2학년 하위모집단에서는 2명을, 3학년 이상의 하위
모집단에서는 8명을 단순 무작위 표집을 이용해 선정하였습니다.

```
> mypop.year2 <- subset(mypop, year==2)
> mypop.year9 <- subset(mypop, year==9)
```

```
> myselect2 <- sample(mypop.year2$pid,size=8,replace=FALSE)
> myselect9 <- sample(mypop.year9$pid,size=2,replace=FALSE)
> myselect <- c(myselect2,myselect9)
> mysample.strata <- mypop[myselect,]
> table(mysample.strata$year)

2 9

8 2
> mean(mysample.strata$test1)
[1] 13.439
```

위의 결과에서 잘 나타나듯, 2학년은 80% 3학년 이상은 20%로 구성된 표본을 얻을 수 있으며, 이때의 표본의 중간고사평균은 13.44로 모집단의 중간고사평균 13.26과 매우 유사한 값입니다. 조금은 어려울 수 있지만, 기준변수를 적절하게 선정하였을 경우 층화 무작위 표집을 적용한 표본은 단순 무작위 표집이나 체계적 무작위 표집을 적용한 표본에 비해 대표성을 더 강하게 띨 가능성이 훨씬 더 높습니다[보다 수학적인 용어로 말하자면 표본오차(sample error)가 보다 작습니다].

흔히 연구목적에 따라 층화 무작위 표집은 2가지로 구분됩니다. 위와 같은 방식으로 모집단을 하위모집단으로 구분한 후 하위모집단의 비율에 맞도록 층화 무작위 표집을 적용한 경우 '비례 층화 무작위 표집(proportionate stratified random sampling)'이라고 부릅니다. 반면 기준변수를 기준으로 구분된 하위모집단의 비율을 모집단이 아닌 대등하게 맞춘 후 층화 무작위 표집을 적용한 경우 '무비례 층화 무작위 표집(disproportionate stratified random sampling)'이라고 부릅니다. 겉으로 보기에는 무비례 층화 무작위 표집을 통해 얻은 표본의 경우 대표성을 확보하지 못한 것처럼 보입니다. 왜냐하면 모집단 내부의 하위모집단의 비율이 서로 다름에도 불구하고 각 하위모집단에서 동일한 수의 표본을 모을 경우, 표본에서의 기준변수의 분포와 전체모집단에서의 기준변수의 분포가 동일하지 않기 때문입니다. 이러한 비판은 사실 틀린 것이 아닙니다. 그러나 적절한 비판도 아닙니다. 왜냐하면 무비례 층화 무작위 표집을 적용하는 연구는 전체모집단의 대표성을 확보하는 것이 목적이 아니라, 각 하위모집단의 대표성을 확보한 후 하위모집단을 비교하는 것이 목적이기 때문입니다.

실제 사례를 들어 설명하겠습니다. 80명의 수강생으로 구성된 전체모집단에서 2학년은 65명, 3학년 이상은 15명이 존재합니다. 만약 여러분의 연구목적이 80명 전체모집단의 대표성을 확보하는 것이라면 비례(proportionate) 층화 무작위 표집을 사용하셔야 합니다. 반면 여러분의 목적이 2학년을 대표하는 표본과 3학년 이상을 대표하는 표본을 "대표성 있게" 표집하여 비교하는 것이라면, 무비례(disproportionate) 층화 무작위 표집을 사용하시는 것이 타당하겠죠. 이러한 차이는 국가의 행정시스템에서 매우 명확하게 드러납니다. 우리나라의 경우 국회의원 선거는 비례 층화 무작위 표집에 해당합니다(물론 여기서는 기준변수를 각 선거구로 잡고, 각 선거구 내의 투표참여율이 일정하다는 전제조건 아래). 반면 도지사 선거의 경우 무비례 층화 무작위 표집에 해당합니다. 왜냐하면 인구수가 많아도 도지사는 1명이고, 인구수가 적어도 1명이기 때문입니다. 미국의 경우 하원은 비례 층화 무작위 표집에, 상원은 무비례 층화 무작위 표집에 해당됩니다. 즉 정리하자면, 대표성을 적용할 수준을 전체 모집단에 둔다면 "비례 층화 무작위 표집"이 타당하고, 대표성을 적용할 수준을 기준변수를 중심으로 구분한 하위모집단에 둔다면 "무비례 층화 무작위 표집"이 타당합니다. 아무튼 80명의 전체모집단 중 2학년 하위모집단과 3학년 이상 하위모집단을 대표성 있게 비교하기 위한 무비례 층화 무작위 표집을 적용하여 각 10명의 표본을 표집해 본 과정은 다음과 같습니다.

```
> myselect2 <- sample(mypop.year2$pid,size=10,replace=FALSE)
> myselect9 <- sample(mypop.year9$pid,size=10,replace=FALSE)
> myselect <- c(myselect2,myselect9)
> mysample.strata <- mypop[myselect,]
> table(mysample.strata$year)

 2  9
10 10
> mean(mysample.strata$test1)
[1] 14.7295
> aggregate(test1 ~ year, mysample.strata, mean)
  year  test1
1    2 12.815
2    9 16.644
```

전체표본의 경우 평균값이 14.73으로 전체모집단의 중간고사 평균점수인 13.26과 비교할 때 매우 높은 편입니다(물론 낮은 경우도 드물게 발생할 수 있습니다). 왜 그럴까요? 그 이유는 3학년 이상인 학생들의 비율이 전체모집단의 경우는 20%이지만 현재의 표본에서는 50%로 더 크기 때문이고, 3학년 이상인 학생들의 중간고사 평균점수가 2학년 이상인 학생들에 비하여 월등히 더 높기 때문입니다. 전체표본을 학년에 따라 구분한 후 평균값을 구하면 2학년은 12.82, 3학년 이상은 16.64가 나옵니다. 이는 각 하위모집단의 평균값인 12.43, 16.88과 상당히 유사합니다. 즉 무비례 층화 무작위 표집 기법을 적용하면 전체모집단에 대해서는 대표성을 확보하였다고 보기 어렵지만, 개별 하위모집단에 대해서는 대표성을 확보한 표본을 얻을 수 있습니다.

확률표집 기법의 마지막으로 다단계 군집표집(multi-stage cluster sampling)을 살펴보겠습니다. 흔히 다단계 군집표집은 '군집표집' 혹은 '집락(集落) 표집'이라는 이름으로 약칭됩니다만, 효과적인 학습을 위해서라면 '군집'보다는 '다단계'에 초점을 맞추는 것이 더 타당합니다. 즉 앞에서 다루었던 다른 확률표집 기법의 경우 표집의 단계가 1단계로 단순한 반면,[3] 다단계 군집표집에서는 2단계 혹은 그 이상 단계에 걸쳐 표집이 이루어집니다.

우선 다단계 군집표집이 적용되기 위해서는 모집단을 구성하는 요소들이 위계적 구조(hierarchical structure)를 갖고 있어야 합니다. 학생 입장에서 가장 전형적인 사례는 바로 "종합대학>단과대학>학과>학생"과 같은 순서의 위계적 구조입니다. 사회 역시도 마찬가지입니다. "세계>민족국가>시>구>동>가구>국민"과 같은 위계구조를 갖고 있죠. 즉 다단계 군집표집은 위계적 구조의 각 단위마다, 즉 위계적 구조의 각 단위를 표집단위로 하여 "다단계"를 거치면서 순차적인 표집을 진행합니다. '군집'이라는 용어가 붙은 이유는 표집의 최종단계 이전까지의 표집단위가 개체(individual case)가 아니라, 개체들이 모인 군집이기 때문입니다.

예를 들어 "우리나라의 서울"을 모집단으로 상정하고 다단계 군집표집을 실행해 보죠. 우선 25개 서울시의 구(區)를 선정합니다. 첫 번째 표집단위, 즉 이 사례에서의 '구(區)'를

---

3 층화 무작위 표집의 경우 2단계 표집으로 볼 수도 있지만, 첫 단계에서 기준변수의 모든 값들이 다 반영된다는 점에서 2단계의 표집기법으로 보지 않는 것이 보통입니다.

일차표집단위(primary sampling unit, PSU)라고 부릅니다. 일단 여기서는 25개 중에서 10개의 구를 표집했다고 가정합시다. 그렇다면 첫 단계에서 적용할 표집기법은 무엇일까요? 지금까지 배운 것 중 하나를 적용하시면 됩니다(물론 나중에 배우게 될 비확률표집 기법을 사용할 수도 있습니다만, 이 경우 엄밀한 의미에서의 확률표집 기법이라고 불리기 어려울 수 있습니다). 다음으로 10개의 구 내부에서 동(洞)을 표집합니다. 여기서도 연구자가 연구목적에 따라 적절하게 판단을 내려야 합니다. 인구수가 많은 구와 인구수가 적은 구를 각각 그 인구수에 맞게 배치된 표본으로 구성할지, 아니면 동등하게 구성할지에 따라 각 구 내부에서 표집할 동(洞)의 수가 달리 결정됩니다. 만약 인구수의 차이를 반영하는 방식을 택한다면 '비례 층화 무작위 표집'이 적절하겠지만, 반대로 인구수의 차이를 고려하지 않고 동등하게 구와 구를 비교하는 것이 목적이라면 '무비례 층화 무작위 표집'이 적절할 것입니다. 아무튼 동(洞) 단위의 표집이 완료되면, 동에 거주하는 거주민을 표집해야 합니다 [편의상 가구형태(1인 가구, 2인가구, 3인 이상 가구 등)는 무시하겠습니다].

느끼셨겠지만 다단계 군집표집은 상당히 복잡하게 진행됩니다. 현실에서의 다단계 군집표집은 매우 복잡하고, 연구자가 뚜렷한 연구목적을 갖고 있지 않으면 각 표집단위에서 어떤 표집기법을 어떻게 적용할지 모호할 수밖에 없습니다. 다단계 군집표집을 실시할 경우 일반적으로 다음과 같은 사항들을 염두에 두시기 바랍니다. 첫째, 연구자가 생각하는 표본의 대표성이 무엇인지 명확하게 개념화한다. 앞서 언급한 예에서처럼 서울시를 대표하는 표본을 원하는지, 아니면 각 구를 대표하는 표본을 원하는지 등을 명확히 정립할 필요가 있습니다. 둘째, 최종 표본의 규모를 반드시 고려하여 일차표집단위에서 몇 개의 군집을 표집할지 결정해야 합니다. 일차표집단위에서 많은 수의 군집을 표집할 경우, 군집에 포함되는 최종단계의 요소(element)의 수는 적어질 수밖에 없습니다. 반면 일차표집단위에서 소수의 군집만 표집할 경우, 군집에 포함되는 최종단계의 요소들의 수는 상대적으로 늘어납니다. 전자의 경우 전체모집단의 대표성을 증진시키는 데 기여할 가능성이 높지만, 후자의 경우 경우 개별모집단의 대표성을 증진시킬 수는 있어도 전체모집단의 대표성을 늘리는 데는 큰 도움이 되지 못합니다. 셋째, 각 표집단계별 가장 적절한 표집기법이 무엇인지 충분히 고민해 볼 필요가 있습니다. 첫 번째 표집단계의 경우 표집 가능한 단위가 많지 않은 반면, 표집단계가 최종단계로 다가갈수록 표집 가능한 단위가 매우 늘어납니다. 대체적으로 첫단계에 가까울수록 연구자의 사전조사, 즉 연구자의 지식에 기반한 표집을 실시하는 것이 효과적이지만, 최종단계에 가까울수록 단순 무작위 표집과 같이 연구자의 지식보다는 무작위성에 기반한 표집을 실시하는 것이 나을 것입니다.

지금까지 확률표집 기법 4가지를 살펴보았습니다. 4가지 확률표집 기법을 가로지르는 공통점은 바로 '무작위성'입니다. 또한 무작위성을 적용하기 위해서는 모집단의 요소들에 대한 정보가 포함된 표집틀(sampling frame)이 있어야 한다는 점도 중요한 공통점입니다. 그러나 층화 무작위 표집과 다단계 군집표집의 경우 표집틀에 각 요인에 대한 접속 정보뿐만 아니라 기준변수에 대한 정보가 추가로 필요합니다. 그리고 설명에서 제시되었지만 층화 무작위 표집을 사용할 때 단순 무작위 표집을 같이 사용할 수 있으며, 마찬가지로 다단계 군집표집의 경우 다른 표집기법들이 병행될 수 있습니다(각 표집기법들이 반드시 상호배타적이지 않습니다).

비확률표집 기법들: 편의표집, 할당표집, 표적표집, 눈덩이표집

앞에서 다룬 확률표집 기법 4가지의 경우 무작위성을 공통으로 하고 있습니다. 그러나 이번에 소개할 비확률표집 기법 4가지의 경우 무작위성을 적용하지 않거나 혹은 적용될 수 없는 상황에 사용되는 표집기법이라는 공통점을 갖고 있습니다. 앞서 설명하였듯 무작위성이 적용될 경우 모집단에 대한 표본의 대표성을 확보할 수 있다고 기대할 수 있습니다(오해가 없기 바랍니다. "기대할 수 있다"는 표현은 "실현할 수 있다"를 의미하지 않습니다). 그러나 여기서 설명할 비확률표집 기법 4가지의 경우 무작위성이 적용되지 않으며, 따라서 표본의 대표성을 확보할 수 있다고 기대하기 어렵습니다. 즉 표본의 대표성이라는 점에서 비확률표집 기법들은 확률표집 기법들에 비해 열등한 표집기법입니다. 그러나 이 말은 결코 비확률표집 기법들이 무가치하거나 나쁘다는 것을 의미하지 않습니다. 연구자에 따라 현실적 이유로 비확률표집 기법을 사용할 수밖에 없는 경우가 적지 않으며, 현실적 이유가 아니라고 하더라도 어쩔 수 없이 확률표집 기법을 사용하는 것 자체가 불가능한 경우도 많습니다. 즉 비확률표집 기법을 사용한 연구라고 해서 무조건적으로 연구결과를 폄훼하면 안 됩니다. 비확률표집 기법을 사용할 수밖에 없거나 사용해도 문제없는 상황인지 여부를 잘 판단한 후, 이에 따라 표본에 대한 분석결과를 평가하는 것이 타당합니다.

비확률표집 기법 중 가장 널리 사용되는 '편의표집(convenience sampling)' 혹은 '가용성

표집(availability sampling)'부터 살펴봅시다. 편의표집이란 말 그대로 연구자의 편의에 따라 혹은 연구자가 가용할 수 있는 요소를 표집하는 표집기법입니다. 어떤 서울시 정책에 대한 서울시민의 의견을 알아보기 위해 광화문 네 거리에서 마주친 200명을 표집했다면 바로 이것이 편의표집입니다. 실제로 미디어에서 스티커를 이용해 실시하는 매우 간단한 그러나 매우 비과학적인 설문조사는 모두 편의표집의 매우 나쁜 사례입니다. 예를 들어 제가 진행하고 있는 과목에 대한 수업만족도를 알아보기 위해 맨 앞줄에 앉은 학생들만 표집하여 수업만족도를 조사한다면 그 결과는 어떨까요? 실제로 비교해 보지는 않아서 잘 모르겠지만, 제가 예상하건대 모집단(즉 전체 수강생)의 수업만족도 평균과 비교할 때 상대적으로 높은 평균을 보일 가능성이 높습니다. 왜냐하면 수업에 관심이 없을수록 강단에서 더 멀리 떨어져 앉을 확률이 높다는 것은 학교를 다녀본 분이라면 누구나 느끼시는 진리(?)이기 때문이죠. 다시 말해 편의표집은 연구자가 어떤 요소에 접근할 수 있는가에 따라 그 대표성이 왜곡될 가능성이 높아집니다. 앞에서 언급한 광화문 네거리 사례의 경우, 서울시민 중 직장인의 비율이 과도하게 표집될 가능성이 매우 높습니다.

편의표집은 가능한 사용하지 않는 것이 좋지만, 그럼에도 불구하고 편의표집을 이용하는 사회과학자들은 적지 않습니다. 이유는 간단합니다. 쉽고 값싸게 연구표본을 얻을 수 있기 때문입니다. 실험을 할 때 수강생들을 실험표본으로 표집하는 것이 바로 대표적인 예입니다. 편의표집으로 얻은 연구표본으로는 대표성 있는 표본을 얻을 수 없으며, 따라서 연구표본으로 연구의 내적 타당도를 확보하는 것은 가능해도 외적 타당도까지 확보하는 것은 쉽지 않습니다(수강생을 대상으로 얻은 연구결과를 일반인에게 적용하는 것도 어렵지만, 심지어 다른 전공의 학생들에게 적용하는 것도 어려울 수 있기 때문이죠). 아무튼 대표성 문제에도 불구하고 현실적 필요성과 낮은 비용으로 인해 편의표집은 매우 자주 활용됩니다.

다음으로 소개할 비확률표집 기법은 할당표집(quota sampling)입니다. 할당표집은 많은 부분에서 층화 무작위 표집과 유사합니다. 층화 무작위 표집을 다시 되새겨 보시죠. 기억하시겠지만 기준변수를 중심으로 전체모집단을 하위모집단으로 나눈 후에 단순 혹은 체계적 무작위 표집을 적용합니다(비례 층화 무작위 표집을 떠올려 보세요). 할당표집도 마찬가지입니다. 기준변수를 중심으로 전체모집단을 하위모집단으로 구분한 후에 기준변수의 비율에 맞는 하위표본을 수집합니다. 그러나 (비례) 층화 무작위 표집에서는 각 하위모집단의 대표성을 확보할 수 있는 단순 혹은 체계적 무작위 표집을 사용하는 반면, 할당표집에서는 편의표집이나 다음에 설명드릴 표적표집 등의 무작위성이 보장되지 않는 표집을 사용합니다. 다시 말해 할당표집으로 얻은 연구표본의 경우 기준변수 측면에서는 모집단과 동일한 분포, 즉 대표성을 확보할 수 있지만, 기준변수가 아닌 다른 속성들에서는 무작위성이 확보되지 않기 때문에 모집단을 대표한다고 기대할 수 없습니다. 즉 할당표집을 통해 얻은 기준변수에 국한된 대표성만이 확보될 뿐, 기준변수 외에는 대표성이 확보된 표본을 얻기 어렵습니다.

할당표집은 현실에서 가장 많이 활용되는 표집기법입니다. 층화 무작위 표집이나 다단계 군집표집의 경우 과학적 엄밀성이 매우 크게 요구되는 상황에서 사용되지만, 표집틀이 필수적으로 요구된다는 점에서 일반인이 쉽게 사용하기 어렵고 표본을 모으는 데 비용이 많이 소요됩니다. 반면 할당표집은 현상을 설명하는 데 핵심이 되는 기준변수들이 잘 알려져 있는 경우(예를 들어 연령이나 지역, 소득 등의 예측변수가 중요한 선거예측이나, 성별, 구매력 등의 예측변수가 중요한 소비자 행동 연구 등), 적은 비용으로 상대적으로 좋은 성과를 얻는 것이 가능합니다. 즉 할당표집은 과학적 엄밀성을 중요시하는 확률표집 기법들에 비해서는 열등한 표집기법이지만, '비용 대비 성과'라는 점에서는 다른 어떤 기법들보다 낫다고도 볼 수 있습니다.

세 번째로 설명드릴 표집기법은 '표적표집(purposive sampling)' 혹은 '판단표집(judgmental sampling)'입니다. 이 표집기법은 연구의 목적에 맞는 사례들을 연구자의 판단에 따라 선택적으로 수집하는 기법입니다. 즉 연구자의 주관적 판단에 근거한 표집기법입니다. 여기서 연구자의 주관적 판단을 어떻게 보는가에 따라 표적표집의 수준이 결정됩니다. 만약 연구자의 주관적 판단을 '전문성'의 발현이라고 본다면 표적표집을 통해 얻은 표본은 대표성이 어느 정도 확보되었다고 볼 수도 있지만, 연구자의 '편향'이 반영되었다고 본다면 대표성이 확보되었다고 볼 수 없을 것입니다. 표적표집의 경우 특수한 집단, 이를테면 희귀병을 앓고 있는 환자라든가 아니면 사회적 소수자 집단(이를테면 트랜스젠더) 등을 표집할 때 매우 유용하게 사용될 수 있습니다. 비확률표집 기법이지만 매우 유용합니다. 실제로 칸네만(Daniel Kahneman)과 트버스키(Amos Tversky)와 같이 노벨상을 수상한 학자들의 연구에서도 사용된 표집기법이기도 합니다. 칸네만과 트버스키의 연구들은 수학자나 경제학자들과 같이 합리적인 의사결정에 익숙한 사람들조차도 수학적 합리성에 기초하지 않은 의사결정을 내리는 경우가 적지 않은 것을 보여주었는데, 이들은 수학자들이나 경제학자들이 모인 학술대회를 통해 이들을 표집하였습니다. 학회에 참가한 수학자들이나 경제학자들이라는 편향성이 있지만, 그래도 상당히 합리적인 방식의 표집입니다 (물론 경제적 표집기법이기도 하고요).

끝으로 소개드릴 표집기법은 눈덩이표집(snowball sampling)입니다. 눈덩이표집의 핵심은 사람들의 네트워크 구조를 이용해 표본을 확보한다는 것입니다. 인간은 사회적 동물입니다. 즉 모든 인간은 다른 인간과 연결되어 있습니다(많이 연결된 사람도 있고, 적게 연결된 사람도 있습니다만). 즉 특정한 사람을 연구표본에 포함시킨 후 해당 사람과 연결된 사람들을 추가로 연구표본에 포함시키는 방식으로, 마치 눈덩이가 점점 불어나듯 연구표본에 포함되는 사람들의 수를 증가시킵니다. 연구자가 원하는 대상이 사회적 네트워크에 의해 연결되어 있다면, 눈덩이표집을 이용해 매우 효율적으로 해당 대상들을 표집할 수 있습니다. 예를 들어 과거 알코올중독자들이 언제 알코올의 유혹을 느끼는지를 조사하고자 한다고 가정해 보죠. 이때 단주(斷酒) 모임의 네크워크를 이용하면 매우 빠르고 효율적으로 과거 알코올중독자들을 표본으로 모을 수 있습니다.

지금까지 확률표집 기법들로 단순 무작위 표집, 체계적 무작위 표집, 층화 무작위 표집, 다단계 군집표집을, 비확률표집 기법들로 편의표집, 할당표집, 표적표집, 눈덩이표집을 살펴보았습니다. 표집이론의 수학적 기초는 단순 무작위 표집입니다. 모집단의 대표성이 매우 중요하게 추구되는 연구들에서는 확률표집 기법, 특히 층화 무작위 표집이나 다단계 군집표집이 많이 활용됩니다. 반면 일반적으로는 할당표집이 가장 많이 활용됩니다. 또한 연구자의 연구목적에 따라 표적표집이나 눈덩이표집이 종종 활용되기도 합니다. 그러나 다음부터 설명할 실험연구의 대부분은 편의표집을 이용합니다.[4] 연구목적에 맞는 표집기법을 사용하기 위해서는 표집기법의 의미와 각각의 장·단점이 무엇인지 명확하게 이해하시기 바랍니다.

---

4 물론 다른 표집기법들을 이용해도 되겠지만, 실험연구에서 편의표집이 집중적으로 사용되는 이유는 어찌보면 단순합니다. 실험연구기법은 연구의 내적 타당도를 확보하기 가장 효과적인 연구기법입니다. 앞서 제가 설명드렸듯 연구의 내적 타당도를 확보한 후에야 외적 타당도에 대한 언급이 가능합니다. 다시 말해 연구의 대표성에 대한 언급 이전에 내적 타당도가 확보되는지를 살펴볼 때는 굳이 비싸게 연구표본을 얻을 필요가 없을지도 모릅니다.

CHAPTER 08

측정문항의 구성과 실제

지난 자료에서는 모집단(population)에서 표본(sample)을 얻는 과정, 즉 표집방법(sampling method)에 대해 살펴보았습니다. 앞서의 설명에서 느끼셨겠지만, 표집방법에 대한 이론적 기초는 "수학"과 이를 응용한 "통계학"입니다. 비록 수학적 공식을 사용하지는 않았지만, 표집방법을 이해하기 위해서는 수학적 사고방식을 거치지 않을 수 없습니다. 그러나 이번 장에서 소개할 내용은 "수학"보다는 "사회과학"과 관련된 내용이 더 많습니다. 즉 사회조건, 사회현실, 인간관계, 인간의 마음 등을 잘 이해해야 여기서 소개될 개념들을 더 쉽게 이해할 수 있습니다.

방법론의 내용과는 직접적 관계가 없을지는 모르겠습니다만, 한번 생각해 봅시다. 수학의 장점은 무엇이고 단점은 무엇일까요? 일반적으로 언급되는 수학의 장점은 "보편성"입니다. "1+1=2"라는 내용은 자연수 체제를 받아들이는 한, 시공을 초월해서 어떤 사회에 거주하든 남녀노소 누구라도 인정하지 않을 수 없는 진리입니다. 즉 수학적 참(truth)은 보편적 진리입니다. 그렇다면 수학의 단점은 무엇일까요? 그것은 바로 보편성, 보다 자세하게 말하자면 '특수성의 결여'입니다. 나와 너가 다르고, 여기와 저기가 다르고, 어제와 오늘이 다른데, 수학은 이러한 차이에 대해서는 침묵합니다. 왜냐하면 수학에서는 언제나 보편성을 찾기 때문에 특수성에 대해서는 별 관심이 없기 때문입니다. 인간사회의 복잡다단함을 설명하기에 수학을 통한 진리는 밋밋하고 재미가 없으며, 현실적으로도 잘 맞지 않는 경우가 다반사입니다.

앞서 비확률표집 방법(non-probability sampling methods)에서도 언급했지만, 확률표집 기법[특히 수학적으로 가장 아름다운 단순확률표집(simple random sampling) 기법]은 매우 비현실적입니다. 연구자는 표집틀(sampling frame)을 확보할 수 없는 경우가 대부분이며, 만약 확보했다고 하더라도 수학적 엄밀성을 지키면서 표집하려면 엄청난 비용과 시간을 투자해야 합니다. 심지어 수학적 엄밀성을 지키고 무한대에 가까운 비용과 시간을 투자했다고 가정하더라도 여전히 표본은 불안정합니다. 왜냐하면 우리가 측정하고자하는 개념은 측정과정에서 완벽한 타당도를 확보하는 것이 어렵기 때문입니다(앞서 배운 측정의 타당도 부분을 다시 되뇌어 보시기 바랍니다. 이 부분이 가장 극명하게 드러나는 예는 다음에 제시될 '문항효과'입니다). 지금까지는 표집과정에서의 문제를 수학적 측면에서 다루었다면, 여기서는 표집과정이 실현되는 현실에서 혹은 연구표본의 변수를 측정하는 과정에서 생기는 '현실적' 문제를 다루고 있습니다. 흔히 앞의 것을 "표집오차(sampling error)"라고 부르고, 뒤의 것을 "비표집오차(non-sampling error)"라고 부릅니다. 과도한 단순화이지만, 표집오차는 수학적으로 계산 가능한 오차이며, 비표집오차의 경우 상황, 시간, 장소, 대상 등에 따라 등장 여부가 달라지고 나타났을 경우에도 그 강도가 달라지는 오차입니다. 일반적으로 사회과학 연구에서는 표집오차를 '오차'라고 부르지만, 비표집오차는 학자에 따라 '오차' 혹은 '편향(bias)'이라고 부릅니다.[1]

오차(표집오차와 비표집오차를 모두 포함)가 발생하는 이유로는 흔히 (1) 확률(probability), (2) 도달범위(coverage), (3) 무응답(nonresponse), (4) 양식(format) 등의 네 가지가 언급됩니다. 우선 확률은 이미 앞 장에서 다루었습니다. 단순 무작위 표집에서 살펴보았듯, 모집단의 요소들에 동일한 확률을 기대한 후 추출하여도 표본 통계치는 모집단의 통계치와 동일하지 않은 경우가 대부분입니다. 다시 말해 표집을 하게 되면 확률적으로 모집단과 표본 사이에 차이, 즉 오차가 발생합니다. 이러한 확률에 의한 오차는 확률표집 기법들(probability sampling methods)이 아닌 비확률표집 기법들(non-probability sampling methods)을 사용할 때 매우 크게 증가합니다. 이에 대해서는 앞 장에서 여러 사례들을 통해 살펴보았기 때문에 충분히 이해하실 수 있을 것으로 생각합니다.

이제 두 번째부터 살펴보겠습니다. 도달범위 편향(coverage bias) 혹은 도달범위 오차는

---

1 저는 오차보다는 편향이라는 말을 선호합니다.

수학과는 아무 상관없습니다. 도달범위 편향이 발생하는 이유는 사회현실에서 비롯됩니다. 모집단을 구성하는 요소들의 부분집합, 즉 표본을 얻기 위해서는 이들 요소들에 접근해야 합니다(이는 매우 당연한 말이죠!). 다시 말해 모집단 구성요소에 접근하기 위한 수단을 갖고 있지 못하면 그 요소에 접근할 수 없습니다. 즉 표집틀을 확보하고 있어도 현실적 한계로 모집단 구성요소에 접근할 수 있는 미디어가 없다면 접근이 불가능합니다. 예를 들어보죠. 전화를 갖고 있지 않은 사람에게 전화를 이용해 접근할 수 있을까요? 불가능하겠죠. 한국어를 모르는 사람을 한국어를 이용해 조사할 수 있을까요? 불가능합니다. 다시 말해 미디어의 도달범위(coverage)를 넘어서는 모집단의 구성요소는 현실적으로 표집 불가능합니다.

이와 관련하여 예전부터 여론조사의 문제사례로 언급되고 있는 RDD(random digit dialing)를 살펴보죠. 사회과학연구에 가장 큰 영향을 준 커뮤니케이션 미디어는 아마도 '전화'일 것입니다. 왜냐하면 전화가 연결된 한, 넓은 지역의 사람에게 거의 실시간으로 접근하는 것이 가능해졌기 때문이죠. 또한 전화가 널리 보급되면서 '국민적 미디어'의 반열에 올랐기 때문입니다. 만약 이렇게 가정한다면 어떨까요? "모든 한국인이 전화기를 사용한다면, 전화번호부에 기재된 전화번호를 무작위로 선정하여 대표성을 갖춘 한국인 표본을 얻을 수 있다." 이러한 주장은 그다지 틀린 말이 아니었습니다(과거형 문장임에 주목하세요). 그러나 "틀린 말이 아닌 것"과 "맞는 말이라는 것"은 서로 다릅니다. 현실적으로 한번 생각해 보시죠. 일단 요즘에는 전화기를 사용하지 않는 사람이 주변에 매우 많습니다. 또한 집에 전화기가 있다고 해도 여러분들처럼 다른 곳에서 임시로 거주하는(기숙사의 경우) 사람의 경우 전화기를 통해서 접촉하는 것이 어렵습니다. 다시 말해 전화기의 도달범위에 언급한 사람들이 포함되지 않습니다. 즉 모집단 구성요소임에도 이런 사람은 표본에 포함될 확률이 0이 됩니다. 무작위 표집이라고 하더라도 도달범위의 한계로 모집단에서 배제된 사람(한국인)이 발생할 수밖에 없죠.

그러나 현실적으로 다음과 같은 반론도 가능합니다. "모든 한국인이 유선전화를 갖고 있지는 않아도, 한국인의 대다수가 유선전화를 갖고 있다면 유선전화를 통해 얻은 표본이 한국인 모집단에 매우 유사하다고 볼 수 있다." 틀린 것이 아닙니다. 그러나 설혹 그렇다고 하더라도 문제가 완전히 풀린 것이 아닙니다. 왜냐하면 유선전화는 보통 가구당 1대인 경우가 대부분이며, 개인당 1대를 갖지 않기 때문입니다. 다시 말해 유선전화를 사용할 경우 표집단위는 '한국인'이 아니고, '한국인 가구(Korean household)'입니다. 또한 한국인 가구의 구성원은 가구에 따라 다릅니다. 1인가구도 있고, 2인가구, 3인가구 등 가구구성원이 제각각입니다. 다시 말해 1인가구의 가구구성원이 접촉될 확률($\frac{1}{1}$)은 2인 가구 가구구성원이 접촉될 확률($\frac{1}{2}$)의 2배입니다.

그러나 이에 대해서도 다음과 같이 반론을 제기할 수 있습니다. "말은 맞지만 확률적으로 큰 차이는 아니기 때문에 현실적으로 큰 차이를 야기한다고 볼 수 없다." 만약 맞다고 가정한다고 하더라도, 여전히 문제는 남아 있습니다. 가구구성원의 접촉확률 차이가 두드러지지 않는다고 하더라도, 조사대상 시점에서 보다 자주 접촉되는 사람들에게서 편향이 발생할 수 있습니다. 일과시간에 유선전화를 통해 접촉되는 가구구성원은 누구일까요? 맞벌이 가구가 늘었다는 것을 감안하더라도, 일과시간에 주로 접촉되는 가구구성원은 다름 아닌 '가정주부(housewives)' 혹은 '은퇴한 노인들(retired people)'일 가능성이 높습니다. 다시 말해 이 지점에서 체계적인 편향이 발생될 수밖에 없습니다.

비현실적이지만, 업무가 끝난 저녁이나 밤 시간에 조사를 진행했다고 하면 위의 문제가 해결될까요? 그렇지 않습니다. 밤에 전화하면 밤에 야간근로자들을 표집하기 어렵겠죠. 다시 말해 어떤 시간을 택하더라도 문제는 계속 발생합니다. 모집단을 구성하는 구성원들을 동일한 확률로 접촉한다는 것은 사실 불가능합니다. 이론적으로, 즉 머릿속으로는 가능할지 몰라도 현실적으로는 동일한 확률로 모집단 구성원을 표집하는 것은 불가능합니다.

최근 유선전화를 통해 얻은 표본을 분석한 결과가 크게 도전받고 있습니다. 거듭되는 여론조사 예측의 실패는 모집단의 특징을 표본의 특징을 통해 예측하고 추정하는 것이 얼마나 어려운가를 여실히 보여주고 있습니다. 지난 20대 국회의원 선거 당시 새누리당 (현 자유한국당)의 승리를 예측한 것이 멋지게 빗나가고 결국 민주당 승리와 국민의당의 약진이 나타났던 것을 떠올려 봅시다. 새누리당의 승리를 예측했던 이유는 사실 단순합니다. 유선전화를 통해 설문을 하니, 유선전화로 쉽게 접촉되는 사람이 더 많이 표본에 포함될 확률이 높아졌던 것입니다. 아시다시피 이런 분들은 연령이 높은 분들이며, 연령이 높은 분들은 보수적 정당을 선호할 가능성이 높죠.

그렇다면 유선전화가 아닌 다른 미디어는 어떨까요? 아쉽지만 다른 미디어도 크게 다르지 않습니다. 모든 사람이 휴대전화(cell phone)를 사용하니 휴대전화를 이용하면 문제가 해결될까요? 글쎄요. 더 나을지는 몰라도 문제가 해결되지는 않을 겁니다[특히 나중에 살펴볼 발신자 전화번호 표기(caller id) 서비스의 경우를 한번 생각해 보세요]. 그렇다면 전자메일은요? 카카오톡은 어떨까요? 페이스북이나 트위터는? 각자 한번씩 생각해 봅시다. 그러나 어떤 미디어든 결과적으로는 동일합니다. 미디어의 도달범위에는 한계가 있기 마련이고, 따라 모집단의 구성요소들을 동등한 확률로 접속하는 것은 현실적으로 불가능합니다.

특히 미디어 시장이 파편화(media market fragmentation)되면서 도달범위 편향 경향은 점점 더 강해지고 있습니다. 보편적 미디어는 더 이상 존재하지 않는 상황입니다. 보편적 미디어가 없으니, 당연하지만 모집단의 구성원 역시도 하나의 미디어가 아닌 여러 미디어를 같이 사용해야 접근할 수 있습니다.

미디어 기술의 발달로 도달범위 편향에 따른 문제는 더 심각해지고 있습니다. 가장 문제가 되는 것이 바로 발신전화번호 표기 서비스입니다. 아는 사람에게서 온 전화를 받지만, 그렇지 않은 사람에게서 온 전화는 받지 않는 것이 보통이죠. 그렇다면 전화를 통해서 모르는 사람에게 의견을 물어볼 수 있을까요? 없겠죠. 특정한 직종에 있거나(예를 들면 판매상) 혹은 낯선 인간관계를 부담스럽지 않게 생각하는 사람이 그렇지 않은 사람보다 표본에 포함될 가능성이 훨씬 더 높겠죠. 또한 전화 혹은 미디어 계정(SNS 계정이나 전자메일 등)을 2개 이상 갖는 경우도 적지 않습니다(개인용, 그리고 업무용). 이런 경우를 흔히 '시빌(sybill)'이라고 합니다. 아무튼 전화번호를 통해 표본을 수집한다고 할 때, 전화번호를 2개 갖는 사람을 1개를 갖는 사람에 비해 표본에 포함될 확률이 2배 이상 높을 가능성이 높습니다.

도달범위 편향과 관련된, 그러나 구분해야 하는 개념으로는 무응답(nonresponse)에 따른 편향이 있습니다. 개념적으로 도달범위 편향은 미디어의 속성에서 비롯됩니다(즉 미디어가 얼마나 사회에서 사용되고 있는지). 그러나 무응답 편향은 사람의 속성에서 비롯됩니다(즉 어떤 특성을 갖는 사람들이 표집과정에 협조하는지). 흔히 무응답은 2가지로 구분됩니다. 그냥 무응답(nonresponse)이라고 부를 경우 응답자가 응답하지 않은 것을 가르킵니다. 예를 들어 휴대전화를 이용해 표집을 한다고 가정해 보죠. 제가 여러분께 휴대전화로 전화를 걸었는데 받지 않았다고 생각해 봅시다. 제 입장에서는 왜 여러분이 휴대전화를 받지 않았는지 알 수 없습니다. 휴대전화를 집에 놓고 학교에 가서 받지 않을 수도 있고, 휴대전화의 벨소리를 꺼놓아서 받지 않을 수도 있고, 모르는 번호이기에 받지 않았을 수도 있고, 혹은 다른 어떤 이유로 인해 받지 않았을 수도 있죠. 제가 아는 사실은 단 하나, 즉 무작위로 선정된 번호를 소지한 사람이 표집요청에 '무응답'했다는 것 뿐입니다. 그러나 응답거절(refusal)은 조금 다릅니다. 제가 표집과정에 동참해 달라는 요청을 드렸는데도 불구하고, "거절"당할 수 있죠. 대개의 경우, "관심없습니다" 혹은 "지금 바빠요"라고 거절하거나 심지어 어떤 경우는 그냥 말없이 끊어버리기도 하겠죠. 정확한 이유는 알기 어렵지만, 제가 확신할 수 있는 것은 '접속(accessed)'에는 성공했지만, 표본참여에 대해서는 '거절(refused)'당했다는 것입니다. 즉 좁은 의미의 무응답은 표본으로 선정된 응답자가 표본에 포함되지 않은 이유가 의도적인지 아니면 비의도적인지 명확하지 않지만(무응답이라는 실태는 명확하죠), 응답거절은 표본으로 선정된 응답자의 명백히 의도적인 이유로 표본에 포함되지 않았다는 것입니다.

연구자들이 걱정하는 것은 무응답보다 '응답거절'입니다. 왜냐하면 무응답의 경우 편향보다는 오차에 가깝게 이해할 수 있지만, 응답거절은 오차라기보다 명확한 편향을 반영하기 때문입니다. 다시 말해 특정한 속성을 갖는 응답자가 표본에 과대포함됩니다. 예를 들어 타인을 배려하는 성향의 사람들, 혹은 시간적이나 물리적으로 여유가 있는 사람들이 그렇지 않은 사람들에 비해 더 많이 표집될 가능성이 높아집니다. 즉 확률표집의 가정이 근본적으로 흔들릴 수 있습니다.

특히 응답거부율, 즉 접속 시도된 응답자들 중 응답거절을 밝힌 응답자 비율은 점점 늘어가고 있습니다. 그렇다면 왜 응답거부율이 점차 늘어가는 것일까요? 흔히 세 가지 이유들이 언급됩니다. 첫째, 응답자들이 자신의 프라이버시 혹은 개인정보가 드러나는 것을 꺼리려는 성향이 강해지고 있기 때문입니다. 특히 범죄에 취약한 인구집단(이를테면 젊은 여성)의 경우 낯선 번호 혹은 낯선 인터뷰어를 피하려고 하고, 설혹 접속하는 데 성공했다고 하더라도 자신의 정보를 드러내지 않으려 하는 것이 보통입니다. 쉽게 말해 "얼마나 세상이 험악한지 떠올려 보세요."

둘째, 연구표본을 확보하려는 시도와 '마케팅' 수단이 뒤섞이면서 연구표본 확보과정을 회피하고자 하는 응답자가 늘고 있기 때문입니다. 어떤 조사업체에서 조사를 한다고 생각했는데, 나중에 알고보니 제품구매를 강요당했다든지 하는 사례가 실제로 발견되기도 하였습니다. 양화(良貨)와 악화(惡貨)가 공존하면 악화가 양화를 밀어내는 것이 보통이죠.

셋째, 정치적 이슈에 대한 조사의 경우 조사기관에 대한 불신으로 인해 응답거부가 늘어날 수 있습니다. 예를 들어 보죠. 여러분이 정치적으로 보수적 생각을 갖고 있는데, 진보적 언론사에서 의뢰한 조사 표본에 참여할 것을 부탁받았다고 가정해 보겠습니다. 이런 상황에서는 2가지 가능성이 있습니다. 만약 여러분이 참여했다면 특정 문항에 대해서 특정한 편향을 드러낼 가능성이 높습니다(속된 말로 "그쪽 사람들에게 본 때를 보여주기 위해"). 그러나 대부분의 경우 응답을 거부할 것입니다. 왜냐하면 속된 말로 "그쪽 사람들 일에 들러리 서고 싶지 않기" 때문이죠.

도달범위 편향과 무응답 편향은 현실적으로 쉽게 해결되지 않는 문제입니다. 따라서 완벽한 해결책은 없습니다. 그러나 부정적 효과를 어느 정도는 완화시킬 수 있겠죠. 크게 3가지 방법들이 있습니다. 첫 번째는 표집틀을 다원화하는 것입니다. 즉 도달범위 편향을 인정하고 여러 미디어들을 같이 사용하여 특정 미디어의 도달범위 편향을 다른 미디어의 도달범위 편향으로 극복하는 것이죠. 예를 들자면 유선전화 표집틀에 의존하면 젊은 연령층에 도달하기 어렵기 때문에, 젊은 연령층이 많이 사용하는 미디어(이를테면 SNS 등)를 통해 젊은 연령층 응답자를 보완하는 것입니다. 흔히 이렇게 다원화된 표집틀을 '다중 표집틀(multiple sampling frame)'이라고 부릅니다. 좋은 해결책이기는 하지만 완전하지는 않습니다. 현재 한국 조사업체들의 경우 유선전화와 무선전화 표집틀 2가지를 병행하는 것이 보통입니다. 그러나 두 표집틀을 통해 얻는 응답자의 비율의 경우 업체마다 기준이 다릅니다. 또한 어떤 비율로 두 표집틀을 섞어야 하는지에 대해서도 합의된 바가 없습니다(적어도 제가 아는 범위에서).

둘째, 대규모의 응답자 패널(respondents panel)을 구성한 후 이들 패널에서 응답자를 표집하는 방법입니다. 좋은 해결책이지만, 이 해결책은 근본적인 대책이 되지 못하는 것이 사실입니다. 우선 대규모의 응답자 패널 역시 모집단의 일부, 즉 크기가 큰 표본에 불과합니다. 다시 말해 응답자 패널에 들어갈 의향을 갖는 응답자들은 특정한 심리적 성향을 가질 가능성이 높습니다(다시 말해 응답자 패널에 들어갈 것을 거부한 응답자들이 없을 수 없죠. '자발성'이라는 요인에 따라 응답자 패널과 그렇지 않은 사람들이 나뉠 가능성이 높습니다). 또한 현실적으로 응답자 패널을 구축하고 관리하는 비용도 사실 만만치 않습니다.

셋째, 응답거부자의 성향을 추정할 수 있는 통계적 모형을 구축한 후, 이 모형을 통해 표본의 통계치를 조정하는 방식입니다. 본서의 목적상 세 번째 방법에 대해서는 구체적 설명을 드릴 수 없습니다(왜냐하면 상당히 기술적으로 어려운 내용을 담아야 하기 때문입니다).
사실 이 방법은 매우 좋은 방법입니다만, 특정한 가정에 기반하여 작동하는 통계적 모형
의 타당성을 인정하지 않는 사람에게는 설득력이 없습니다. 즉 전문가 지식에 대한 신뢰
가 없다면, 또한 전문가 지식이 맞는다는 논리적 근거가 박약하다면 이 세 번째 방법 역
시 도달범위 편향 그리고 무응답 편향을 완전히 극복할 없다고 보아야 합니다.

　　도달범위 편향과 무응답 편향의 경우 연구수행을 위한 표본의 구성방식에서 편향을
일으키는 요인을 설명하고 있습니다. 그러나 지금부터 설명할 응답양식 혹은 응답구성
에 의한 편향은 표본이 확보된 후 데이터를 얻는 과정에서 발생하는 편향을 따지고 있습
니다. 표본이 모집단을 얼마나 잘 반영하는가를 평가하기 위해서는 표본의 어떤 특성
(feature, characteristic)이 모집단의 해당 특성과 얼마나 잘 부합하는지 평가해야 합니다.
이 특성, 다시 말해 변수(variable)의 경우 측정과정에 따라 타당성(validity)에 문제가 발생
할 수 있습니다. 즉 모집단의 어떤 특성이라는 개념이 표본의 변수로 측정되는 과정에서
대표성이 훼손될 수 있습니다. 이런 문제는 측정과정이 실현되는 시·공간적 특성에 따
라 매우 다양한 방식으로 나타납니다. 그러나 본서와 같은 방법론에서 나타난 사유방법
을 소개하는 서적에서는 이 모든 것들을 다 다루기가 어렵습니다. 이에 대표적인 사례
몇 가지만 살펴보겠습니다.

　　응답양식(mode)에 따른 차이의 사례로 '인터뷰어 효과'를 먼저 살펴보죠. 인터뷰어 효
과란 개념을 측정하는 과정에서 인터뷰어의 차이로 인해 측정치가 달라지는 효과를 의
미합니다. 인터뷰어 효과는 편견을 측정하는 경우에 잘 나타납니다. 미국의 경우 흔히 인
종(race) 관련 문제는 사회의 화약고와 같습니다. 소위 "정치적 올바름(political correctness)"이
라는 말처럼 주류인종인 코카시안 인종이 다른 소수인종을 이야기할 때는 사회적으로
선호되는(socially acceptable) 의견을 펴는 것이 보통입니다. 만약 백인들이 아시아인에 대
해 갖고 있는 편견이 무엇인지 연구하고 싶은 학자가 있고, 인터뷰어로 백인, 흑인, 아시
아인, 라티노(Latino)를 고용할 수 있다고 가정해 봅시다. 만약 여러분이 이 연구자 입장
이라면, 누구를 인터뷰어로 고용하시겠습니까? 저라면 '백인'을 고용할 것 같습니다. 백
인 입장에서 생각해 보죠. 여러분이 아시안인에 대한 편견을 갖고 있는 백인이라면(예를
들어 한국인은 음흉하다, 눈이 찢어졌다, 믿을 수 없다 등등), 자신의 편견을 과연 같은 백인에게

밝히는 게 쉬울까요? 아니면 백인이 아닌 소수인종에게 밝히는 게 쉬울까요? 일단 아시아인에게 아시아인에 대한 부정적 편견을 밝힐 것 같은 백인은 많지 않습니다(왜냐하면 상대의 면전에서 무례한 행동을 하고 싶지 않을 것이니까요!). 또한 라티노나 흑인에게도 쉽게 밝힐 것 같지는 않네요. 왜냐하면 백인 입장에서는 모두 다 소수인종이기 때문입니다. 하지만 "같은 백인"이라면 아무래도 편견을 더 쉽게 말할 가능성이 높겠죠?(영어의 between ourselves라는 표현을 떠올리시기 바랍니다.) 다시 말해 인종을 동일하게 짝지어야 특정 인종이 다른 인종에 대해 갖고 있는 편견을 더 쉽게 이끌어 낼 수 있습니다. 이는 남성에 대한 여성의 편견, 여성에 대한 남성의 편견을 이끌어내어야 할 때도 마찬가지입니다. 응답자가 심리적으로 불편함을 느끼면 당연하지만 자신의 속마음보다는 "사회적으로 용납될 것 같은" 혹은 "자신의 평판에 누가 되지 않을 것 같은" 말을 하기 때문입니다. 흔히 이로 인해 발생하는 편향을 '사회요망성 편향(social desirability bias)'이라고 부릅니다.

조사방식의 차이에 따른 효과도 인터뷰어 효과와 비슷합니다. 예를 들어 누군가의 시선이 응답자의 생각이나 태도, 의견에 영향을 미칠 것으로 의심할 수 있는 경우를 생각해 보죠. 대의 민주주의 체제에서 투표는 국민의 권리이자 동시의 의무로 여겨집니다. 따라서 일반적으로 투표에 기권한 사람에 대해서는 "책임있는 시민"이라고 간주하지 않을 가능성이 높습니다. 투표에 참여하지 않은 사람을 한번 가정해 보죠. 여러분이 이 사람에게 투표에 참여했는지 여부를 조사하고자 합니다. 다음의 2가지 방법을 생각해 보죠. 첫째, 이 사람에게 직접 투표참여 여부를 물어보는 방법입니다. 둘째, 이 사람에게 온라인 매체를 통해 간접적으로 투표참여 여부를 물어보는 방법입니다. 자 이 두 방법 중 어떤 방법을 택하는 것이 더 낫다고 보시나요? 아마도 두 번째, 즉 간접적으로 조사하는 방법이 더 나을 것입니다. 왜냐하면 누군가의 시선을 느낄 경우 "저 사람은 나를 어떤 사람으로 평가할까?"라는 사회적 압박을 느낄 가능성이 더 높을 것으로 예상할 수 있기 때문입니다. 즉 사회적으로 압박을 느낄 가능성이 높은 이슈나 토픽의 경우 어떤 조사방식을 쓰는가에 따라 표본의 특성이 모집단의 특성에서 벗어나게 될 가능성이 더 높아지기 때문입니다.

그러나 언론학을 전공하는 입장에서 가장 흥미로운 패턴은 다름 아닌 문항효과(question effect)입니다. 문항효과란 동일한 개념을 측정하기 위한 문항의 표현차이가 응답에 미치는 효과입니다. 슈만과 프레서(Schumann & Presser, 1981)에 보고된 아주 유명한 사례를 살펴보도록 하죠. 아래의 세 가지 방식의 질문은 개인의 주택마련에 대한 정부의 역할에 대한 미국 시민들의 태도를 측정하고자 하고 있습니다.

Type A: Do you agree or disagree with the statement: The federal government should see to it that all people have adequate housing?

Agree (Government responsible) = 55%

Type B: Some people feel that federal government should see to it that all people have adequate housing, while others feel that each person should provide for his own housing. Which comes closest to how you feel?

Government responsible = 45%

Type C: Some people feel that each person should provide for his own housing, while others feel that federal government should see to it that all people have adequate housing. Which comes closest to how you feel?

Government responsible = 35%

위의 결과는 매우 흥미롭습니다(한편으로는 인간이성의 취약함을 보여주는 씁쓸한 결과이기도 합니다만...). 왜냐하면 질문방식에 따라 같은 개념이 어떻게 다르게 측정될 수 있을지를 보여주는 결과이기 때문입니다. [흔히 type B와 type C와 같이 질문 옵션의 제시순서에 따라 달라지는 효과를 '초두효과(primary effect)'라고 부릅니다.] 결과가 흥미로운 것은 차치하고, 한 가지 흥미로운 (그러나 답하기 쉽지 않은) 질문을 던져보죠. "과연 세 가지 질문방식 중에 모집단의 특성을 가장 잘 잡아낼 수 있는 질문방식은 무엇일까요?" 답하기가 쉽지 않습니다. 아니 답할 수가 없다고 보는 것이 더 타당합니다. 왜냐하면 질문방식이라는 것 자체가 인간사회의 '관례(convention)'를 반영하는 것이고, 아시다시피 관례라고 하는 것에서는 보편적인 법칙을 찾을 수가 없습니다. 다시 말해 가장 적절한 질문이 무엇인가에 대해 답하는 가장 좋은 기준은 "어떤 질문방식이 가장 무리 없이 받아들여지는 질문방식인가?"를 연구자 스스로 제기하는 것입니다. 따라서 '나는 아무 문제가 없다고 보아도, 독자나 청중이 문제가 있다면 있는 것'입니다. 앞에서 제가 설명했던 내적 타당도, 내적 타당도, 액면타당도 등과 관련된 문제와 동일합니다. 결국 측정방법의 '설득력(persuasiveness)'이 높을수록 표본을 통해 얻은 통계치가 모집단의 특성을 가장 잘 반영한다고 가정하는 것이 타당할 것입니다.

　다음으로 소개하고 싶은 것은 문항무응답(item non-response)입니다. 앞서 소개한 무응답의 경우 응답자가 표본모집에 응답하는가 여부를 따지는 반면, 여기서 소개할 문항무응답은 특정한 문항(즉 여러 변수들 중 특정 변수)에만 무응답한 경우만을 고려합니다. 예를 들어 측정된 문항이 10개라고 할 때, 하나의 문항에만 무응답한 응답자를 생각해 볼 수 있죠. 바로 이 경우의 응답자가 무응답한 문항에 대해 언급할 때 문항무응답이라는 말을 씁니다. 문항무응답은 여러 가지 이유로 발생할 수 있습니다. 가장 쉽게 생각해 볼 수 있는 원인은 응답자의 개인적 이유입니다. 정치적으로 민감하든지, 성적인 취향, 개인의 병력(病歷) 등과 같이 프라이버시와 관련된 내용을 묻는 경우 해당 문항에 대해서만 무응답하는 경우가 적지 않습니다. 다음으로 생각해 볼 수 있는 것은 '우연'입니다. 응답을 하다보니 어쩌다가 해당 문항에 응답하는 것을 깜박하고 넘어간 경우입니다. 이러한 의도적 혹은 비의도적인 문항무응답도 중요하겠지만, 여기서는 '체계적인(systematic)' 문항무응답에 대해 말씀드리고 싶습니다. 이러한 상황을 생각해 봅시다. 전체 한국인 중에서 '특정 신문의 열독 여부(whether to read the newspaper)'와 '주당 열독빈도(frequency of newspaper reading per week)'를 측정하고자 한다고 가정해 봅시다. 이때 표본을 통해서 알고자하는 모집단은 하나가 아닙니다. 첫째, 전체 한국인을 고려할 수 있습니다. 둘째, 전체 한국인 중 해당 신문 구독자 전체를 고려할 수 있습니다. 즉 여러분의 모집단이 전체 한국인이라면, 문항무응답을 만들어 내지 않는 것이 매우 중요할 것입니다. 그러나 만약 여러분이 해당 신문 구독자를 모집단으로 상정하신다면 문항무응답을 '사려 깊게' 만들어 내야만 합니다. 왜냐하면 전체 데이터 중 해당 신문을 구독하는 사람과 그렇지 않은 사람을 구분하지 않는다면 여러분이 생각하는 모집단, 즉 해당 신문을 구독하는 사람을 확인할 수 없기 때문입니다.

　위의 사례에서 언급된 두 모집단을 편의상 '전체모집단'과 '하위모집단'으로 각각 불러 봅시다. 전체모집단에서 하위모집단을 구분하기 위한 문항을 '조건부 문항(contingency question)', '필터 문항(filter question)', '스크린 문항(screening question)'이라고 부릅니다. 본질적으로 조건부 문항은 체계적으로 문항무응답을 만들기 위한 문항입니다. 즉 특정신문을 구독하지 않는 사람의 경우 '반드시' 문항무응답이 되어야 합니다. 그러나 만약 조건부 문항이 없다고 한다면 문제가 발생할 가능성도 존재합니다. 주당 열독빈도는 별 문제가 없지만, 사실 응답자의 태도와 관련된 측정치라면 심각한 문제가 발생하기도 합니다. 예를 들어 언급한 신문을 구독하지는 않는데(즉 여러분이 생각하는 모집단이 아닌 응답자들일 때), 해당 응답을 접했다고 가정해 봅시다. 이 응답자 중 일부는 해당 신문을 들어본, 하지만 읽어본 적은 없는 사람일 수 있습니다. 이 사람들은 해당 신문에 대해 타당한 태도를 갖고 있을 가능성이 없습니다[왜냐면 잘 모르는 것에 대해서는 안정된(stable) 태도를 갖고 있지 않습니다]. 이런 사람들의 응답은 해당 신문에 대한 응답자의 타당한 태도를 측정한다고 보기 어렵습니다. 다시 말해 이렇게 얻은 표본의 특성(통계치)은 하위모집단의 특성을 대표한다고 볼 수 없습니다. 하위모집단의 특성을 반영하기 위해서는 전체모집단 중 하위모집단에 속하지 않는 응답자들을 체계적으로 배제시키는 문항무응답을 생성해야 하며, 이때 조건부 문항을 사용하면 매우 효과적입니다.

끝으로 소개드리고 싶은 비표집오차는 '대화적 관습(conversational convention)'입니다. 대화적 관습으로 인한 편향은 문항이 전체 문항들 가운데 어떤 맥락 속에서 제시되는가에 따라 해당 문항에 대한 측정치가 달라지는 효과를 말합니다. 대화적 관습이라는 말을 이해하기 위해서는 '대화(conversation)'에 대해서 먼저 이해해야 합니다. 대화의 기본원칙은 대화 당사자의 말이 차례차례 교환된다(turn-taking)는 점입니다. 이 과정에서 대화 당사자의 현재 발언은 대화 상대의 직전 발언에 의해 영향을 받는 동시에, 자신이 직전에 발언한 말에도 영향을 받습니다. 대화적 관습이 주목하는 부분은 바로 특정시점에 언급된 발언은 그 이전 시점에 언급된 발언에 영향을 받는(혹은 구속된다는) 점입니다. 이와 관련 브래드번 등(Bradburn, Sudman, & Wansink, 2004)은 흥미로운 사례를 소개합니다. 부디 이 사례는 농담일 뿐이며, 절대 종교적 관점에서 받아들이지 않으시기 바랍니다.

만약 어떤 사제 A에게 "담배를 피우면서 성경을 읽어도 될까요?"라고 묻고, 다른 사제 B에게 "성경을 읽으면서 담배를 피워도 될까요?"라고 물었다고 가정해 보죠. 여기에는 두 가지 행동이 언급됩니다. 담배를 피우는 행동을 S라고 하고, 성경을 읽는 행동을 H라고 하겠습니다. 여기서 A에게 물어본 질문은 다음과 같습니다: [S → H]. 반면 B에게 물어본 질문은 다음과 같습니다: [H → S]. 여기서 H에 대한 답에 집중을 해 봅시다. A에게 물어보는 행동의 경우 사제의 입장에서 용납하는 것이 좋습니다. 왜냐하면 단순히 담배를 피우는 것보다는(설령 그것 자체가 좋지는 않지만), 성경이라도 보는 것이 안 보는 것보다 영적 구원에 도움이 될 수 있기 때문이죠. 그러나 B에게 물어보는 행동의 경우 사제의 입장에서 용납하기 어렵습니다. 왜냐하면 성경을 읽는 것은 성스러운 작업이고 영적 구원으로 가는 과정인데, 이때 담배를 피우는(몸에도 좋지 않을뿐더러 영성에도 별 도움이 될 것 같지 않은) 행동을 하는 것은 바람직하지 않기 때문이죠. 하지만 앞뒤 맥락을 고려하지 않은 상황에서 S에 대한 사제의 응답에만 집중한다면 B사제는 종교적인 반면 A사제는 왠지 종교적으로 문제가 있다고 평가할 수도 있습니다.

문항의 구성방식에 의한 '대화적 관습' 효과는 정치적 이슈에 대한 찬반을 조사할 때도 충분히 발현될 수 있습니다. 예를 들어 '사회복지'와 관련된 이슈를 생각해 보죠. 사회복지(예를 들어 앞서 살펴보았던 정부의 주택보조 정책을 떠올려 보시기 바랍니다)의 경우 그것 자체의 속성은 나쁘지 않은 것이 보통입니다. 그러나 정치적 이념, 특히 '개인의 독립성(individual independence)'을 강조하는 보수적 정치이념의 관점이 개입되면 그 속성이 바람직하지 않은 것처럼 보일 수도 있습니다. 예를 들어 정치적 이념을 묻는 문항(I라는 이름을 붙여보죠)과 사회복지와 관련된 문항(W라는 이름을 붙이죠)의 질문 순서를 생각해 보겠습니다.

· 사례 A: I → W
· 사례 B: W → I

만약 여러분이 진보적 정치이념을 갖고 있다고 가정해 봅시다. 아마도 '사례 A'든 '사례 B'든 W에 대한 여러분의 의견은 크게 다르지 않을 것입니다. 반면 보수적 정치이념을 갖고 있다고 가정해 보죠. 그러면 어떨까요? 우선 '사례 A'의 경우를 생각해 봅시다. 여러분은 여러분이 정치적 보수주의자라고 인터뷰어에게 공언하였습니다. 만약 여러분이 정치적 보수주의에서는 정부의 개입(그것이 무엇이든)에 반대한다는 것을 알고 있다면, 여러분의 W에 대한 의견은 아마도 부정적으로 나올 가능성이 높습니다. 반면 '사례 B'의 경우, 여러분은 자신이 정치적 보수주의 성향을 갖고 있다는 생각없이 W를 그 사안 자체로 평가할 가능성이 높습니다(즉, '사례 A'에 비해 '사례 B'에서 상대적으로 긍정적인 태도를 보일 가능성이 높습니다). 다시 말해 두 번째 문항에 대한 응답자의 문항은 첫 번째 문항에 대한 응답자 문항에 영향을 받을 가능성이 높으며, 바로 이 영향력을 '대화적 관습' 효과라

고 부릅니다.[2]

본장에서는 시·공간적 특성과 특정 문항의 구성방식 및 맥락에 따라 어떻게 '편향 (bias)'이 발생할 수 있는지를 살펴보았습니다. 이러한 편향을 흔히 수학적 확률과정에 의해 발생하는 '표집오차'와 대조하여 '비표집오차'라고 부릅니다. 여기서 살펴본 도달범위 편향, 무응답 편향(개별 문항에 대한 문항무응답효과와는 구분하시기 바랍니다), 인터뷰어 효과, 응답양식에 따른 효과, 문항효과, 문항구성방식(대화적 관습) 편향 등은 수학이나 통계학적 관점으로는 완벽한 설명이 불가능합니다. 이 영역은 근본적으로 사회과학의 영역이며, 또한 인간을 대상으로 하는 조사가 '대인간 커뮤니케이션(interpersonal communication)' 이라는 점에서 인간 커뮤니케이션의 영역입니다.

아시다시피 의견조사의 효과와 정확성을 불신하는 사람들이 늘어가고 있습니다. 실제로 지난 미국 대통령 선거 당시 트럼프(D. Trump)에 대한 클린턴(H. Clinton)의 승리를 예상했던 의견조사 예측이 틀린 것이 그 예죠. 국내의 경우도 크게 다르지 않습니다. 의견조사의 예측이 틀린 이유로 여러 가지가 언급되지만, 사실 수학적 원리나 통계적 모형의 타당성은 잘못된 예측과 별 상관없습니다. 왜냐하면 여기에는 인간사회의 특성, 개별인간의 성향, 그리고 조사가 이루어지고 데이터를 얻는 커뮤니케이션 과정에 대해 침묵하고 있기 때문입니다. 의견조사 결과와 예측이 잘못된 가장 결정적인 이유는 인간사회의 개별적 독특함, 인간심리의 복잡함, 그리고 커뮤니케이션 과정의 오해와 실패 때문입니다. 다시 말해 사회과학이, 또한 커뮤니케이션을 이해해야 하는 언론학자들의 노력이 더 필요하다는 것을 보여주는 것입니다. '데이터 시대'가 오고 있지만, 여전히 많은 데이터는 사람이 생산하고 만듭니다. 사람에 대한 이해, 사람이 만들어내는 '편향'을 이해하지 않으면 데이터를 이해할 수 없고, 잘못된 데이터를 얻으면 잘못된 결과를 얻을 수밖에 없죠. 즉 사람이 만들어내는 '편향'을 이해해야 현실을 제대로 이해하고 결과를 보다 잘 예측할 수 있습니다.

---

2 사회심리학적으로는 점화(priming) 효과의 일종이라고도 볼 수 있습니다.

CHAPTER 09

체계적인 연구방법과 그 종류: 실험연구와 관측연구

통상적으로 주류 사회과학 연구방법론에서 다루는 기법들은 "양적 연구방법(quantitative research methods)"과 "질적 연구방법(qualitative research methods)"으로 구분됩니다. 때때로 두 계통의 연구방법이 대립하는 경우도 적지 않지만, 사실 두 연구방법들은 "연산(computation)"을 적용하는지 여부를 제외하고는 별반 다르지 않다고 저는 생각합니다. 아무튼 양적 연구방법의 가장 큰 특징은 바로 "연산"입니다. 앞에서 우리가 소개했던 인과관계의 내적 타당도를 살펴보는 데 연산을 사용하는 경우를 양적 연구방법이라고 부르고, 인과관계의 내적 타당도를 연산과정 없이 인간의 자연어와 경험에 기초한 기술[흔히 '두껍게 쓰기(thick description)'라고 불리는 기술(記述)]을 기준으로 밝히는 경우를 질적 연구방법이라고 부릅니다.

제09장에서는 먼저 양적 연구방법들을 먼저 살펴보겠습니다. 사회과학에서 양적 연구방법은 실험연구(experiment)와 비실험연구(non-experiment) 혹은 관측연구(observational study)로 구분됩니다.[1] 또한 비실험연구 혹은 관측연구에 해당되는 연구방법으로는 '설문

---

1 사실 비실험연구와 관측연구를 동일하게 취급하는 것은 과도한 단순화입니다. 두 연구는 엄밀하게 말해 동일하지 않습니다. 보통 관측연구라는 말을 선호하는 연구자들은 인과관계의 변화 가능한 '원인 처치물(cause-treatment)'이 무작위 배치를 따르지 않은 상황에 적용되는 일련의 연구기법들을 관측연구라고 부릅니다. 반면 비실험연구는 관측연구에서 사용하는 원인처치물은 물론 변화하지 않는 속성 차이에 따른 결과의 차이를 다루는 상황도 포함하고 있습니다. 구체적인 예를 두 가지만 들어 봅시다. 첫

연구(survey research)', '아카이브 연구(archival research)' 등이 있습니다(최근에 각광을 받았던 빅데이터 기법이나 데이터 마이닝 기법 역시도 넓게 보아 관측연구에 속합니다). 실험연구와 관측연구를 구분 짓는 가장 중요한 특징은 바로 과학적 인과율의 3요소 중 하나인 '비허위성'의 확보방법입니다. 비허위성을 '무작위 배치(random assignment)'을 통해 확보하는 것이 실험연구의 가장 큰 특징이며,[2] 통계적 방식으로 비허위성을 확보하는 것이 관측연구의 두드러진 특징입니다. 순서대로 우선 실험연구를 살펴본 후, 관측연구를 살펴보도록 하겠습니다. 아쉽지만 관측연구를 본서의 대상독자인 고등학교 졸업생이 이해할 수 있도록 소개하는 것은 매우 쉽지 않은 일입니다. 왜냐하면 비허위성을 확보하기 위해 여러 통계적 방법들을 사용하는데, 이 부분을 이해하기 위해서는 상당 수준의 기술적 지식이 필요하기 때문입니다. 이 부분에 관심 있는 분들은 "데이터 분석"과 관련된 고급과목을 수강하시면서 기초를 차근차근 다져나가시기 바랍니다. 본서에서는 관측연구에서 사용하는 통계적 접근이 어떻게 비허위성을 확보할 수 있으며, 또 그 잠재적 한계는 무엇인지 "대략적인 감을 잡을 수 있도록 도와드리는 것"을 목표로 하겠습니다. 아무튼 먼저 실험연구를 소개하고 설명하겠습니다.

실험연구는 과학적으로 "최상의 연구방법"입니다. 제가 이번 학기에 누누이 강조하였듯, 과학연구의 첫 단계는 다름 아닌 "과학적 인과율"의 확보, 다시 말해 연구자의 이론의 내적 타당도를 확보하는 것입니다. 실험연구방법은 알려진 연구방법 중 이 과학적 인과율을 확보하는 가장 좋은 방법으로 알려져 있습니다(오해가 없으셔야 합니다. 가장 좋은 방

째, 어떤 국가에서 치안수준 개선책을 수립한 후 범죄율이 높은 지역부터 실시한 후, 이 정책의 효과를 살펴보았다고 가정해 보죠. 둘째, '성별'에 따라 사회적 성차별 인식 수준이 어떻게 달라지는지 살펴보고자 합니다. '치안수준 개선책'은 변화가능한 원인-처치물입니다. 왜냐하면 정책을 실시하는 사람 입장에서 보았을 때 어떤 지역에 치안수준 개선책을 실시할지 여부는 달라질 수 있기 때문입니다. 반면 성별은 변화가 불가능한 원인입니다. 왜냐하면 성전환 수술과 같은 매우 이례적인 사례가 아닌 경우 성별은 변화하지 않기 때문입니다. 보통 관측연구는 첫 번째와 같은 연구사례를 의미하며, 비실험연구는 첫 번째는 물론 두 번째 사례들도 포괄합니다. 그러나 저를 포함 상당수의 연구자들은 비실험연구와 관측연구 모두 무작위 배치를 실시하지 않았다는 점에서 과학적 인과율(혹은 법칙정립적 인과관계, 내적 타당도)를 완전하게 확보하기 어렵다는 공통점에 주목하고 있습니다. 비실험연구와 관측연구의 차이점과 공통점에 대한 보다 자세한 논의로는 궈와 프레이저의 책(Guo & Fraser, 2010)을 참조하세요.

2 무작위 배치(random assignment)와 표집기법에서 배운 무작위 표집(random sampling)을 혼동하지 마세요.

법이지, 결코 완벽한 방법이 아닙니다). 따라서 실험연구방법을 이해하기 위해서 가장 먼저 해야 할 것은 "과학적 인과율의 3조건"을 이해하는 것입니다. 앞에서 이미 설명했지만 다시금 반복해 봅시다. 과학적 인과율 확보를 위해서는 (1) 원인변수와 결과변수의 상관관계(association), (2) 원인변수의 변화가 결과변수의 변화에 시간적으로 선행(temporal order), (3) 원인변수와 결과변수의 관계에 대한 대안적 설명이 배제됨(excluding alternative explanations), 즉 비허위성(non-spuriousness) 확보의 세 가지 조건을 충족해야 합니다. 실험연구기법은 이 세 가지 조건을 정말 아름답게 만족시킵니다.

가장 간단한 실험연구는 다음과 같은 과정을 따릅니다. 우선 연구표본을 무작위로 2집단으로 나누어 한 집단에는 원인이 되는 사건을 제시하고, 다른 집단에는 해당 사건을 제시하지 않습니다. 다음으로 두 집단에 속한 개체들을 대상으로 결과변수를 측정합니다. 이후 원인이 되는 사건을 경험한 집단과 그렇지 않은 집단의 결과변수가 어떻게 다르게 나타나는지 살펴봅니다. 만약 결과변수의 차이가 두드러질 경우, 원인이 된 사건이 결과변수의 차이를 초래했다고 추정합니다.

이러한 실험연구의 과정은 앞서 설명한 과학적 인과율의 3조건에 정확하게 대응됩니다. 우선 하나의 연구표본을 두 집단으로 무작위로 나누면, 실험연구의 용어를 사용하자면 '무작위 배치(random assignment)'를 실시하면 어떻게 될까요? 확률표집 기법을 설명하면서 무작위 표집의 가장 큰 특징을 모집단의 요소가 표본에 추출될 확률이 동일하다(equal probability of selection)를 설명한 바 있습니다. 이 원리를 무작위 배치에 적용시켜 봅시다. 다시 말해 하나의 표본을 무작위로 2집단으로 나눌 경우 각 집단에 배치되는 개체들은 서로서로 동등할 것으로 기대할 수 있습니다. 예를 들어 40명의 표본에 20명이 남성, 20명이 여성이라고 가정해 보죠. 만약 40명의 표본을 무작위로 배치하여 20명의 집단으로 구분한다면, 확률적으로 두 집단의 남녀 비율은 동등하게 될 것이라고 기대할 수 있습니다. 남녀의 성별만 그럴까요? 아닐 것입니다. 연령이나, 소득, 성격 등의 개인차들도 동등하게 배치될 것으로 기대하는 것이 타당하겠죠. 다시 말해 무작위 배치를 하게 되면 실험조건들은 서로 동등할 가능성이 매우 높습니다. 이는 매우 중요합니다. 왜냐하면 무작위 배치를 통해 우리는 허위적 관계(spurious relationship)를 야기할 수 있는 제3의 요인들이 집단별로 동등할 것으로 기대할 수 있습니다. 그렇다면 집단간 제3의 요인들이 동등하다는 것은 무슨 뜻일까요? 간단합니다. 제3의 요인들이 동등하기 때문에 집단간 차이는 "제3의 요인들"에 의해 발생했을 리가 없다고 가정할 수 있다는 뜻입니다. 즉 "비허위성"이 확보되었다는 것이죠.

다음으로 한 집단에만 원인이 되는 사건을 발생시키고, 다른 집단에는 원인이 되는 사건을 발생시키지 않았습니다. 이후 결과변수를 측정했죠. 다시 말해 원인변수의 변화가 결과변수의 변화에 시간적으로 선행하였습니다. 인위적으로 실험에 참여한 개체에게 원인변수의 변화를 먼저 제시한 후, 결과변수의 변화를 측정함으로써 과학적 인과율의 두 번째 조건을 충족시키고 있습니다. 무작위 배치된 집단에 대해 원인을 '처치(treatment)'하는 것을 '조작(manipulation)' 혹은 '실험조작(experimental manipulation)'이라고 합니다.

끝으로 집단에 따라 결과변수의 차이를 측정한 후, 그 차이가 두드러지는지 여부를 살펴봅니다. 예를 들어 해열제(체온을 떨어뜨리는 약)를 처치받은 환자집단과 처치받지 않은 환자집단의 체온을 측정했다고 가정해 봅시다. 만약 해열제의 효과가 존재한다면 해열제를 복용한 환자집단이 그렇지 않은 환자집단에 비해 체온의 평균이 낮을 것입니다. 즉 해열제의 복용 여부와 환자의 체온은 상관관계를 갖게 됩니다. 물론 해열제의 효과가 없었다면 해열제 복용집단과 미복용집단의 체온은 별 다른 차이가 나타나지 않을 것입니다. 이 경우는 해열제의 복용 여부와 환자의 체온은 의미 있는 상관관계를 갖지 않습니다(통계적으로 이야기하면 '0'과 다르지 않은 상관관계를 갖습니다. 즉 0이라는 크기의 상관관계를 갖습니다. 상관관계를 계산하는 것이 불가능한 것이 아니니 절대 오해가 없으시기 바랍니다). 이를 통해 과학적 인과율의 첫 번째 조건이 충족되는지 여부를 확인하게 됩니다. 나중에 다시 설명하겠지만, 원인과 결과의 관계가 의심하기 어려울 정도로 확실한 관계인지를 알기 위해 '통계적 유의도 테스트(statistical significance test)'를 실시합니다. 즉 발견된 상관관계가 통계적으로 유의하다고(즉 의미가 있다고) 할 정도의 관계인지, 아니면 통계적으로 볼 때 의미가 충분하다고 보기 어려운 관계인지를 판정하는 것이 '통계적 유의도 테스트'입니다.

위에서 알 수 있듯 실험연구는 과학적 인과율의 3조건에 대해 명백한 판단기준을 제공합니다. 다시 말해 실험연구방법을 사용하면 연구자가 주장하고자 하는 연구가설의 내적 타당도 충족 여부를 매우 명확하게 판정할 수 있습니다. 앞서 제가 이야기하였듯, 내적 타당도와 외적 타당도는 연구자의 이론적 가설의 가장 중요한 판결기준이며, 내적 타당도가 충족되지 않고서는 외적 타당도가 확보되지 못할 정도로 내적 타당도 충족 여부는 매우 중요합니다. 다시 말해 실험연구를 사용하면 연구자가 내세우는 인과관계에 대해 보다 확신을 갖고 내적 타당도 충족 여부를 이야기할 수 있습니다. 바로 이점 때문에 실험연구는 "과학적 인과율"을 추구하는 문과·이과를 불문하고 모든 학문분과들에서 강조하고 교육되는 연구기법입니다. 적어도 제가 아는 범위에서 실험연구를 가르치지 않는 연구분과는 존재하지 않습니다. 왜냐하면 무작위 배치, 실험조작, 통계적 유의도 테스트를 거치면 연구자가 제기한 이론적 인과관계는 과학적 인과율 3조건을 충족한다고 기대할 수 있기 때문입니다.

관측연구 부분에서 설명하겠지만, 관측연구와 실험연구를 판가름하는 가장 중요한 특징은 바로 '무작위 배치'와 '실험조작'입니다. 이 두 가지 특성은 실험연구의 장점이면서 동시에 단점입니다. 우선 장점은 앞에서 설명하였듯, '내적 타당도'를 확보하기 쉽다는 점입니다. 반복합니다만, 이 점은 실험연구의 가장 매력적인 부분입니다. 그러나 세상만사가 그렇듯 장점만 있는 존재는 없습니다. 관점에 따라 무작위 배치와 실험조작은 실험연구의 단점이 되기도 합니다. 왜냐하면 실험조건에 따라 집단을 무작위로 배치하고, 개체에게 특정한 방식의 처치를 강제(force)하는 것이 실험연구의 요구사항이기 때문입니다. 이에 몇몇 학자들은 실험연구의 '인위성(artificiality)'으로는 인간현실을 설명할 수 없다고 비판하기도 합니다. 사실 우리네 인생은 무작위 배치와 매우 거리가 멉니다. 왜냐하면 인간의 삶은 시간적으로는 역사에, 그리고 공간적으로는 특정국가나 지역에 의해 제약을 받을 수밖에 없으며, 역사나 출신지역(혹은 출신문화권)은 무작위로 배치될 수 있는 것이 아니기 때문입니다. 또한 실험조작 역시도 비현실적일 수 있습니다. 예를 들어 우리 삶에서 미디어의 효과가 어떻게 발생하는지 생각해 보세요. 우리는 우리가 보고 싶은 것을 선택해서 보는 것이 보통입니다. 다시 말해 미디어의 효과라는 점에서 미디어라는 원인은 강제된 것이라기보다는 미디어 이용자의 기대와 바람으로 선택된 것으로 볼 수도 있습니다. 약학적 관점에서 설명하자면, 실험은 약을 먹었을 때의 효과를 증명하고 설명하는 데 탁월하지만, 실험을 통해 그 약을 스스로 찾아서 먹는 사람이 누구인가를 설명하지는 못할 것입니다.

그러나 '통계적 유의도 테스트'라는 점에서는 관측연구와 실험연구는 본질적으로 동일합니다. 여러분은 데이터 분석기법과 데이터가 어떻게 설계된 현실 속에서 얻어졌는가를 반드시 구분해야 합니다. 다시 말해 데이터 분석기법 그 자체는 어떠한 일이 있어도 그 자체로 인과관계를 확보하지 못합니다. 인과관계를 확보하기 위해서는 데이터가 생성된 조건이 인과관계를 확보할 수 있는 조건에 부합하는가, 즉 연구 디자인은 어떤가를 비판적으로 따져보아야 합니다. 이 점을 잘 명심하시기 바랍니다. 왜냐하면 실험연구에서 사용되는 상당수의 데이터 분석 관련 용어들은 관측연구에서도 사용되기 때문입니다. 실험연구에서 사용하는 데이터 분석 관련 용어를 사용했다고 해도 실험설계를 따르지 않았다면 내적 타당도의 확보가 어려울 수 있다는 점 반드시 기억하시기 바랍니다. 실험설계의 기초에 대해 살펴보았으니, 이제 실험연구에서 자주 등장하는 용어들을 살펴봅시다.

실험연구방법에서 나타나는 용어

요인(factor)과 공변량(covariate) _____ 가장 먼저 '요인(factor)'과 '공변량(covariate)'이 무엇이고 어떻게 다른지 살펴봅시다. 요인(혹은 실험요인)은 연구에서 관심을 갖는 효과를 발생시키는 원인변수를 의미합니다. 즉 요인에는 최소 2개(혹은 그 이상)의 속성이 존재합니다. 앞서 설명하였듯 원인이 되는 사건이 처치된 집단과 그러한 사건이 처치되지 않은 집단, 최소 2개의 집단이 필요합니다. 원인이 되는 사건이 처치된 집단을 '처치집단(treatment group)'이라고 부르고, 원인이 되는 사건이 처치되지 않은 집단을 '통제집단(control group)'이라고 부릅니다. 많은 경우 실험요인은 명목변수(이를테면 처치집단, 통제집단; 혹은 A처치집단, B처치집단, 통제집단)이며, 상황에 따라 서열변수(이를테면 통제집단, 약한 자극의 처치집단, 강한 자극의 처치집단 등)가 되기도 합니다. 또한 실험요인은 실험 조작되기도 하지만, '성별(남성 vs. 여성)'과 같이 실험 조작되지 않은 명목변수(혹은 서열변수)도 연구자의 연구관심사일 경우 실험요인으로 취급됩니다. 아무튼 실험요인은 반드시 연구자의 연구관심사여야만 합니다(다시 말해 연구가설에서 다루어지는 변수여야만 합니다). 반면 공변량은 연구자의 주요 연구관심사는 아니지만, 연구의 정확도를 증진시키기 위해 반드시 분석에 포함되어야만 하는 원인변수를 의미합니다. 흔히 공변량은 비율변수나 등간변수의 형태를 띠지만, 명목변수나 서열변수도 공변량으로 투입 가능합니다.[3] 예를 들어 혈압약

---

3   이 경우 명목변수나 서열변수가 그대로 투입되는 것이 아니라 '가변수(dummy variable)'라는 형태로 투입됩니다. 이에 대해서는 데이터 분석 관련 전문적 지식이 필요하기 때문에 자세한 설명은 생략합니다.

(투약 후 혈압이 하강하게 만드는 약제) 효과실험의 경우, 실험참여자의 '연령'은 실험요인은 아니지만 매우 중요한 공변량입니다. 왜냐하면 연구자의 주요 연구관심사는 약제 투약에 따른 혈압의 변화이지, 연령변화에 따른 혈압의 변화가 아니기 때문입니다. 그러나 혈압측정 시 연령은 매우 중요한 변수입니다. 왜냐하면 연령이 증가할수록 혈관벽에 축적된 노폐물이 많아 혈압이 올라가는 것이 보통이기 때문입니다. 다시 말해 혈압약 투입이 혈압에 미치는 효과를 보다 정교하게 측정하기 위해서는 연령이 혈압에 미치는 효과를 조정한 후, 혈압약 투입에 따른 혈압변화를 살펴보는 것이 타당합니다. 사회과학의 경우 사람들의 정치 관련 태도나 행동에 대한 연구에서 정치적 이념성향(political ideology), 즉 보수주의-진보주의 성향을 공변량으로 고려하는 것이 보통입니다. 예를 들어 정치광고 노출이 정치광고에 등장하는 정치인에 대한 호감도에 미치는 효과를 살펴본다고 할 때, 실험참여자의 정치적 이념성향은 매우 중요한 공변량입니다. 일단 정치광고 노출이 정치인에 대한 호감도에 미치는 효과에 초점을 맞춘다는 점에서 유권자의 정치적 이념성향은 주요 관심사는 아닙니다. 그러나 우리는 진보주의적 성향의 유권자는 진보주의적 정치인을 좋아하고 마찬가지로 보수주의적 성향의 유권자는 보수주의적 정치인을 좋아한다는 것을 알고 있습니다. 즉 정치광고의 효과를 보다 정확하게 측정하기 위해 유권자의 정치적 이념성향을 공변량으로 투입하면 더 좋겠죠.

개체내 요인(within-subject factor)과 개체간 요인(between-subject factor) _____ 이제는 앞서 언급했던 실험요인을 보다 구체적으로 나누어 봅시다. 데이터 분석에서 많은 분들이 혼동하는 부분인데, 그 이유는 연구자의 분석단위(unit-of-analysis)에 대한 정의가 명확하지 않기 때문입니다. 좀 자신이 분석하고자 하는 대상에 대해서 명확하게 인식한다면 개체내 요인(within-subject factor)과 개체간 요인(between-subject factor)을 혼동할 이유는 적을 것입니다.

　우선 용어를 살펴봅시다. 여기서 개체(subject)라는 말은 분석단위를 의미합니다. 만약 실험대상이 사람이라면 사람이 개체일 것이고, 기니피그(guinea pig)라면 기니피그가 개체가 될 것입니다. 실험설계를 따르지 않은 '내용분석(content analysis)'(여기에 대해서는 나중에 살펴보겠습니다)의 경우 분석단위인 개체는 문서(이를테면 신문기사, 혹은 개별 온라인 댓글)가 될 것입니다. 통상적으로 사회과학에서는 사람을 실험대상으로, 즉 개체로 상정하니,

여기서도 '사람'을 개체로 간주하고 설명하겠습니다.

'개체내'라는 용어는, 말 그대로 '개체(subject)'의 '내부(within)'를 의미합니다. 다시 말해 개체내 요인은 개체 내부의 변화를 속성으로 갖는 변수를 의미합니다. 개체내 요인의 가장 대표적인 사례로는 '시간에 따른 개체 내부의 변화'를 언급할 수 있으며, 우리가 흔히 접할 수 있는 광고에서도 흔히 접할 수 있습니다. 버스나 지하철에서 우리는 '성형외과' 광고를 종종 접할 수 있습니다. 여러분도 "시술 이전"과 "시술 이후"의 사진을 비교하는 광고를 매우 자주 접해 보았을 것입니다. 연구설계 측면에서 분석하자면, 시술대상이 바로 개체이며, 해당 개체 내부의 얼굴변화(혹은 코나 귀, 혹은 머리숱 등의 변화)가 바로 개체 내부의 변화입니다. 시술 이전과 시술 이후를 구분하는 광고의 개체내 요인은 다름 아닌 '시간(time)'입니다. 물론 이 개체내 요인에서 변화를 일으키는 핵심적 사건은 바로 (광고주의 논리를 따르자면) '성형시술'입니다. 데이터를 구성하는 방법을 예로 들어보죠. 탈모제 광고를 위와 같은 방식으로 실시했다고 가정해 보죠. 총 3명의 탈모환자(A, B, C)를 대상으로 탈모제를 바르기 전과 바르고 난 후의 머리숱의 비율(전체 머리 면적 중 머리숱이 차지하는 면적의 비율)은 다음과 같이 나타날 것입니다. 아래의 데이터와 같이 살펴보니 어떤가요? 왜 이 사례가 개체내 변화를 다루는지, 또한 왜 제가 시간을 개체내 요인이라고 파악했는지 감이 오시죠?

환자명	시술 이전($t=1$)	시술 이후($t=2$)
A	.21	.35
B	.33	.41
C	.29	.33

만약 텍스트를 분석대상으로 할 경우 개체는 텍스트가 될 것입니다. 동일한 텍스트에 대해 2명의 코더가 도출한 해석이 어떻게 같은지(혹은 어떻게 다른지)를 비교한다면 텍스트에 대한 해석의 차이가 바로 개체내 변화이며, 개체내 요인은 '코더차이'가 되겠죠. 예를 들어보겠습니다. 어떤 연구자가 원전정책에 대한 세 개의 신문기사 A, B, C를 분석하기 위해 코더로 영수와 영희를 고용하였습니다. 이 연구자는 코더인 영수와 영희에게는 다음과 같이 작업지시를 주었습니다. "주어진 기사를 읽고, 해당 기사가 원전정책 확장을

주장하고 있으면 1점을 원전폐쇄 정책을 주장하고 있다면 10점을 부여하시오." 이후 다음과 같은 데이터를 얻었다고 가정해 봅시다. 어떤가요? 위의 탈모제 예시데이터와 동일한 형태죠. 물론 다릅니다. 탈모제의 경우 개체내 요인이 서열변수(숫자가 클수록 시간적으로 최근입니다)인 반면, 아래의 예에서는 개체내 요인이 명목변수(영수와 영희는 그냥 다른 코더입니다)입니다.

기사명	영수($coder=1$)	영희($coder=2$)
A	7	8
B	3	1
C	6	6

개체내 요인은 연구의 분석대상인 개체 내부의 변화를 속성으로 하는 변수를 의미합니다. 반면 개체간 요인은 연구의 분석대상인 개체들 사이의 차이를 속성으로 변수를 의미합니다. 마찬가지로 개체간 요인이라는 용어를 뜯어보죠. 마찬가지로 개체는 측정대상을 의미하며, '간(between)'이라는 용어는 이러한 개체들 사이를 비교한다는 의미입니다. 사실 앞에서 실험연구 과정을 설명하면서 이미 개체간 요인을 설명한 바 있습니다. '무작위 배치'를 기억하시죠? 그렇습니다. 무작위 배치를 통해 집단을 구분한 후, 어떤 집단에는 실험처치를 가한 반면 다른 집단에는 실험처치를 가하지 않았습니다. 다시 말해 실험처치 집단에 속한 개체들은 처치를 받은 반면, 통제집단에 속하는 개체들은 처치를 받지 않아, 각 집단에 속한 개체들 사이에 차이가 발생하였습니다. 바로 이러한 차이를 일으키는 요인이 바로 개체간 요인입니다. 실험처치로 '해열제'를 생각해 보죠. 체온이 섭씨 38도인 6명의 환자들을 대상으로 무작위로 배치된 3명의 환자들(A, B, C)에게는 해열제를 주고, 나머지 3명의 환자들(D, E, F)에게는 해열제를 주지 않은 후, 이 여섯 명의 환자들의 체온을 측정했다고 가정해 보죠. 아래의 사례에서 '실험집단'은 개체들 사이의 차이를 나타내는 실험요인, 즉 변수입니다. 위에서 소개했던 개체내 요인과 개체간 요인이 어떻게 다른지 데이터 형태로 나타내니 명확하게 보이시죠?

개체명	실험집단	체온
A	처치	36.2
B	처치	36.5
C	처치	37.0
D	통제	37.5
E	통제	38.4
F	통제	36.9

실험조작되지 않은 요인이나 공변량의 경우도 개체간 요인일 수 있습니다. 대표적으로는 응답자의 성별(남성인지, 여성인지)을 예로 들 수 있죠. 아마도 직관적으로 이해될 수 있을 것입니다. 성별의 차이는 남성인 개체와 여성인 개체의 차이입니다.

그렇다면 개체내 요인과 개체간 요인 중 어떤 것이 더 좋을까요? 세상만사가 그렇겠지만, 둘 다 장단점이 있습니다. 우선 개체내 요인의 장점부터 살펴보겠습니다. 개체내 요인의 가장 큰 장점은 동일한 개체내부의 변화 상태를 비교하기 때문에, 비허위성을 야기시키는 요소를 쉽게 배제할 수 있다는 점입니다. '이전'과 '이후'를 비교하는 개체내 비교를 생각해 보죠. '어제의 나'와 '오늘의 나'를 비교할 경우 '시간변화'를 뺀 나머지 요인들은 거의 고정되어 있다고 말할 수 있습니다. 왜냐하면 두 가지의 내 모습이 모두 하나의 '나(self)'로부터 나왔기 때문입니다. 반면 개체간 요인에서는 이런 장점을 찾을 수 없습니다. 왜냐하면 존(John)이라는 남성과 제인(Jane)이라는 여성은 성별의 차이 외에도 여러 가지 다른 차이점을 갖고 있을 가능성이 높기 때문입니다(소득의 차이, 교육수준이나 연령의 차이 등). 개체들 사이의 차이로 인해 원인의 차이가 결과의 차이에 미치는 효과가 희석(dilute)되기 쉬운데, 이를 흔히 '이분산성(heterogeneity)' 문제라고 부르고, 효과가 작게 나타나는 현상에 대해 '낮은 검증력(low statistical power)'이라는 용어를 씁니다.

그러나 개체내 요인의 경우 상황에 따라 문제가 발생합니다. 가장 흔히 지적되는 문제는 '순서효과(order effect)'입니다. 순서효과란 개체내부의 변화 이전과 이후 사이의 시간에 따른 변화나 차이가 변화이전과 이후의 사건발생과 얽히면서 나타나는 현상입니다. 다소 추상적이죠? 구체적으로 예를 들어 봅시다. 흔히 언급되는 사례는 "맥주시음"입니다. 여기 A회사의 맥주와 B회사의 맥주가 있다고 가정해 보죠. 10명의 술꾼들에게 A회사의 맥주 500cc를 마시도록 한 후 A맥주의 맛을 품평하도록 요구한 후, 다음으로 B회사의 맥주 500cc를 마시도록 하고 맛을 품평하도록 하였다고 가정해 보죠(1–10점 리커트 척도; 10점일수록 더 호의적 평가). 어느 회사의 맥주가 더 좋은 맛일까요? 이 경우 A회사 맥주에 대한 만족도가 B회사 맥주에 대한 만족도보다 높은 것이 보통입니다. 왜일까요? '한계효용체감의 법칙(principle of diminishing marginal utility)' 때문입니다. 두 맥주가 동등한 품질이라고 하더라도 두 번째 맥주를 통해 얻은 효용은 첫 번째 맥주를 통해 얻은 효용에 비해 감소(diminishing)하는 것이 보통입니다. 예를 들어 A맥주에 대한 만족도가 8점인데 반해, B맥주에 대한 만족도가 5점이라고 하더라도, 이 차이가 A맥주의 품질이 더 좋았기 때문이라고 확신하기 어렵습니다. 왜냐하면 이 차이는 단순히 A맥주를 B맥주보다 먼저 제시하였기 때문에 발생했을 수 있기 때문입니다. 바로 이런 현상을 흔히 순서효과라고 부릅니다.

비슷한 맥락에서 '방법효과(method effect)'가 언급되기도 합니다. 방법효과란 동일한 평가대상에 적용한 서로 다른 측정방법의 차이에 따른 효과를 의미합니다. 앞서 내용분석의 사례에서 영수와 영희는 같은 메시지를 해석하는 서로 다른 측정방법을 택할 수 있습니다(예를 들어 영수는 '명시적 표현'을 중심으로 문서의 주장을 파악한 반면, 영희는 '잠재적 표현'에 더 주목하였을 경우). 만약 동일한 문서들에 대한 영수와 영희의 해석이 달랐다면, 두 코더의 해석이 다른 이유는 텍스트가 모호하여 그렇다기보다 두 측정방법(정확하게 말해 두 코더의 해석방법)이 달라서 그럴 수 있습니다. 즉 두 가지 해석의 불합치 원인이 텍스트의 내적 속성(즉 모호하게 작성된 메시지) 때문인지 아니면 두 코더의 서로 다른 해석방식 때문인지 확정 짓기 어렵습니다.

반면 개체간 요인은 순서효과를 막거나 중화시킬 수 있는 좋은 방법입니다. 맥주시음 사례를 들어 볼까요? 순서효과를 막으려면 어떻게 하면 될까요? 쉬운 방법이 있습니다. 10명의 술꾼들을 무작위로 두 집단으로 나눕니다. 한 집단에게는 "A맥주 → B맥주" 순서를, 다른 한 집단에게는 "B맥주 → A맥주" 순서로 맥주를 제공합니다. 만약 이렇게 했는데도 A맥주가 B맥주보다 호의적인 평가를 얻었다면, 우리는 A맥주와 B맥주의 품평 차이가 맥주를 제시한 순서로 인해 발생한 것이 아니라고 믿을 수 있죠. 방법효과 역시도 여러 종류의 텍스트들을 동시에 제공한 다음에, 두 코더의 해석방식의 차이가 체계적으로 나타나는지(이 경우 해석의 차이는 메시지의 내적 속성을 반영했다고 추론할 수 있습니다) 아니면 특정한 텍스트에서만 두드러지게 나타나는지(이 경우 방법효과가 존재한다고 추정할 수 있습니다) 살펴보는 방법을 통해 존재 유무를 추정할 수 있습니다. 만약 방법효과가 매우 명확하게 나타났다면 코더에게 텍스트 코딩방법을 재교육시켜 방법효과를 극소화 혹은 제거해야 할 것입니다.

플라시보 집단(placebo group)과 조작검증(manipulation check) _____ 앞서 실험처치에 따른 효과를 파악하기 위해서는 실험처치를 한 집단과 실험처치를 하지 않은 집단을 비교한다는 내용을 서술한 바 있습니다. 실험처치와 이에 따른 효과와 관련한 핵심용어로 플라시보 집단과 조작검증을 살펴보겠습니다.

'플라시보'라는 용어는 약물효과실험을 통해 일반인에게도 널리 알려진 용어입니다. 약물효과실험을 통해 얻었기 때문에 흔히 '위약(僞藥)' 즉 거짓 약물이라고 번역되곤 합니다. 플라시보는 가상적으로 혹은 의학적으로 효과가 없는 약물처치를 의미하며, 플라시보 집단에 배치된 환자들에게서 나타나는 치료효과를 흔히 '플라시보 효과(placebo effect)'라고 부릅니다. 그렇다면 효과가 없는 약물을 처치 받았는데 왜 의학적 효과가 나타날까요? 플라시보 효과의 원인으로는 흔히 '희망'과 같은 '심리적 기대(psychological expectation)'가 언급됩니다. 다시 말해 의학적으로 효과가 없는 설탕덩어리 혹은 밀가루덩어리를 '약'이라고 먹은 후 환자 스스로 얻은 심리적 만족감이나 기대감으로 인해 병이 낫거나 증상이 완화된다는 것입니다. 언뜻 보면 플라시보는 사회과학과 별 관련이 없어 보이지만, 사회과학에서도 플라시보 효과는 자주 등장합니다. 우리는 일생을 살아가면서 상대가 던진 의미 없는 말에 상처받기도 하고 위로를 얻기도 합니다. 실험상황에서도 마찬가지입니다. 예를 들어 폭력영화 시청이 시청자의 불안감에 미치는 효과를 실험연구로 살펴보았다고 가정해 보죠. 이를 위해 무작위 배치를 통해 A집단에는 1시간짜리 폭력물을 관람하도록 하였고, B집단은 아무런 영상을 제시하지 않았다고 가정해 보겠습니다. 이후 응답자들의 불안감을 '심장박동수'로 측정했다고 상정해 봅시다. 만약 실험결과 A집단의 심장박동수가 B집단의 심장박동수보다 매우 높았다면 공포물의 효과가 있었다고 가정할 수 있을까요? 효과가 있었다고도 할 수 있지만, 효과가 없었다고도 볼 수 있습니다. 왜냐하면 A집단에서 나타난 높은 심장박동은 어쩌면 공포물을 보아서 그렇게 된 것이 아니라, '어떤 영상'을 보았기 때문에 나타난 것일 수도 있습니다. 다시 말해 '공포물'이 효과를 만들어 낸 것이 아니라, '영상물'이 효과를 만들어 냈다고 볼 수도 있습니다. 이러한 비판이 제기된다면 여러분은 어떻게 하시겠습니까? 이때 생각해 볼 수 있는 것이 바로 '플라시보 집단'입니다. 다시 말해 집단을 A집단(공포물에 노출), B집단(공포물이 아닌 영상물, 이를테면 연애물), C집단(어떠한 영상도 주지 않음)으로 무작위 배치한 후 심장박동수를 측정하는 것입니다.

예를 들어 세 집단의 심장박동수가 아래의 Case I과 같이 나왔다고 가정해 봅시다. 이렇게 된 경우 우리는 다음과 같은 결론을 얻을 수 있습니다. (1) 공포물을 접한 시청자는 영상을 접하지 않거나 연애물을 접한 시청자보다 높은 심장박동수를 보였기 때문에, 공포물 노출의 심리적 효과를 확인할 수 있다. (2) 연애물에 노출된 시청자와 어떠한 영상에도 노출되지 않은 시청자의 심장박동수가 엇비슷하기 때문에, 플라시보 효과는 나타나지 않았다.

반면 Case II와 같이 나왔다면 다음과 같겠죠. (1) 공포물을 접한 시청자는 영상을 접하지 않거나 연애물을 접한 시청자보다 높은 심장박동수를 보였기 때문에, 공포물 노출의 심리적 효과를 확인할 수 있다. (2) 연애물에 노출된 시청자는 어떠한 영상에도 노출되지 않은 시청자에 비해 심장박동수가 높았기 때문에, 플라시보 효과(즉 공포물이 아닌 다른 영상물 노출에 따른 효과)가 나타났다.

끝으로 Case III와 같다면 다음과 같을 것입니다. (1) 공포물을 접한 시청자는 영상을 접하지 않은 시청자보다는 높은 심장박동수를 보였으나, 연애물을 접한 시청자과 비교하면 별반 다르지 않은 심장박동수를 보였기 때문에, 공포물 노출의 심리적 효과를 나타나지 않았다. (2) 공포물 여부에 상관없이 영상물을 시청한 시청자는 어떠한 영상에도 노출되지 않은 시청자에 비해 심장박동수가 높았기 때문에, 플라시보 효과만 확인되었다.

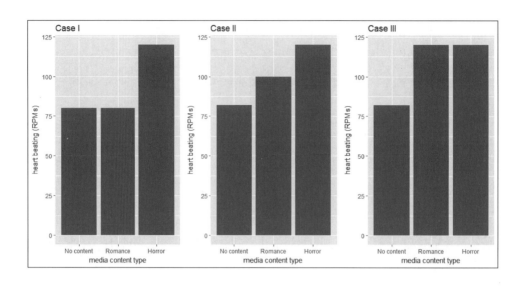

아마도 위의 3가지 그래프를 통해 플라시보 효과가 무엇이며, 플라시보 효과가 실험 처치에 따른 효과와 어떤 점에서 비슷하고 다른지 확인하실 수 있을 것입니다.

플라시보 집단이 실험처치 효과를 보다 명확하게 규명하기 위한 것이라면, 연구자의 의도대로 실험처치된 것인지를 확인하는 것이 조작점검의 목적입니다. 예를 들어 폭력물 시청이 폭력적 행동을 야기한다는 인과관계를 테스트하는 실험을 실시했다고 가정해 보죠. 보다 구체적으로 위에서 예시를 든 것처럼 실험집단으로 실험처치 집단(A, 폭력물 노출), 플라시보 집단(B, 연애물에 노출), 통제집단(C, 어떠한 영상도 제시하지 않음)으로 구성된 실험을 생각해 봅시다. 조작점검은 A집단의 사람들이 폭력물을 보고 폭력적인 콘텐트라고 느꼈는지에 대해 묻고 있습니다. 즉 실험처치가 연구자의 의도대로 성공한 것이라고 할 수 있는지를 점검하는 것이 바로 조작점검입니다. 조작점검은 흔히 조작점검 문항을 이용해 점검합니다. 일반적으로 실험이 종료되기 직전 실험참가자들에게 자신이 접한 콘텐트가 어떤 성격의 콘텐트였는지 묻습니다. 이를테면 "귀하께서 접하신 콘텐트에는 폭력적 내용이 어느 정도인가요?"라고 묻고, 10점 척도(1 = 전혀 없었다, 10 = 매우 많았다)로 측정합니다. 만약 A집단의 평균이 8점인데, B집단의 평균이 2점이었다면 실험조작은 성공적이었다고 볼 수 있습니다(즉 조작점검을 통과했습니다. 물론 C집단의 경우 영상물을 제공하지 않았기 때문에 조작점검 대상에 포함되지 않겠죠). 보통의 경우 실험조작 점검 문항은 실험 후 제시되는 설문문항의 말미에 넣는 것이 보통입니다. 왜냐하면 실험조작 문항을 제시하는 것 자체가 실험의 목적이 무엇인지를 실험참가자에게 알려주는 역할을 하기 때문입니다. 다시 말해 결과변수를 측정하기 전에 실험조작문항을 제시하면 실험결과가 왜곡될 가능성을 배제할 수 없습니다.

주효과(main effect)와 상호작용효과(interaction effect) _____ 실험연구에서, 또한 관측연구의 데이터 분석에서 거의 언제나 등장하는 용어가 바로 주효과와 상호작용효과입니다. 제 경험상 아쉽게도 제 수업을 들었던 수강생이 가장 많이 혼동하는 부분이 바로 주효과와 상호작용효과입니다. 혼동이 발생하는 가장 큰 이유는 용어의 명확한 정의를 숙지하지 못하기 때문입니다. 우선 두 용어의 의미를 살펴봅시다. 먼저 주효과란 "다른 요인(들)의 수준에 상관없이 특정 요인이 결과변수에 미치는 효과"를 의미합니다. 반면 상호작용효과란 "어떤 다른 요인의 수준에 따라 특정 요인이 결과변수에 미치는 효과가 변하는 효과"입니다.

우선 주효과를 이해할 때는 주효과에 대한 가정, 즉 "다른 요인(들)의 수준에 상관없이"라는 말의 의미를 반드시 숙지해야만 합니다. 그렇다면 다른 요인(들)의 수준에 상관없다는 말은 무슨 의미일까요? 이 의미를 이해하는 가장 쉬운 방법은 '무작위 배치'를 이해하는 것입니다. 무작위 배치를 설명하면서 말씀드렸듯, 무작위로 집단을 구분한 후 처치집단에만 실험자극을 부여하고 통제집단에는 실험자극을 부여하지 않으면, 허위관계를 초래할 수 있는 제3의 요인(변수)이 집단별로 동등하게 배치된다고 기대할 수 있습니다. 다시 말해 "다른 요인들의 수준에 상관없이 실험처치 여부가 결과변수에 미치는 효과는 ~~하다"라고 말할 수 있게 됩니다. 바로 이 뜻입니다. 다시 말해 다른 요인들의 수준에 상관없다는 말은 원인변수가 아닌 다른 변수들의 수준은 동등하다고 기대할 수 있다는 말입니다(영어 문헌에서는 흔히 hold other variables being constant라고 표현합니다). 우선 실험연구방법을 사용한 경우 실험조작된 요인이 결과에 미치는 효과는 '주효과'에 해당됩니다. 나중에 설명할 관측연구의 경우 연구자가 제3의 변수에 대해 특정한 방식의 가정을 제시할 수 있다면, 주효과처럼 해석하는 것도 가능합니다(다시 말해 무작위 배치와 실험조작이 없는 관측연구에서는 X → Y의 인과관계를 주효과처럼 해석하는 데 제약이 있습니다).

반면 상호작용효과는 최소 2개 혹은 그 이상의 변수의 수준별로 원인변수가 결과변수에 미치는 효과를 언급합니다. 표현을 다시 살펴봅시다. "어떤 다른 요인의 수준에 따라"

라는 말은 X, Y가 아닌 다른 변수가 존재하며, 그 변수의 수준별로 X → Y의 효과가 어떻게 나타나는지를 살펴본다는 말입니다. 여기서 '어떤 다른 요인'을 M이라고 생각해 보겠습니다. 만약 X → Y의 효과가 M = 1인 경우는 정적(positive) 효과인 반면, M = 2인 경우는 부적(negative) 효과였다고 가정합시다. 이때 X → Y의 효과는 M의 수준에 따라 달라진 것을 알 수 있습니다. 즉 상호작용효과란 M의 변화가 인과관계, 다시 말해 "→"에 미치는 효과를 의미합니다.

추상적 설명 대신 구체적인 사례를 통해 살펴보죠. 실험요인이 2개(X_1, X_2) 포함된 실험설계를 떠올려 봅시다. 여기서 X_1은 광고등장인물로 '여성아이돌 등장광고'와 '남성아이돌 등장광고'를 의미하며, X_2는 광고제품으로 '화장품'과 '스낵'이라고 가정해 보겠습니다. 즉 두 실험요인을 교차하면 총 4개의 집단(각 집단은 30명으로 동일했다고 가정합시다)을 얻을 수 있습니다: (1) 여성아이돌이 등장하는 화장품 광고($X_{(여성아이돌+화장품)}$), (2) 남성아이돌이 등장하는 화장품 광고($X_{(남성아이돌+화장품)}$), (3) 여성아이돌이 등장하는 스낵광고($X_{(여성아이돌+스낵)}$), (4) 남성아이돌이 등장하는 스낵광고($X_{(남성아이돌+스낵)}$). 이렇게 얻은 4개 집단에 대해 광고된 제품에 대한 구매의사를 7점 척도(7점에 가까울수록 강한 구매의사)를 이용해 측정한 결과 Case I과 같은 패턴을 얻었다고 가정해 봅시다.

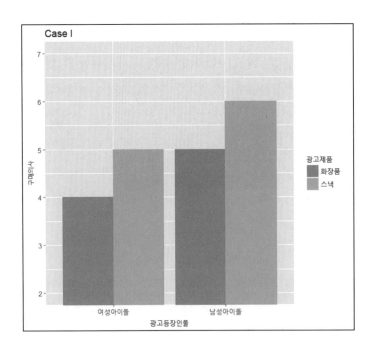

우선 주효과가 어떤지 계산해 보죠. 이 결과에는 실험요인이 2개 포함되어 있습니다. 다시 말해 X_1의 주효과와 X_2의 주효과가 존재합니다. 먼저 X_1의 주효과를 살펴보죠. 주효과의 정의는 "다른 요인(들)의 수준에 상관없이 특정 요인이 결과변수에 미치는 효과"를 의미입니다. 따라서 X_1의 주효과는 X_2의 수준에 상관없이 X_1이 결과변수, 즉 구매의도에 미치는 효과를 의미합니다. X_2의 수준을 고려하지 않은 채 여성아이돌이 등장한 광고를 접한 응답자는 4.5(4와 5의 평균[4])의 구매의도를 보였습니다. 반면 X_2의 수준을 고려하지 않은 채 남성아이돌이 등장한 광고를 접한 응답자는 5.5(5와 6의 평균)의 구매의도를 보였습니다. 다시 말해 광고에 등장하는 인물이 여성아이돌인지 남성아이돌인지에 따라 구매의도는 1의 차이를 보였으며, 이것이 바로 X_1의 주효과입니다. X_2의 주효과도 쉽게 계산할 수 있습니다. 즉 X_2의 주효과는 X_1의 수준에 상관없이 X_2이 결과변수(구매의도)에 미치는 효과를 의미하며, 이때 화장품 광고를 접한 응답자는 4.5(4와 5의 평균)의 구매의도를, 스낵을 접한 응답자는 5.5(5와 6의 평균)의 구매의도를 보였습니다.

그렇다면 상호작용효과는 어떨까요? 먼저 상호작용효과의 정의를 다시 살펴봅시다. 상호작용효과란 "어떤 다른 요인의 수준에 따라 특정 요인이 결과변수에 미치는 효과가 변하는 효과"입니다. 여기서 '어떤 다른 요인'을 X_2로 하고, X_1이 결과변수(다시 말해, 구매의도)에 미치는 효과를 살펴보도록 하죠. X_2 = 화장품인 경우 광고등장인물이 변하면(다시 말해 등장인물이 여성아이돌에서 남성아이돌로 바뀌면) 구매의도는 1만큼 증가(4 → 5)합니다. X_2 = 스낵인 경우, 광고등장인물이 변하면 마찬가지로 구매의도는 1만큼 증가(5 → 6)합니다. 즉 광고제품의 속성수준에 따라 광고등장인물이 결과변수에 미치는 효과는 일정합니다. 여기서 흔히 혼란이 발생합니다. 이렇게 물어보죠. "위의 결과에서 상호작용효과는 존재하나요?" 두 가지 응답이 가능합니다. 첫째, "상호작용효과는 0으로 존재한다." 왜 0으로 존재하나요? 간단합니다. X_2의 수준이 변하면 X_1이 결과변수에 미치는 효과는 0만큼 변하기 때문입니다. 이렇게 응답하는 사람들은 연구디자인을 강조하는, 즉 '형식(form)'을 강조하는 입장입니다. 둘째, "실질적 상호작용효과는 없다." 왜 이렇게 이야기할 수 있을까요? 왜냐하면 상호작용효과가 0이 나왔기 때문입니다. 변화가 0이라는 말을 변하지 않았다는 말로 해석한 것입니다. 이렇게 응답하는 사람들은 대체로 현상에

---

4 만약 집단별 사례수가 다르다면 사례수에 따라 다른 가중치를 부여해야 할 것입니다.

대한 설명을 강조하는, 즉 '내용(content)'을 강조하는 입장입니다.[5] 일단 본서에서는 첫 번째 입장, "즉 0의 크기를 갖는 상호작용효과"라는 입장을 택하겠습니다.

만약 동일한 실험을 했는데, 아래의 Case II와 같은 결과가 나타났다고 가정해 보죠. 앞에서와 마찬가지로 주효과와 상호작용효과를 계산하도록 하겠습니다. 먼저 X_1의 주효과를 살펴보죠. 주효과의 정의에 따라, X_1의 주효과는 X_2의 수준에 상관없이 X_1이 결과변수, 즉 구매의도에 미치는 효과를 의미합니다. X_2의 수준을 고려하지 않은 채 여성아이돌이 등장한 광고를 접한 응답자는 5(4와 6의 평균)의 구매의도를 보였습니다. 또한 X_2의 수준을 고려하지 않은 채 남성아이돌이 등장한 광고를 접한 응답자에게서도 5(5와 5의 평균)의 구매의도를 보였습니다. 다시 말해 광고등장인물 변화에 따라 구매의도는 0만큼 변했습니다(다시 말해 구매의도의 수준은 일정했습니다). 이제 X_2의 주효과를 구해 보죠. X_2의 주효과는 X_1의 수준에 상관없이 X_2이 결과변수(구매의도)에 미치는 효과를 의미하며, 이때 화장품 광고를 접한 응답자는 4.5(4와 5의 평균)의 구매의도를, 스낵을 접한 응답자는 5.5(6과 5의 평균)의 구매의도를 보였습니다. 즉 광고제품변화에 따라 구매의도는 1만큼의 평균변화가 나타났습니다.

그렇다면 상호작용효과는 어떨까요? 앞서와 마찬가지로 '어떤 다른 요인'을 X_2로 하고, X_1이 결과변수(다시 말해, 구매의도)에 미치는 효과를 살펴보도록 하죠. X_2 = 화장품인 경우 광고등장인물이 변하면(다시 말해 등장인물이 여성아이돌에서 남성아이돌로 바뀌면) 구매의도는 1만큼 증가(4 → 5)합니다. 반면 X_2 = 스낵인 경우, 광고등장인물이 변하면 마찬가

---

5   도움이 될지 모르겠습니다만, 물리학에서도 상황이 비슷합니다. 예를 들어 시속 20Km로 달리는 두 대의 차, A와 B가 있다고 가정해 봅시다. A에 탄 상태에서 B를 바라보면 A는 어떻게 보일까요? 그렇죠. 마치 멈춰있는 것처럼 보입니다. 왜냐하면 두 자동차가 같은 속도로 달리고 있기 때문입니다. 여기에 대해서 두 가지로 이야기할 수 있습니다. 첫째, A와 B는 같은 속도로 달리고 있다. 즉 속도의 차이는 0이다. 둘째, A는 멈추어 있다. 왜냐하면 B입장에서 볼 때 A의 위치가 변하지 않았기 때문입니다. 그러나 아마도 적지 않은 분들이 둘째와 같이 말하는 것이 타당하지 않다고 이야기할지도 모르겠습니다. 하지만 그렇지 않습니다. 적도를 기준으로 볼 때, 지구의 자전속도는 시속 1,670Km입니다. 다시 말해 여러분이 미동도 하지 않고 있다고 해도, 현재 여러분은 시속 1,670Km로 움직이고 있다는 뜻입니다(왜냐하면 그래야 여러분이 현재 위치에 그대로 멈추어 있을 수 있기 때문이니까요). 다시 말해 우리가 보고 있는 세상에서 "고정된 물체"는 다름 아닌 "지구의 자전속도와 동일한 속도로 움직이는 물체"를 뜻합니다. 다시 말해 물리학적 관점에서 본다면 움직임이 0인 물체는 존재하지 않습니다. 움직임이 0인 물체가 아니라 어떤 물체의 속도와 기준이 되는 물체의 속도의 차이가 0인 경우가 존재할 뿐이라고 볼 수 있죠.

지로 구매의도는 1만큼 감소(6 → 5)합니다. 즉 광고제품의 속성수준에 따라 광고등장인물이 결과변수에 미치는 효과는 달라졌습니다[+1 ≠ −1].

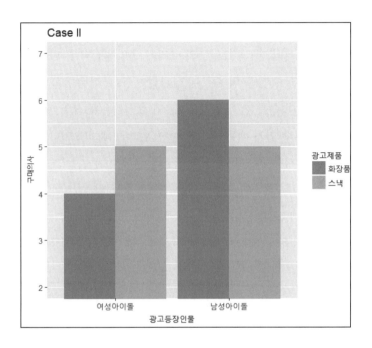

두 사례를 다시 살펴봅시다. 일단 연구의 내용물이 다르게 나타났습니다. 그러나 연구방법론에서 더 중요하게 생각하는 것은 내용물이 아니라 내용물의 변화를 포괄하는 형식입니다. 두 사례는 동일한 형식을 가지고 있죠? 그렇습니다. 실험설계가 동일합니다(2개의 실험요인과 1개의 결과변수). 실험설계가 동일하니 어떠한가요? 그렇습니다. 실험설계에서 확인할 수 있는 주효과의 종류와 개수, 그리고 상호작용효과가 동일합니다. 즉 다양한 현상에서 공통적으로 나타나는 형식적 동일성을 파악하면, 어떠한 현상에 맞닥뜨려도 당황하지 않고 현상을 이해하고 이에 맞게 대처할 수 있겠죠. 바로 이것이 연구방법론을 배우는 이유입니다. 시간이 지나고 공간이 바뀌면 현상도 바뀌고, 이에 따라 내용도 달라집니다. 그러나 내용을 초월하여 변하지 않는 형식적 틀을 파악할 수 있다면, 달라진 내용에 적용하는 것이 그리 어렵지는 않을 것입니다.

지금은 실험설계를 적용한 연구를 살펴보았습니다. 만약 무작위 배치와 실험조작을 하지 않은 관측연구라면 어떨까요? 두 가지 말씀을 드리고 싶습니다. 첫째, 실험설계처럼 명확한 인과관계를 말하는 것은 불가능합니다. 둘째, 따라서 분석을 통해 얻은 결과를 인과관계를 지지하는 근거로 사용할 때는 매우 겸손해야만 합니다.

차례대로 살펴보겠습니다. 무작위 배치와 실험조작이 없는 경우 원인과 결과의 관계는 절대 명확하다고 말하기 어렵습니다. 무작위 배치의 장점을 다시 떠올려 보시기 바랍니다. 무작위 배치를 하면 집단들 사이의 제3의 요인들의 효과가 동일해집니다. 바로 이 이유 때문에 주효과의 정의에서 "다른 요인(들)의 수준에 상관없이, ~~"라는 조건이 충족됩니다. 왜냐하면 실험조작된 원인변수를 뺀 나머지의 제3의 요인들은 무작위 배치를 통해 이론적으로 동등하다고 가정할 수 있기 때문입니다. 반면 무작위 배치가 없다면 어떨까요? 우리는 원인변수를 뺀 나머지가 과연 동등한지 "확신하는 것이 불가능"하겠죠. 따라서 무작위 배치와 실험조작이 없는 관측연구에서 얻은 결과를 해석할 때는 매우 겸손해야만 합니다(그렇다고 실험결과에 대해서 맹신하라는 의미는 아니니 오해 없기 바랍니다).

실례를 살펴보겠습니다. 만약 유권자의 소득수준과 보수정당 지지성향의 관계를 관측연구를 통해서 연구했다고 가정해 봅시다. 첫째, 우리는 절대로 유권자의 소득수준을 실험조작할 수 없습니다(적어도 현실적으로). 둘째, 유권자의 소득수준을 제외한 다른 변수들을 무작위 배치하는 것도 불가능합니다(예를 들어 거주지역을 무작위 배치할 수 있을까요? 소득수준과 상관없이 교육수준을 갖도록 하고, 연령을 무작위로 배치할 수 있을까요? 불가능하죠). 따라서 설사 관측연구를 통해 소득수준이 높을수록 보수정당 지지성향이 높다는 연구결과를 얻어도, 우리는 "다른 요인들의 수준에 상관없이" 소득수준이 높을수록 보수정당을 지지하는 성향이 높아진다는 이야기를 할 수 없습니다. 따라서 우리는 소득수준과 보수정당 지지성향의 관계에 대해 언급할 때 매우 겸손하게 이야기해야 합니다. 즉 어떤 사람이 보수정당을 지지한다고 할 때, "그 사람은 부유하잖아!"라는 식의 설명은 완전히 틀렸다고 볼 수는 없어도 명확한 과학적 인과관계라고 말할 수 없다는 뜻입니다.

주효과만 그런 것이 아닙니다. 상호작용효과 역시도 마찬가지입니다. 특히 상호작용효과의 경우 실험연구와 관측연구는 그 성격이 매우 다릅니다. 앞의 사례(광고등장인물과 광고제품이 구매의도에 미치는 효과)의 경우, 원인이 되는 두 변수는 실험조작을 했기 때문에 서로서로 무관합니다[흔히 통계학에서는 '상호독립적(mutually independent)' 혹은 '직교적(orthogonal)'이라는 표현을 씁니다]. 그러나 만약 아래와 같은 결과를 얻은 관측연구를 가정해 봅시다.

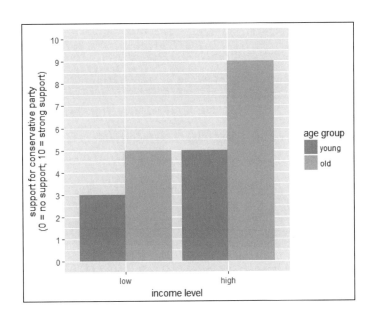

소득수준이 보수정당에 미치는 효과가 연령수준에 따라 어떻게 달라지는지 살펴보죠. 연령이 젊을 경우(young), 소득이 low → high로 변할 때 보수정당지지성향은 +2만큼 변합니다. 반면 연령이 많은 경우(old), 소득이 low → high로 변할 때 보수정당지지성향은 +4만큼 변합니다. 다시 말해 연령수준에 따라 소득변화가 보수정당지지성향 변화에 미치는 효과는 달라지는 상호작용효과를 확인하였습니다.

여기서 한번 생각해 볼 문제가 있습니다. 무작위 배치에 따라 광고등장인물과 광고제품을 실험조작한 경우, 광고등장인물변화와 광고제품 속성변화는 서로 무관합니다. 그러나 여기서 살펴본 사례, 즉 소득변화와 연령변화는 어떨까요? 상식적으로 나이가 많을수록 소득도 높아지게 마련입니다(물론 예외도 있습니다만, 전반적으로 그런 패턴이 나오는 것을 부정하기 어렵습니다). 다시 말해 두 원인변수들은 서로가 서로에 대해 독립적이지 않습니다. 여기서 이의를 제기할 수도 있습니다. "소득이 보수정당지지성향에 미치는 효과가 연령에 따라 달라지는 조절효과(moderation effect)가 아니라, '연령 변화'가 '소득변화'를 초래하고, 이에 따라 '보수정당지지성향의 변화'로 이어지는 매개효과(mediation effect)가 더 타당하지 않을까?" 적절한 반론입니다(그렇다고 이 반론이 절대적인 참이라고 보기도 어렵습니다). 그렇다면 연령, 소득, 보수정당지지성향의 세 변수의 관계는 어떻다고 보아야 할까요? 여기에 대한 제 의견을 말씀드리자면, "불행하게도 방법론적 지식으로 결정적인 답을 찾을 수는 없다"입니다.[6] 관측연구 자료에 대한 답은 아쉽게도(?) 혹은 역설적이게도(?) 이론에서 찾아야 합니다. 어떤 이론이 설득력이 있는지를 이론적 논의를 통해 찾아야 할 것입니다. 물론 여기서 저는 사변적인 이론을 말씀드리는 것이 아닙니다. 경험적 증거를 확보하되, 경험적 증거에 내재한 불가피한 결함을 인정하고 이를 현상에 대한 인간의 이성적 논증의 결과인 이론을 통해 보완하는 것을 말씀드리는 것입니다.

캠벨과 스탠리의 도식(Campbell & Stanley's scheme) _____ 지금 설명할 캠벨과 스탠리의 도식은 캠벨과 스탠리(Campbell & Stanley, 1964)가 제안한 R, O, X라는 기호를 이용하여 연구설계를 도식을 의미합니다(여기서는 편의상 ROX도식이라고 약칭하겠습니다). ROX도식은 적어도 사회과학분야에서 매우 널리 사용됩니다(약학이나 의학 등 생체실험을 하는 분과에서 사용한 것도 본 적이 있습니다). ROX도식은 연구설계의 핵심을 이해하고, 해당 연구설계의 장점과 단점을 파악하는 데 매우 유용합니다. ROX도식에는 여러 형태들이 있지만(관심이 있는 분은 Shadish, Cook, & Campbell, 2002의 책을 보시기 바랍니다), 여기서는 캠벨과 스탠리(Campbell & Stanley, 1964)가 최초로 제안했던 아래의 6개의 도식들만 살펴보겠습니다. 사실 이 여섯 개만 잘 이해한다면 거의 대부분의 연구들을 쉽게 파악할 수 있습니다.

- 비실험설계[전(前) 실험설계]
  1. 단일시행사례설계(single-shot case design)
  2. 단일집단 사전측정–사후측정 설계(one group pretest-posttest design)
  3. 정적집단 비교설계(static group comparison)
- 실험설계[진(眞) 실험설계]
  4. 사전측정–사후측정 통제집단 설계(pretest-posttest control group design)
  5. 솔로몬 4개집단 설계(Solomon four-group design)
  6. 사후측정 통제집단 설계(posttest-only control group design)

출처: Campbell & Stanley (1964), p. 8

---

6 물론 어떤 학자들은 방법론적으로 위의 질문에 대한 해답을 찾을 수 있다고 믿을지도 모르겠습니다. 그러나 저는 이런 분들과는 의견을 달리 합니다.

우선 ROX도식에 포함되는 약자가 무엇을 뜻하는지 살펴봅시다. 우선 R은 무작위 배치(random assignment)를 의미합니다. O는 개체에 대한 관측치(observation)을 의미합니다. X는 원인(cause)을 의미합니다. 추가적으로 점선(…)을 사용하기도 하는데, 이 경우에는 집단과 집단이 서로 독립적이지 않은 집단임을 나타낼 때 사용합니다(그러나 사용되지 않는 경우가 더 많은 듯합니다. 다시 말해 캠벨과 스탠리가 아닌 다른 학자들의 경우 사용하기도 혹은 사용하지 않기도 합니다). 집단과 집단이 서로 독립적이지 않을 수 있다는 것은 앞에서 설명한 바 있습니다[또한 내적 타당도 저해요인(threats to internal validity) 중 자기선택(self-selection)에서도 설명한 바 있습니다].

캠벨과 스탠리(Campbell & Stanley, 1964)는 6개의 연구설계를 제시하였는데, 이 중 3개는 관측연구에 적용되는 연구설계이며(1~3번), 다른 3개는 실험연구에 적용되는 연구설계입니다(4~6번). 우선 실험연구에 적용되는 연구설계부터 살펴보겠습니다. 가장 먼저 설명할 연구설계는 6번(사후측정 통제집단 설계, posttest-only control group design)입니다. 6번의 이름을 외우려고 노력하는 분도 있는데, 저는 외울 필요 없다고 생각합니다. 왜냐하면 6번 설계를 이해하면 왜 이런 이름이 붙었는지 자연스럽게 외워지기 때문입니다. 사실 6번 설계는 앞에서 여러 차례 다루었습니다. 일단 6번 연구설계를 먼저 살펴봅시다(원문에는 O 뒤에 아래첨자(subscript)가 붙지 않았습니다만, 설명의 편의를 위해 제가 붙였습니다).

$$R \quad X \quad O_1$$
$$R \qquad\quad O_2$$

위의 도식을 읽는 순서는 왼쪽에서 오른쪽입니다. 또한 가로줄의 수는 설계에 포함된 집단의 수를 의미합니다. 첫 줄을 왼쪽부터 순서대로 읽어보죠. 첫 번째 집단은 무작위 배치(R, Random assignment)된 집단이며, 원인(X, cause)이 주어진 후, 관측치를 얻었다. 두 번째 집단은 무작위 배치(R)된 집단인데, 원인이 주어지지 않은 채 관측치를 얻었다. 어렵지 않죠? 자 이제 조금 더 해석을 해 봅시다. 첫 번째 가로줄은 어떤 집단인가요? 그렇습니다. 처치집단(treatment group)입니다. 두 번째 가로줄은요? 그렇죠. 통제집단(control group)입니다. 자 여기서 O_1과 O_2를 비교하였는데 $O_1 > O_2$였다고 해 보죠. 그렇다면 우리는 실험처치로 인해 관측치의 값, 즉 결과변수의 값이 상승하였다고 말할 수 있습니다.

앞서 소개한 사례를 다시 떠올려 보겠습니다. 전체 연구표본을 3집단으로 무작위 배치한 후, 한 집단에는 '공포물'(실험처치물)을, 다른 집단에는 '연애물'(플라시보)을, 그리고 나머지 다른 집단에는 실험처치를 전혀 가하지 않은 후, 심장박동수를 측정한 실험을 기억하시죠? 이 경우는 어떻게 ROX도식으로 표현할 수 있을까요? 위의 도식을 조금만 더 응용하면 됩니다. 달라진 것은 무엇인가요? 딱 하나뿐입니다. 집단의 수가 2개에서 3개로 증가한 것이죠. 그렇다면 다음과 같이 하면 되겠죠?

$$R \quad X_{공포물} \quad O_1$$
$$R \quad X_{연애물} \quad O_2$$
$$R \qquad\qquad O_3$$

이것이 이해가 되었다면 실험집단이 4개 혹은 그 이상인 경우도 충분히 ROX도식으로 표현할 수 있을 것입니다. 왜 6번 설계의 이름이 사후측정(posttest-only) 통제집단(control group) 설계인지 이해할 수 있습니다. '사후측정'인 이유는 관측치를 원인, 즉 X 이후에 측정했기 때문이며, '통제집단'이 포함된 이유는 X가 없는 집단, 즉 통제집단이 들어갔기 때문입니다.

순서가 약간 뒤죽박죽이지만, 이제 4번으로 옮겨가 보겠습니다. 4번의 이름은 사전측정-사후측정 통제집단 설계(pretest-posttest control group design)입니다. 마찬가지로 이름을 외울 필요 없다고 생각합니다. ROX도식으로 전달하고자 하는 연구의 설계를 이해하는 것이 핵심이기 때문입니다. 4번의 형태를 봅시다.

$$R \quad O_1 \quad X \quad O_2$$
$$R \quad O_3 \qquad O_4$$

6번과 마찬가지입니다. 가로줄의 개수는 집단의 수를 의미하며, 왼쪽부터 시간적으로 선행합니다. 즉 무작위 배치된 2개의 집단이 존재하며 원인을 제시하기 전에 측정하고 (즉 사전측정, pretest), 원인을 제시한 후에 측정하였습니다(즉 사후측정, posttest). 6번과 달라진 것은 사전측정(pretest)이 존재한다는 것입니다.

그렇다면 사전측정이 존재하면 뭐가 좋은 것일까요? 흔히 2가지 장점이 언급됩니다. 첫째, 시간에 따른 개체내부의 변화를 측정할 수 있습니다. 앞서 개체내 요인(within-subject factor)를 설명할 때, 가장 전형적인 개체내 요인으로 '시간'을 언급했던 것을 기억하실 것입니다. 시간에 따른 변화를 측정할 수 있다는 점은 4번 설계의 가장 매력적인 점입니다. $O_2 - O_1$과 $O_4 - O_3$를 통해 시간에 따라 개체가 어떻게 변하였는지를 살펴볼 수 있으며, 또한 처치집단(첫 번째 집단)에서 나타난 개체변화 $O_2 - O_1$가 통제집단(두 번째 집단)에서 나타난 개체변화 $O_4 - O_3$에 비해 어떠한 값을 갖는지를 비교함으로써 원인변수 X가 변화율에 미치는 효과를 살펴볼 수 있습니다(다시 말해 시간변화가 관측치 변화에 미치는 효과가 실험처치 X의 유무에 따라 어떻게 달라지는지를 다루는 상호작용효과를 통해). 4번 집단을 활용하면 시간흐름에 따라 나타나는 내적 타당도 저해요인들인 성숙(maturation), 테스팅(testing), 도구화(instrumentation) 효과 등이 나타나는지, 또한 원인변수와는 어떻게 상호작용하는지 등을 살펴볼 수 있습니다.

둘째, 무작위 배치가 얼마나 잘 되었는지를 살펴볼 수 있다는 점입니다. 무작위 배치는 사실 양날의 칼입니다. 무작위 배치이기 때문에 비교대상이 되는 집단들이 동등하다고 할 수도 있지만, 무작위 배치이기 때문에 우연히 비교대상 집단들이 동등하지 않을 수도 있습니다. 즉 6번 설계의 경우 결과변수의 차이가 원인이 되는 X의 유무에 따라 발생했다고 할 수도 있지만, 어쩌면 무작위 배치로 인해 우연하게(물론 확률이 낮겠지만) 그렇게 발생했다고 볼 수도 있습니다. 그러나 4번 설계의 경우 O_1과 O_2를 비교하면 두 집단이 적어도 결과변수 측면에서 동등한지를 평가할 수 있습니다.[7]

그러나 세상만사가 그렇겠지만, 완벽하게 좋은 것은 없습니다. 얻는 것이 있다면 잃는 것이 있죠. 사전측정을 하는 것도 마찬가지입니다. 가장 큰 문제는 다음과 같습니다. 사전측정을 하게 되면서 실험에 참여한 개체가 실험의 목적을 추측하게 될 가능성이 높습니다. 다시 말해 실험의 목적을 알게 된 실험참여자의 심리상태는 사후측정에 영향을 줄 수도 있습니다. 여러분이 어떤 실험에 참여하는데, 짧은 시간간격을 두고 같은 측정을 두 번 반복했다고 가정해 보시기 바랍니다. 사후측정은 사전측정과 조금 다를 것 같죠?

---

7 개인적으로는 두 번째 이유는 그다지 매력적이라고 생각되지 않습니다. 왜냐하면 확률적으로 매우 희박한 경우를 다루고 있다고 보기 때문입니다.

사람을 실험참여자로 선택한 실험의 경우 사전측정–사후측정과 같은 반복측정은 심리적 반발(psychological reactance) 혹은 심리적 순응(psychological compliance)을 초래할 위험성에 언제나 노출되어 있습니다.

아무튼 앞서 소개한 6번 실험설계 사례를 조금 응용하여 4번 실험설계로 바꾸어 보겠습니다. 전체 연구표본을 3집단으로 무작위 배치한 후, 한 집단에는 '공포물'(실험처치물)을, 다른 집단에는 '연애물'(플라시보)을, 그리고 나머지 다른 집단에는 실험처치를 전혀 가하지 않은 후, 심장박동수를 측정한 실험에서, 사후측정과 함께 사전측정도 포함했다고 가정해 보죠. 만약 이 경우는 다음과 같은 ROX도식으로 표현할 수 있습니다. 달라진 것은 무엇인가요? 딱 하나뿐입니다. R과 X 사이에 관측(즉 심장박동수 측정)을 한 번 더 실시한 것뿐입니다.

$$
\begin{array}{llll}
R & O_1 & X_{공포물} & O_2 \\
R & O_3 & X_{연애물} & O_4 \\
R & O_5 & & O_6
\end{array}
$$

4번 설계와 6번 설계를 이해했다면 5번 설계를 이해하는 것은 매우 쉽습니다. 4번 실험설계의 단점으로 '무작위 배치가 성공적이었는지를 알 수 없다'는 것 말씀드렸고, 6번 실험설계의 단점으로 '사전측정이 사후측정에 어떤 영향을 미칠 수도 있다'는 것 말씀드린 바 있습니다. 그렇다면 4번과 6번을 섞으면 어떻게 될까요? 서로가 서로의 단점을 상호보완할 것입니다. 기본적으로 5번 실험설계는 4번과 6번을 혼합한 설계이며, 이 설계의 이름은 이 아이디어를 제안한 사람의 이름을 따 솔로몬 4개집단 설계(Solomon four-group design)라고 불립니다. 우선 솔로몬 4개집단 설계를 ROX도식으로 살펴보죠.

$$
\begin{array}{llll}
R & O_1 & X & O_2 \\
R & O_3 & & O_4 \\
R & & X & O_5 \\
R & & & O_6
\end{array}
$$

위의 두 줄은 4번 설계에서, 아래의 두 줄은 6번 설계에서 가져온 것임을 쉽게 짐작하실 수 있을 것입니다. 일단 솔로몬 4집단 설계는 6번 설계의 약점과 4번 설계의 약점이 어떠한지 경험적 자료를 통해 살펴볼 수 있다는 점에서 매우 유용합니다.

그러나 언제나 그러하듯 모든 것이 다 좋은 것은 없습니다. 솔로몬 4집단 설계의 약점은 바로 '비용(cost)'입니다. 아주 간단하게 말하자면, 4번 설계나 6번 설계에 비해 비용(돈은 물론 시간과 노력도 포함)이 2배가량 더 듭니다. 또한 데이터 분석의 측면에서 솔로몬 4집단 설계의 경우 분석기법이 상당히 까다롭습니다(물론 불가능하지는 않습니다만...). 일단 이 부분은 연구설계와는 무관한 부분이기에 구체적인 설명은 제시하지 않겠습니다.

캠벨과 스탠리(Campbell & Stanley, 1964)는 4~6번 설계들을 '진(眞) 실험설계(true experimental designs)'라고 불렀습니다. 이름이 조금 이상하게 들릴 수도 있지만, 이 세 가지 설계들은 그냥 '실험설계'라고 이해하시면 됩니다. 왜 캠벨과 스탠리가 4~6번 설계들을 진 실험설계라고 불렀는지에 대해서는 1~3번 설계들을 설명한 후 설명드리도록 하겠습니다.

1~3번 설계들을 살펴보겠습니다. 명심하셔야 할 것은 이들 세 설계들은 "실험설계가 아닙니다". 캠벨과 스탠리는 1~3번 설계들에 대해 '전(前) 실험설계(pre-experimental designs)'라는 이름을 붙였는데, 여기서 종종 오해가 발생합니다. 다시 명확하게 말씀드리겠습니다. 1~3번 설계들은 실험설계가 아닙니다. 이번 장에서 제가 구분한 용어로 말씀드리면 이들은 관측연구이며, 연구자에 따라 '비실험설계(non-experimental design)'라고 부르기도 합니다.[8] 아무튼 핵심은 1~3번 설계들은 실험설계가 아닙니다. 그렇다면 왜 캠벨과 스탠리는 '사전실험설계'라는 용어를 사용했을까요? 그 이유는 캠벨과 스탠리의 관점에서 실험설계는 "이론적 기대(theoretical expectation)" 다시 말해 가설(hypothesis)이 필요한데, 가설을 수립하기 위한 전단계를 관측연구 결과로 상정하고 있기 때문입니다. 즉 캠벨과 스탠리는 무작위 배치가 불가능한 현실에서 발견된 원인과 결과의 관계를 토대로 '가설'을 세운 후 실험을 통해 그 가설의 진위 여부를 가리는 연구단계를 상정하고

---

8 캠벨과 스탠리(Campbell & Stanley, 1964)는 유사실험설계(quasi-experimental designs)라는 이름으로 7~12번 설계를 추가로 제공하고 있습니다(p. 40). 비실험설계 혹은 관측연구는 보통 사전실험설계와 유사실험설계를 따르는 모든 연구들을 포괄하는 용어로 사용됩니다.

있었기 때문입니다. 이런 관점에서 보면 관측연구를 통해 얻은 발견은 실험설계를 위한 '사전 단계'라고 볼 수 있겠죠. 바로 이런 점에서 캠벨과 스탠리는 '전실험설계'라는 이름을 사용한 것입니다. 아무튼 다시 반복합니다. 1~3번 설계들은 실험설계가 아닙니다.

자 이제 1번 설계를 살펴봅시다. 1번 설계의 이름은 단일시행사례설계(single-shot case design)입니다. 마찬가지로 이름을 외우시지 않으셔도 무방합니다. 1번 설계를 ROX도식으로 표현하면 아래와 같습니다.

$$\boxed{\qquad X \quad O_1 \qquad}$$

아주 간단합니다. "이게 무슨 연구설계냐?"라고 하실 분도 있을지 모르겠습니다. 물론 소위 주류 과학에 속하는 연구들에서는 단일시행사례설계를 거의 사용하지 않습니다. 그러나 아주 사용하지 않는 것은 아닙니다. 도식에서 알 수 있듯 자극을 준 후 결과를 관측합니다. 이를테면 어느 학교에 새로 부임한 신임교수의 강의 후 수강생의 강의만족도를 측정했다고 생각해 보죠. 만약 강의만족도를 5점 리커트 척도로 측정했을 경우 (5점일수록 만족도가 높음), 만약 해당 신임교수의 강의에 대한 만족도가 4.3이 나왔다고 가정해 보죠. 이 정보만 갖고도 우리는 "아 신임교수의 강의에 대해 수강생들이 전반적으로 만족하고 있구나"라고 판단을 내릴 수 있습니다.

그러나 눈치챈 분들도 있겠지만, 1번 설계는 상당히 위험합니다. 우선 비교집단이 없기 때문에 과연 해당 신임교수의 강의가 상대적으로 만족스러운 것인지 확신할 수 없습니다. 예를 들어 다른 과목들의 강의만족도가 4.0~4.5정도였다고 가정해 보죠. 이 경우 신임교수의 강의만족도는 특별히 높다고 이야기하기 어렵습니다(물론 두 가지로 해석할 수 있습니다. 첫째, 해당 학교의 교수들의 강의는 전반적으로 만족스럽다고 인식된다. 둘째, 해당 학교에 다니는 학생들은 전반적으로 강의평가 점수를 후하게 주고 있다).

이 외에도 내적 타당도 측면에서 몇 가지 위험한 요소들이 존재합니다. 이에 대해서는 캠벨과 스탠리의 논의를 참고하시기 바랍니다. 그러나 절대로 캠벨과 스탠리의 판단을 믿지 마시고, 여러분이 처한 상황에 따라 어떤 문제가 발생할 수 있는지 주체적으로 판단하시기 바랍니다.

다음으로 2번 설계를 살펴봅시다. 2번 설계의 이름은 단일집단 사전측정-사후측정 설계(one group pretest-posttest design)입니다. 이름을 외우시지 않으셔도 무방하지만, 어떻게 설계된 것인지는 이해하셔야 합니다.

$$O_1 \quad X \quad O_2$$

2번 설계는 시간의 흐름 속에 발생한 사건이 연구대상이 되는 집단에 미친 효과를 관측한 경우를 의미합니다. 가슴 아픈 일이지만, 어떤 사람들은 한국사회는 '세월호 사건'을 전후로 나뉜다고 말할 정도로 세월호 침몰사고는 한국사회에 큰 영향을 끼쳤습니다. 아무튼 이러한 평가는 기본적으로 2번 설계를 기반으로 도출된 결과입니다. 즉 세월호 사건과 같은 사건을 원인(X)으로, 그리고 사건 전후, 즉 '이전의 안전에 대한 한국인의 기대(O_1)'와 '이후의 안전에 대한 한국인의 기대(O_2)'를 비교한다면 아마도 우리는 "세월호 사건을 겪은 후 안전에 대한 기대가 대폭 하락하였다($O_1 < O_2$)"라고 말할 수 있을 것입니다.

세월호 사건의 효과는 아마도 부정하기 어려울지 모르지만, 2번 설계를 통해 얻은 결과는 종종 왜곡되기 쉽습니다. 대표적인 문제가 바로 시간과 관련된 내적 타당도 저해요인들인 역사(history), 성숙(maturation), 통계적 회귀(regression toward the mean), 테스팅(testing), 도구화(instrumentation) 등입니다. 특히 사회과학에서는 역사, 성숙, 통계적 회귀 등의 저해요인들을 매우 조심하셔야 합니다.

2번 설계가 시간의 흐름 속에서 연구결과를 도출하는 관측연구 설계라면, 3번 설계는 공간의 차이 혹은 집단의 차이를 통해 연구결과를 도출하는 관측연구 설계입니다. 캠벨과 스탠리는 정적집단 비교설계(static group comparison)이라는 이름을 붙였습니다만, 굳이 외울 필요는 없다고 생각합니다. 하지만 3번 설계가 현실을 어떻게 바라보고 무엇을 도출하는가에 대해서는 심사숙고할 필요가 있습니다.

$$X \quad O_1$$
$$\cdots\cdots\cdots\cdots\cdots$$
$$O_2$$

다른 설계들과는 달리 여기서는 점선이 쓰였습니다. 앞에서 잠시 언급했지만, 여기서 점선은 두 집단이 서로 독립적이지 않다는 것을 보여주는 것이 목적입니다만, ROX도식을 받아들이는 학자들 중에서도 많은 수가 점선을 사용하지 않고 있습니다. 왜냐하면 원인(X)의 등장 이전에 R이 없기 때문입니다. 다시 말해 두 집단은 무작위 배치되지 않은 집단이기 때문에 별도의 점선과 같은 추가적 언급을 하지 않아도 3번 설계와 앞서 설명한 6번 설계의 차이점을 이해하는 것이 그다지 어렵지 않기 때문입니다. 따라서 아래의 사례에서는 별도의 점선 표시를 제공하지 않겠습니다.

3번 설계의 사례는 앞서 소개한 "소득수준과 보수정당 지지성향의 관계"입니다. 소득수준이 높은 집단과 낮은 집단의 보수정당 지지성향을 비교할 경우, 무작위 배치와 실험조작(즉 원인변수의 변화)이 없기 때문에 아래와 같이 표현할 수 있습니다.

$$X_{고소득} \quad O_1$$
$$X_{저소득} \quad O_2$$

그렇다면 유권자의 소득수준과 연령수준별 보수정당 지지성향을 살펴본 사례는 어떻게 표현할 수 있을까요? 어렵지 않습니다. 아래와 같이 하면 아주 간단하게 표현할 수 있습니다.

$$X_{고소득} \quad X_{저연령} \quad O_1$$
$$X_{고소득} \quad X_{고연령} \quad O_2$$
$$X_{저소득} \quad X_{저연령} \quad O_3$$
$$X_{저소득} \quad X_{고연령} \quad O_4$$

무작위 배치와 실험조작을 하지 않았을 때 발생할 수 있는 내적 타당도 저해요인에 대해 여러 차례에 걸쳐 말씀드린 바 있습니다. 위의 연구설계에서 가장 큰 문제점은 자기선택(self-selection)입니다. 다시 말해 원인과 결과의 관계를 설명하는 제3의 변수가 존재할 가능성을 배제하는 것이 쉽지 않습니다. 여러 차례에 걸쳐 말씀드렸으니 아마도 왜 자기선택 요소가 내적 타당도, 즉 과학적 인과율을 확립하는데 방해가 되는지 이해하시는 데 큰 어려움은 없으실 것입니다.

캠벨과 스탠리가 제안한 ROX도식은 상당히 널리 사용되고 있습니다(그리고 매우 유용합니다). 또한 캠벨과 스탠리가 제안한 연구설계 분류 역시 매우 널리 사용되고 있습니다. 여기서는 여섯 개의 연구설계만 다루었지만, 상황에 따라 다른 연구설계 역시도 가능합니다(예를 들어 Campbell & Stanley, 1964, p. 40; 혹은 Shadish et al., 2002 참조). 그러나 여기서 소개한 연구설계들만 다 이해하여도 소개되지 않은 연구설계들을 이해하는 데는 큰 무리가 없을 것입니다.

정리하자면 캠벨과 스탠리가 제안한 1~3번 설계들(one-shot case study, one group pretest-posttest design, static group comparison)은 관측연구에서 사용되는 간단한 수준의 설계이며, 4~6번 설계들(posttest-only control group design, pretest-posttest control group design, Solomon four-group design)은 실험연구에서 사용되는 기본 설계입니다. 이들 중 사회과학연구에서 가장 빈번하게 등장하는 연구설계들은 2번 설계, 3번 설계, 4번 설계, 6번 설계의 네 가지입니다(어림짐작으로 말씀드리면 최소 70% 이상의 연구들이 이들 설계를 기반으로 하고 있다고 저는 생각합니다. 주관적인 판단에 기초한 것이지만, 아마도 크게 틀리지는 않을 것 같습니다).

끝으로 다소는 도식적으로 실험연구와 관측연구의 장단점을 말씀드리고 마무리를 짓도록 하겠습니다. 실험연구의 강점은 바로 무작위 배치와 실험조작을 통해 과학적 인과율 3가지 조건을 충족시키는 결과를 얻을 수 있다는 점입니다(물론 상관관계가 확보된다는 것을 전제하였을 때). 다시 말해 실험연구설계를 적용한 연구를 통해 원인변수와 결과변수의 상관관계가 확보하였다면 연구자가 제안한 원인-결과의 인과관계는 내적 타당도를 확보했다고 볼 수 있습니다. 그러나 무작위 배치와 실험조작이라는 실험연구의 강점은 어떤 면에서 보면 단점이기도 합니다. 왜냐하면 이 두 가지는 실험개체의 자율성을 부정하고, 개체가 원인이 되는 사건을 겪게끔 인위적으로 강요하기 때문입니다. 즉 실험을 통해 확보한 결과는 내적 타당도를 확보했다고 하더라도, 인위적인 연구상황에서 얻은 결과가 현실상황에서 재현된다고 확신할 수 없는 외적 타당도 문제에서 자유롭기 어렵습니다(물론 실험연구에 참여하는 실험참가자의 특수성이나 실험처치에서 사용하는 원인의 종류나 측정방식의 차이로 인한 문제도 발생할 수 있습니다만, 가장 문제가 되는 것이 현실의 환경과 실험의 환경입니다).

반면 관측연구의 경우 연구발견의 현실타당성은 상대적으로 높습니다. 즉 인위적인 상황에서 만들어진 발견이 아닌 경우가 많습니다. 그러나 연구자가 파악한 인과관계가 정말로 타당한, 즉 내적 타당도가 확보된 인과관계인가 생각해 보면 그렇지 않다고 보아야 할 것입니다. 다시 말해 연구자가 상정한 원인변수와 결과변수의 관계 그 자체는 현실에서의 재현가능성이 높을지 몰라도, 연구자가 상정한 원인-결과의 인과관계가 진짜 인과관계라고 말할 수 없을 가능성도 높습니다.

조금 허망할 수도 있습니다. 왜냐하면 이것은 이래서 문제, 저것은 저래서 문제라고 이야기하기 때문이죠. 이에 대한 방법론 교과서의 처방은 간단합니다. 연구자가 주장하는 원인-결과의 인과관계가 실험에서도 나타나고, 관측연구(이를테면 설문조사나 빅데이터 연구, 혹은 아카이브 데이터에 대한 내용분석 연구 등)에서도 나타난다면 연구자의 "원인-결과의 인과관계"가 보다 넓은 의미의 내적 타당도와 외적 타당도를 확보할 수 있다고 제안합니다. 하나의 이론적 주장에 대해 다양한 방법론적 기법들로 접근하였을 때 여전히 타당한지 살펴보자는 이러한 방법론 교과서의 주장을 흔히 '방법론적 삼각측량(methodological triangulation)'이라고 부릅니다. 흔히 삼각측량은 삼각형(triangle)의 특성을 이용해 특정 지점의 좌표와 거리를 계산하는 방법을 의미합니다. 즉 다양한 방법론적 기법들을 통해 얻은 결과들을 삼각형을 이루는 세 점의 좌표와 거리에 비유하고, 우리가 테스트하고자 하는 이론적 진술문을 알아내고자 하는 특정 지점의 좌표에 비유한 것이죠. 하나의 가설을 검증하는 것이 얼마나 어려운 일인지 느끼신다면, 과학적 연구를 통해 밝혀낸 결과가 듣기에는 별것 아닌 것 같아도 그것의 진실됨을 부정하는 것이 쉽지 않은 일임을 느끼실 수 있을 것입니다.

다음에서 원인변수와 결과변수의 상관관계가 우연에 의한 것인지 아니면 우연이라고 보기 어려운지를 평가하는 '통계적 유의도 테스트(statistical significance test)'를 살펴보겠습니다.

CHAPTER **10**

통계적 유의도의 의미와
테스트 방법

제09장에서는 실험연구와 관측연구가 어떻게 다른지를 설명하였습니다. 두 연구방법의 가장 결정적인 차이는 바로 '무작위 배치(random assignment)'와 '실험조작(manipulation)'입니다. 그러나 원인변수와 결과변수의 상관관계는 두 연구 모두 동일합니다. 즉 두 연구방법 모두 원인변수의 변화와 결과변수 변화의 상관관계가 확률론적 관점에서 보았을 때 우연이라고 볼 수 있는지 아니면 우연이라고 보기 어려운지를 다룹니다.

'통계적 유의도'라는 말, 이 자체는 사실 매우 흥미로운 말입니다. 그 의미를 풀어보면 "통계적 관점에서 보았을 때 의미가 있는 정도"라는 뜻인데, 여기서 의미가 있는지 없는지 여부를 판가름하는 기준이 다름 아닌 '통계적 관점'이라는 것이죠. 다시 말해 통계적 관점을 따르지 않는다면 "통계적으로 의미 있는 결과"도 의미가 없을 수 있으며, "통계적으로 의미 없는 결과"도 의미가 있을 수 있습니다. 이 때문에 어떤 학자들은 통계적 유의도와는 별개로 "실질적 유의도(practical significance)"[1]라는 말을 사용하기도 합니다. 다시 말해 통계적으로 유의미한 상관관계라고 하더라도 실질적으로 무시해도 좋을 정도의 미미한 상관관계일 경우 무시하기도 하며, 통계적으로 유의미하지 않은 상관관계라고 하더라도 가능성이 어느 정도 보이고 미래에 다른 방향으로 달라질 수 있는 상관관계라면

---

1   실질적이라는 말 역시도 결과를 받아들이는 사람에 따라 혹은 평가하는 사람에 따라 그 기준과 해석이 제각각일 수 있다는 점에서 통계적 유의도에 대한 대안이 될 수 있을지 의문을 제기할 수도 있습니다.

실질적으로 주목할 상관관계로 취급하기도 합니다. 하지만 여기서는 '통계적 관점에서 어떤 상관관계가 의미가 있는지'만 살펴보기로 하겠습니다.

저는 통계적 유의도를 "연구자가 얻은 원인변수와 결과변수의 상관관계가 확률적으로 우연히 발견될 가능성이 얼마인지를 정량화시킨 값"이라고 정의하고 싶습니다. 실험연구표본을 무작위 배치를 통해 두 집단으로 구분한 후, 실험자극처치 여부에 따라 처치집단(폭력물을 접한 집단)과 통제집단(어떠한 영상물로 접하지 않은 집단)으로 구분한 후[2] 결과변수(심장박동수)를 측정했다고 가정해 보죠. ROX도식으로 표현하면 다음과 같습니다.

$$\begin{array}{ccc} R & X & O_1 \\ R & & O_2 \end{array}$$

여기서 원인변수와 결과변수의 상관관계가 나타났다면, 우리는 O_1과 O_2는 다른 값을 가질 것으로 예상할 수 있습니다(즉, $O_1 \neq O_2$). 반면 결과변수의 변화가 원인변수의 변화와 무관하다면(상관관계가 0이라면), 우리는 $O_1 = O_2$이라고 예상할 수 있습니다. 즉 위의 연구결과에서 우리가 기대할 수 있는 상황을 2가지로 단순화시킬 수 있습니다.

- 상황 1: 원인변수와 결과변수의 상관관계는 0이다(다시 말해 X의 효과는 0이다).
- 상황 2: 원인변수와 결과변수의 상관관계는 0이 아니다(다시 말해 X의 효과는 0이 아니다).

흔히 상황 1인 경우 원인의 효과는 없다고 이야기하고, 상황 2인 경우 원인의 효과가 나타났다고 이야기합니다(이 부분에 대해서는 앞 장에서 말씀드린 바 있습니다).

표집에서 이미 설명드렸지만, 우리가 모집단에서 표본을 무작위로 추출해도 모집단의 통계치와 표본의 통계치가 완전히 일치하지는 않습니다. 즉 표집오차로 인해 표본의 통계치는 모집단의 통계치와 다른 값을 얻게 됩니다. 앞서 살펴보았듯, 무작위 표집을 한 경우 표본의 통계치는 모집단의 통계치에서 많이 벗어날 확률보다 적게 벗어날 확률이 더 높습니다[종(bell) 모양의 분포를 기억하실 것입니다].

---

2   논의를 간단히 하기 위해 플라시보 집단은 잠시 잊도록 합시다.

표집과정을 설명하면서 소개했던 이 논리를 원인변수와 결과변수의 상관관계에서도 적용해 봅시다. 먼저 모집단에서의 원인변수와 결과변수의 상관관계는 '상관관계$_{모집단}$ = 0'인 경우와 '상관관계$_{모집단}$ ≠ 0'인 경우로 구분할 수 있습니다. 앞에서 이미 소개하였듯 표본을 통해서 얻은 원인변수와 결과변수의 상관관계 역시 '상관관계$_{표본}$ = 0'인 경우와 '상관관계$_{표본}$ ≠ 0'인 경우로 구분할 수 있습니다. 각각의 두 가지 경우를 교차시키면 아래와 같은 표를 얻을 수 있습니다. 또한 표본에서 나타난 상관관계가 모집단에서 나타나는 상관관계와 부합하는지 여부에 따라 다음과 같이 상황을 단순화시킬 수 있습니다.

		모집단	
		상관관계$_{모집단}$ = 0	상관관계$_{모집단}$ ≠ 0
표본	상관관계$_{표본}$ = 0	올바른 추론	잘못된 추론 (제2종 오류, type II error)
	상관관계$_{표본}$ ≠ 0	잘못된 추론 (제1종 오류, type I error)	올바른 추론

나중에 다시 설명드리겠지만, 일단 전통적 방식의 통계적 유의도 테스트에서는 모집단의 상관관계가 0인 경우만을 고려합니다. 바로 이 때문에 제가 앞에서 표본을 통해서 얻은 발견이 '확률적으로 우연에 의한 것인지' 아니면 '우연에 의한 것이 아닌지'라고 다소 모호하게 서술한 것입니다. 그렇다면 왜 모집단에서의 원인변수와 결과변수의 상관관계가 0이라고 가정할까요? 실험연구 과정을 다시 떠올리면 쉽게 답이 나옵니다. 제일 먼저 무엇을 하였던가요? 그렇죠. 무작위 배치를 했습니다. 무작위 배치의 목적은 다름 아닌 결과변수에 영향을 미칠 수 있는 제3의 변수들을 집단별로 균등하게 만들어 과학적 인과율 조건인 '비허위성'을 달성하기 위한 것이었습니다. 무작위 배치를 진행한 후, 실험조작을 하면 실험조작된 원인변수를 제외한 다른 제3의 변수들은 모두 균등해지게 됩니다. 다시 말해 집단에 따라 결과변수의 차이가 발생하였을 때의 원인변수와 결과변수의 상관관계는 다른 제3의 변수에 의해 설명되지 않는다고 기대할 수 있게 됩니다.

모집단에서의 원인변수–결과변수의 상관관계를 0으로 놓고 시작하는 이유는 바로 '무작위 배치'가 실험의 시작이기 때문입니다. 무작위 배치된 상태에서 실험조작이 된 원인이 결과변수에 체계적인 차이를 일으켰다면 그것이 바로 "상관관계 ≠ 0"이 됩니다.

그러나 모집단을 대상으로 실험을 할 수 없으니 우리가 알 수 있는 것은 바로 "상관관계_{표본} = 0" 혹은 "상관관계_{표본} ≠ 0" 둘 중의 하나가 되겠죠. 얼핏 보면 이해가 되지 않을 수도 있지만, 통계적 유의도 테스트에서는 "상관관계_{모집단} = 0"인데, "상관관계_{표본} ≠ 0"인 경우, 즉 위의 용어대로 말하자면 제1종 오류[type I error; 의료통계분야에서는 허위양성 (false positive) 판정이라고도 불림]에 집중합니다. 다시 말해 "실제로는 원인의 효과가 존재하지 않는데, 원인의 효과가 존재한다고 판정할 확률"에 집중하며, 이를 통계적 유의도(statistical significance)라고 부르고 0~1의 범위를 갖는 확률값으로 전환시켜 p라고 부릅니다.

조금 복잡할 것입니다. 부디 천천히 생각해 봅시다. 통계적 유의도 테스트, 즉 고전적 통계적 의사결정 과정을 제시한 피셔 경(Sir Fisher)은 p의 값 기준(흔히 α 수준이라고 부릅니다. 조금 후에 다시 설명드리겠습니다)을 매우 낮게 잡았습니다. 통계학에 관심이 없는 사람도 .05기준 혹은 95%신뢰수준이라는 말을 들어본 적이 있을 것입니다. 여기서 말하는 .05라는 기준을 제안하고 정착시킨 사람이 영국의 통계학자인 피셔 경입니다. 그렇다면 왜 피셔 경께서는 "실제로는 원인의 효과가 존재하지 않는데, 원인의 효과가 존재한다고 판정할 확률"을 .05로 낮게 잡았을까요? 그 이유는 당대 그리고 현재의 주류 과학철학인 논리실증주의의 거두인 칼 포퍼(Karl Popper)의 반증(falsification) 철학에서 찾을 수 있습니다. 기본적으로 반증 철학에서는 어떤 주장이 참인지를 증명하는 것보다 거짓임을 증명하지 못한 것이 "잠정적 진리"라고 주장합니다. 즉 반증 철학에서는 모든 이론적 주장이 언젠가는 거짓으로 밝혀질 수도 있지만, 지금까지 반증되지 않았다면 잠정적으로 진리로 간주하자고 주장합니다. 자 조금만 곰곰이 생각해 보죠. "이론적 주장이 거짓이다"라는 말을 다르게 표현하면 "원인변수와 결과변수의 상관관계가 0이다"라고 표현할 수 있습니다. 반면 현재까지 반증되지 않은 잠정적 진리는 "원인변수와 결과변수의 상관관계가 0이 아니다"라고 표현할 수 있습니다. 매우 낮은 p값을 기준으로 설정한 이유는 바로 두 가지 정도로 요약할 수 있습니다. 첫째, 언젠가는 모든 원인변수–결과변수의 상관관계가 0이 될 수도 있다는 것을 받아들이는 것입니다. 즉 과학철학에서 말하는 반증가능성에 충실하고자 하였습니다. 둘째, 반증 가능성을 높임으로써 여간해서는 부정하기 어려운 과학적 인과관계만을 과학자들이 받아들여 과학적 주장의 오류 가능성을 낮추었습니다. 즉 과학적 엄밀성에 충실하고자 하였습니다.

이제 피셔가 제시한 통계적 의사결정 과정에 따른 통계적 유의도 테스트를 살펴보겠습니다. 학자들에 따라 5단계, 혹은 4단계 묘사되지만, 여기서는 5단계로 제시하겠습니다.

1단계(제1종 오류의 기준을 정한다) _____ 앞에서 설명하였지만, 피셔 경의 제안 이래로 제1종 오류의 가능성은 .05가 표준입니다. 물론 피셔 경이라는 인물의 자의적이고 독단적인 결정이라는 비판도 있고, 연구분과에 따라 그 값을 .01이나 .001로 더 가혹하게 제시하거나, 혹은 .10 정도로 더 너그럽게 잡기도 합니다. 1단계에서 정한 제1종 오류의 기준을 흔히 α수준(α-level)이라고 부릅니다. α수준을 이해하는 가장 좋은 방법은 무작위 표집을 떠올리는 것입니다.

복잡할 것 같지만 프로그래밍을 이용하는 실습을 통해 보다 구체적으로 이해하는 것이 가능합니다. 무작위 배치 후 실험조작을 통해 통제집단과 처치집단을 설정하고 결과변수를 측정한 간단한 실험사례를 한번 떠올려 봅시다. 이때 모집단에서 원인변수(통제집단 vs. 처치집단)와 결과변수의 상관관계가 0인(다시 말해 실험처치의 효과가 실제로는 0인) 상황을 생각해 봅시다. 확률론에서 말하는 모집단은 무한대의 사례수를 갖지만, 무한대라는 것을 이해하기는 쉽지 않으니 통제집단과 처치집단이 각각 500만 명으로 구성된 천만 명의 집단을 가상적 모집단으로 만들어 보죠. 모집단에서의 원인변수–결과변수의 상관관계가 0이라는 말은 두 집단의 결과변수 평균이 동일하다는 말과 같습니다(여기서는 둘다 평균이 10이고, 표준편차는 1이라고 가정하였습니다). 이를 위해 다음을 실행하였습니다. 두 집단이 정확하게 동일하지는 않지만, 결과에서 나타나듯 실질적으로 동일한(적어도 소수점 4자리에서 반올림하였다면) 평균과 동일한 표준편차를 갖고 있습니다(다시 말해 모집단에서 원인변수–결과변수의 상관관계는 0입니다).

```
> # 모집단에 차이가 존재하지 않도록 데이터를 생성해 보자.
> gc <- rnorm(5*10^6,10,1)    #통제집단, control group
> gt <- rnorm(5*10^6,10,1)    #처치집단, treated group
> mean(gc);sd(gc)    #평균, 표준편차는 거의 유사함
[1] 9.999459
[1] 1.000154
```

```
> mean(gt);sd(gt)
[1] 9.999453
[1] 1.000156
> round(mean(gc) - mean(gt),4)
[1] 0
```

자 이렇게 된 모집단에서 사례수가 40인 표본(즉 통제집단 20, 처치집단 20)을 추출한 후, 표본에서 어떤 상관관계가 나타나는지를 살펴보겠습니다. 모집단의 정보를 알고 있으니, 우리는 표본에서도 원인변수−결과변수의 상관관계가 0이 나올 것으로, 다시 말해 표본으로 추출된 통제집단과 처치집단의 평균값 차이가 0이 나올 것으로 기대할 수 있습니다. 일단 먼저 한번 해 보겠습니다. 결과를 보니 표본에서는 처치집단의 결과변수 평균이 통제집단의 결과변수 평균보다 다소 낮은 값을 가지는 것을 발견할 수 있습니다(즉 상관관계가 정확하게 0이 아닙니다).

```
> # 통제집단과 처치집단에서 20명씩을 무작위로 표집함
> s.gc <- sample(gc,size=20,replace=FALSE)
> s.gt <- sample(gt,size=20,replace=FALSE)
> mean(s.gc);sd(s.gc)
[1] 10.08626
[1] 0.9568884
> mean(s.gt);sd(s.gt)
[1] 9.734773
[1] 1.10389
> round(mean(s.gt) - mean(s.gc),4) # 무작위 표집된 두 표본평균은 다소 차이 발생
[1] -0.3515
```

표집오차를 설명했던 것과 마찬가지로, 위와 같은 표집을 10,000번 반복했다고 가정해 보죠. 아래의 코드가 복잡해 보이지만, 본질적으로 위의 과정을 10,000번 반복한 후 표본의 처치집단 결과변수 평균과 표본의 통제집단 결과변수 평균의 차이값을 저장한 것에 불과합니다. 이렇게 얻은 10,000번의 평균차이(즉, 표본의 원인변수−결과변수의 상관관계)를 히스토그램으로 표시하여 보겠습니다(익숙한 모양이죠?).

```
> mean.diff <- rep(NA,10000)
> for (i in 1:10000){
+   s.gc <- sample(gc,size=20,replace=FALSE)
+   s.gt <- sample(gt,size=20,replace=FALSE)
+   mean.diff[i] <- round(mean(s.gt) - mean(s.gc),4)
+ }
> hist(mean.diff,breaks=30,col='gray',xlim=c(-1.5,1.5),
+ main='mean difference between mean of the sampled treated group \n
+ mean of the sampled control group')
```

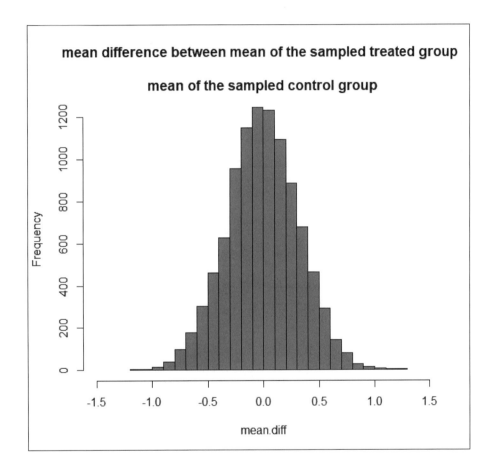

이렇게 얻은 히스토그램의 음영부분의 전체면적을 1.00이라고 가정한 후, 분포의 양 끝의 면적을 각각 .025씩 잡아봅시다(즉 총합이 .05가 됨). 말씀드렸듯, 10,000번의 표집을 했기 때문에 평균차이의 값이 가장 큰 250개와 가장 작은 250개의 경계를 구하면 되겠죠.

이를 위해 10,000개의 값들을 크기순으로 정렬한 후 250번째의 값과 9,750번째의 값을 구해 보면 다음과 같습니다.

```
> # .025 및 .975에서의 경계값을 살펴보자.
> sort(mean.diff)[c(250,9750)]
[1] -0.6365  0.6165
```

자 이제 α수준을 이해할 수 있게 되었습니다. 모집단에서의 원인변수-결과변수의 평균차이(상관관계)가 0이지만, 표본에서의 원인변수-결과변수의 평균차이(상관관계)가 −.6365보다 작거나 혹은 .6165보다 큰 경우 모집단에서의 원인변수-결과변수의 평균차이(상관관계)를 0이 아니라고 추론할 확률은 $.05 = \dfrac{500}{10,000}$ 미만입니다. 즉 제1종 오류의 확률이 .05 미만이 되는 것이죠. 다시 말해 $\alpha = .05$는 이런 오류의 가능성을 수용하겠다는 위험감수(risk-taking)를 의미합니다.

2단계(귀무가설과 대안가설을 설정한다) _____ 앞서 설명드렸던 반증 철학을 가장 명시적으로 반영한 부분이 바로 귀무가설(영가설, null hypothesis, H_0)과 대안가설(alternative hypothesis, H_A)입니다. 통계적 유의도 테스트가 대안가설을 테스트한다는 오해를 흔히 접할 수 있습니다. 확실히 말씀드리겠습니다. 아닙니다. 통계적 유의도 테스트는 귀무가설을 테스트할 뿐이며, 귀무가설을 채택(accept)할지 아니면 기각(reject)할지 결정합니다. 만약 귀무가설을 기각한다면 대안가설을 "대안적으로(alternatively)" 받아들입니다.

귀무가설은 모집단에서의 원인변수-결과변수의 상관관계가 0이라는 것을 명시적으로 밝힌 가설입니다. 앞에서 사용한 무작위 배치 후 통제집단과 처치집단의 결과변수 평균차이를 테스트한 경우, 원인변수-결과변수의 상관관계가 0이라는 말은 다음과 같은

$$H_0: M_{처치집단} = M_{통제집단}$$

혹은,

$$H_0: M_{처치집단} - M_{통제집단} = 0$$

혹은,

H_0: 처치집단의 결과변수 평균과 통제집단의 결과변수 평균은 동일하다.

등으로 표현할 수 있습니다. 반면 대안가설은 아래에서처럼

$$\mathrm{H}_0: M_{처치집단} \neq M_{통제집단}$$

혹은,

$$\mathrm{H}_0: M_{처치집단} - M_{통제집단} \neq 0$$

혹은,

H_0: 처치집단의 결과변수 평균과 통제집단의 결과변수 평균은 서로 다르다.

등으로 표현할 수 있습니다.

3단계(테스트 통계치를 구한다) _____ 여기는 다소 기술적인(technical) 설명이 제시됩니다. 하지만 제1단계를 설명하면서 제시한 설명을 충실하게 이해하셨다면 큰 문제는 없습니다. 여기서 사용한 예시자료(무작위 배치 후 실험조작을 거치고 두 집단의 결과변수 측정한 실험)의 경우 흔히 독립표본 티테스트(independent sample t-test)를 실시합니다. 아쉽지만 일단 아래의 공식을 그냥 믿어 봅시다.[3] 공식의 좌변에 있는 t가 테스트 통계치입니다.

---

3 공식의 도출과 이해는 통계학 개론에서 다룰 내용입니다. 또한 아래의 공식은 여기서 제시한 특수한 사례(통제집단과 처치집단의 표준편차가 동일하며 사례수도 동일)를 반영한 공식입니다. 테스트 통계치를 설명하기 위한 것이며, 보편적으로 사용되는 독립표본 티테스트 공식은 아래 보다 복잡한 형태를 띠니, 오해 없으시기 바랍니다.

$$t = \frac{M_{\text{처치집단}} - M_{\text{통제집단}}}{s\sqrt{\dfrac{2}{n}}}$$

(여기서 s는 표준편차를 의미하며, n은 집단의 사례수를 의미함)

위의 공식에서 잘 나타나듯 t의 값은 세 요소들에 의해 결정됩니다: (1) 평균차이, (2) 표준편차(즉 분산), (3) 사례수. t의 값은 어떻게 하면 커지나요? 다른 요소들이 고정되어 있을 때, 첫째, 평균차이가 클수록, 둘째, 표준편차가 작을수록, 셋째, 사례수가 많을수록 더 큰 t값을 얻을 수 있습니다. 기본적으로 평균차이는 원인변수가 결과변수에 미치는 효과의 크기입니다(예를 들어 열을 더 많이 떨어뜨릴수록 보다 강력한 해열제겠죠?). 표준편차(즉 분산)은 표본의 동질성-이질성을 나타냅니다(예를 들어 순도가 높은 실험체를 대상으로 실험을 했을 때 효과가 더 쉽게 발견되겠죠?). 끝으로 보다 많은 사례를 통해 얻은 결과는 불확실성이 더 낮습니다. 다시 말해 같은 크기의 효과라면 소수의 사례를 통해 얻은 결과보다 다수의 사례를 통해 얻은 결과가 더 낫습니다. 아무튼 t의 값의 목적은 개별 연구들의 독특한 상황, 즉 효과의 크기, 표본의 동질-이질성, 사례수를 비교 가능하도록 합산한 것입니다. 다시 말해 표본의 동질-이질성과 사례수의 차이를 표준화하였을 경우(왜냐하면 분모이기 때문) 기대할 수 있는 효과의 크기를 의미합니다. 즉 t가 크면 클수록 효과의 크기도 크게 나옵니다(즉 제1종 오류의 가능성이 점차 감소합니다).

자 이제 다음과 같은 두 가지 상황을 생각해 봅시다(여기서 사례수는 각 집단 모두 20이며, $s=1$로 공통된다고 가정합시다).

- 상황 1: $M_{\text{처치집단}} = 10.70$, $M_{\text{통제집단}} = 10$
- 상황 2: $M_{\text{처치집단}} = 10.30$, $M_{\text{통제집단}} = 10$

눈으로도 쉽게 계산되지만, 두 상황 모두 처치집단의 평균이 통제집단의 평균보다 큰 값으로 나타나, 적어도 표본의 원인변수-결과변수의 상관관계는 0이 아닙니다. 그러나 상황 1에서 얻은 원인변수-결과변수의 상관관계가 상황 2에서 얻은 원인변수-결과변수의 상관관계에 비해서 매우 큰 것을 알 수 있습니다.

두 상황을 대상으로 얻은 통계치를 이용해 테스트 통계치 t를 구해 봅시다. 제가 계산해 보니 다음과 같네요.

- 상황 1: $t \approx 2.2136$
- 상황 2: $t \approx .9587$

그러나 t값은 효과의 크기를 표준화한 값일 뿐, 제1종 오류의 확률을 보여주지 않습니다. t값에 따라 제1종 오류의 확률(즉, 모집단에서는 원인변수–결과변수의 상관관계가 0이지만, 표본에서는 원인변수–결과변수의 상관관계를 0이 아니라고 판정할 확률)을 구해야겠죠. 이 과정이 바로 다음의 4단계입니다.

4단계(통계적 유의확률을 구한다) ____ 앞에서 얻은 두 상황들에서 제1종 오류를 범할 확률을 계산합니다. 이 과정도 상당히 기술적인 과정입니다. 테스트 통계치 종류에 따라 통계적 유의확률 p를 구하는 방법도 상이합니다. 일단 앞서 소개했던 t 테스트 통계치의 경우 t분포(t-distribution)를 이용합니다. 아쉽지만 t분포를 자세히 설명하는 것 역시 본서의 범위를 벗어납니다. R을 통해 위에서 상정한 두 상황들의 t 테스트 통계치에 해당되는 p값을 각각 구하면 다음과 같습니다.

- 상황 1: $p \approx .0165$
- 상황 2: $p \approx .1719$

이제 이렇게 얻은 p의 값을 1단계에서 상정한 α 수준과 비교하여 2단계에서 설정된 귀무가설을 기각할 것인지 판정하는 것이 바로 다음에 소개할 마지막 5단계입니다.

5단계(통계적 의사결정, 즉 귀무가설 기각 여부를 결정한다) ____ 각 상황별로 p의 값과 α 수준을 비교해 보죠.

첫째, 상황 1에서 얻은 p는 $\alpha = .05$보다 작은 값입니다. 다시 말해 통상적으로 받아들이는 위험감수 정도인 .05보다 적은 위험을 감수하는 결과입니다. 즉 제1종 오류를 범할 확률이 여전히 존재하지만, 기준보다는 적게 존재합니다. 따라서 표본을 통해 얻은 원인변수-결과변수의 상관관계는 0이라는 귀무가설을 기각하고, 대안가설을 받아들입니다. 물론 이 사례의 경우 우리는 두 모집단이 서로 동등한 결과변수 평균값을 갖고 있다는 것을 알고 있기에 이 결정이 잘못된 것임을 알고 있습니다. 그러나 거의 모든 과학적 연구에서 모집단의 정보는 알려져 있지 않으며, 따라서 표본을 통해 모집단의 정보를 추정한 것이 틀릴 수 있는 가능성을 안고 있습니다. 만약 모집단 정보를 모른다고 가정한다면, 매우 희박한 확률로 틀리는 것을 택할 연구자는 없겠죠. 흔히 이러한 경우 연구자가 상정한 원인의 효과를 발견하였다고 이야기합니다.

둘째, 상황 2에서 얻은 p는 $\alpha=.05$보다 큰 값입니다. 즉 제1종 오류를 범할 확률이 기준보다 더 높습니다. 따라서 표본을 통해 얻은 원인변수-결과변수의 상관관계가 정확하게는 0이 아니지만 확률적으로 0과 동일하다고 간주하는 귀무가설을 받아들입니다. 흔히 이러한 경우 연구자가 상정한 원인의 효과를 발견하는 데 실패하였다 혹은 발견하지 못하였다라고 이야기합니다.

피셔 경이 제안한 통계적 유의도 테스트는 주류 과학연구에서 금과옥조(金科玉條)처럼 받아들여지고 있습니다. 그러나 비판이 없는 것은 아닙니다. 몇 가지 주요한 비판들을 간략하게 소개하도록 하겠습니다.[4] 첫째, $\alpha=.05$에 내재한 자의성(arbitrariness)입니다. 솔직히 말씀드리자면, 이 기준은 피셔 경의 주관적 감(感)이었던 것이 사실입니다. 사회과학연구자들 중 몇몇은 $\alpha=.05$를 너무 가혹한 기준이라고 이야기하기도 하고(왜냐하면 누적적 효과와 같이 장기간에 거친 작은 효과를 발견하지 못하기 때문), 혹은 너무 쉬운 기준이라고 이야기하기도 합니다(사회과학 연구에서 사용하는 측정치의 타당도와 신뢰도가 자연과학 연구의 측정치보다 낮다는 점을 언급할 경우). 둘째, 가장 큰 문제는 테스트 통계치입니다. 앞선 사례에서 제가 분산과 사례수를 고정시켰던 것 기억하실 것입니다. 하지만 이런 상황을 생각해 보죠. 효과의 크기는 매우 작은데, 사례수가 매우 큰 경우의 t값은 어떨까요? 당연히

---

4 보다 자세한 논의를 원하시는 독자들은 책 뒤에 소개된 관련 문헌들(Anderson & Maxwell, 2016; Gross, 2015; Wilkinson & The Task Force on Statistical Inference, 1999)을 참고하여 주세요.

t는 증가합니다. 다시 말해 동일한 효과크기가 발견되어도, 돈을 많이 들여 큰 표본을 사용한 연구자는 가난한 연구자에 비해 귀무가설을 기각할 가능성이 높습니다(즉, 원인의 효과가 나타난다고 판정할 가능성이 높습니다). 셋째, 제1종 오류에만 집중함으로써 제2종 오류, 즉 모집단에서의 원인변수-결과변수의 상관관계가 0이 아님에도 표본에서 나타난 원인변수-결과변수의 상관관계를 통해 0으로 판단하는 경우에 대해 고려하지 못하는 아쉬움이 있습니다. 즉 같은 오류인데 제1종 오류에만 편파적으로 관심을 쏟으면서 제2종 오류 가능성이 높아졌다는 비판입니다. 실제로 모집단의 정보가 전혀 알려져 있지 않은 경우(즉 모집단의 원인변수-결과변수의 상관관계가 0인지 아니면 0이 아닌지 불확실한 경우), 제1종 오류를 줄이는 것은 결국 제2종 오류의 가능성을 증가시키는 것으로 이어질 수밖에 없습니다. 이외 다른 문제들의 경우 기술적 지식이 요구되기에 자세한 설명은 생략하도록 하겠습니다.

그럼에도 불구하고 피셔 경이 창안한 통계적 유의도 테스트는 여전히 의미가 있습니다. 대용량 데이터 시대가 열리고, 대안적인 통계적 접근법과 기법들이 속속 등장하면서 전통적인 통계적 의사결정이 비판받고 있지만, 여전히 소규모 표본을 이용한 실험연구의 경우 여전히 통계적 유의도 테스트는 모집단에서의 인과관계를 추론하는 매우 유용하고 합리적인 접근방법임에 틀림없습니다. 빛이 강하면 그림자도 짙은 법입니다.

CHAPTER **11**

정성적 연구방법 소개

여기서 소개한 연구방법론에서는 사회과학에서의 주류 연구방법인 양적 연구방법(quantitative research methods)을 소개하였습니다. 돌이켜 봅시다. 과학적 인과율의 3조건 자체가 양적 연구방법을 가정하고 있습니다. '변수'라는 말도 그렇지만, 상관관계라는 말 자체가 양적 연구방법을 강하게 가정하고 있습니다. 또한 측정의 신뢰도와 타당도, 그리고 모집단에서 표본을 추출하는 방법도 실험연구 및 관측연구와 같은 양적 연구방법들을 이해하고 수행하는 사전단계로 소개하였습니다.

그러나 질적 연구방법은 다릅니다. 질적 연구방법이 양적 연구방법과 결정적으로 구분되는 지점은 바로 "양화(quantification)"입니다. 양적 연구방법은 모든 데이터를 양화시킵니다. 즉 숫자로 표현되지 않는 것은 양적 연구방법에서 다루어지지 않습니다. 그러나 질적 연구방법에서는 데이터를 양화시키지 않거나, 데이터를 양화시키더라도 데이터에 대한 인간의 경험(experience), 직관(intuition), 이해(understanding) 등에 우선권을 부여합니다. 이 때문에 혹자는 데이터를 전혀 양화시키지 않는 경우 완전−질적 연구방법(fully qualitative research methods)이라고 부르고, 데이터에 대한 인간의 경험이나 직관, 이해 등에 기반한 양화작업을 시도할 경우 부분−질적 연구방법(semi−qualitative research methods)라고 부르기도 합니다.[1]

---

1   저는 개인적으로 이러한 교과서적인 분류방식(즉 양적 연구방법, 부분-질적 연구방법, 완전-질적 연구

아무튼 여기서는 부분-질적 연구방법과 완전-질적 연구방법이 무엇인지 간략하게 소개하겠습니다. 두 가지 주의사항을 먼저 말씀드리겠습니다. 첫째, 사회과학의 주류 연구방법이 '양적 연구방법'이라고 말씀드렸듯, 질적 연구방법은 '상대적으로 비주류'의 위치를 차지하고 있습니다. 비주류라는 이유로 배척될 이유는 전혀 없습니다만, 비주류의 특성상 체계화가 잘 되어 있지 않고, 따라서 같은 질적 연구방법이라고 하더라도 학자들에 따라 이해방식과 설명방식이 상이하기도 합니다. 즉 여기서 제시된 내용에 대해 다른 분들은 동의하지 않을 수도 있습니다. 예를 들어 실험연구의 경우 누가 가르쳐도 엇비슷한 내용이 전달되는 반면, 질적 연구방법은 누가 가르치는가에 따라 전달되는 내용이 다르게 이해되고 전달될 수 있습니다.

둘째, 양적 연구방법은 실험연구와 관측연구(분과에 따라 서베이 연구, 빅데이터 연구, 아카이브 자료 분석 등이 포함되기도 하지만)라는 두 갈래로 요약 가능하지만, 질적 연구방법은 매우 다양합니다. 제가 질적 연구방법에 무지한 이유도 있겠습니다. 이 때문에 이 얇은 책을 통해 모두 질적 연구방법들을 다루는 것은 현실적으로 불가능합니다. 아쉽게도 제가 알고 있는 질적 연구방법들 몇 가지만 설명드리도록 하겠습니다.

셋째, 양적 연구방법에 비해 질적 연구방법은 이론화가 쉽지 않습니다. 실험연구나 관측연구의 경우 연구대상이 달라진다고 해도 연구방법의 큰 틀이 바뀌지 않습니다. 그러나 질적 연구방법은 연구대상에 따라, 현 시대상황에 따라, 그리고 연구가 진행되는 순간에 따라 연구자의 직관과 경험에 따라 다양하게 변형됩니다. 다시 말해 수업을 통해서 질적 연구방법을 가르치는 것은 매우 까다롭습니다. 극단적으로 말해 교실에서 수업을 통해, 혹은 교과서를 읽는 방법으로 이해할 수 있는 연구기법이라기보다 실습과 경험을

방법)에 대해 반대하는 편입니다. 왜냐하면 이러한 구분이 유용할지는 몰라도 구분법 자체가 '양화'에 대한 부정적 혹은 긍정적 편향을 드러내기 때문입니다. 저 개인적으로는 양화가 없는 연구는 존재하지 않는다고 생각합니다. 질적 연구방법을 사용하더라도 양화가 없는 것이 아닙니다. 어떤 연구방법을 쓰더라도 "전반적으로 ~~하다"라는 결론을 얻기 마련이며, 이러한 표현은 양화과정이 없다면 불가능한 표현이기 때문입니다. 즉 양화가 문제가 아니라 "연산작업 여부(whether to conduct computation)"가 양적 혹은 질적 연구방법을 가르는 기준입니다. 즉 앞서 살펴본 실험연구나 관측연구는 연산결과를 기반으로 연구자의 결론이 제시되며, 여기서 소개할 초점집단인터뷰(focus group interview), 참여관찰법 (participatory observation) 등에서는 연산결과를 거치지 않은 채 연구자의 경험에 기반한 관찰을 통해 연구자의 결론이 제시될 뿐입니다. 양화는 연산작업 여부와 개념적으로 관련이 없습니다.

통해 이해할 수 있는 연구기법입니다.

양화작업에 기반한 양적 연구방법을 앞에서 다루었으니 우선은 부분-질적 연구방법을 살펴보겠습니다. 부분-질적 연구방법의 핵심적 특징은 질적 판단을 양적 측정치로 변환시킨다는 점입니다. 대표적인 연구방법으로 '내용분석(content analysis)', '크게 말하기 기법(think-aloud technique)' 등이 사회과학에서 전통적으로 사용되었으며, 최근 텍스트 마이닝(text-mining)이라는 이름의 데이터 분석기법 역시도 관점에 따라 부분-질적 연구방법 중 하나로 간주될 수 있습니다.[2] 여기서는 전통적인 내용분석, 즉 인간 코더의 판단을 양적 측정치로 사용하는 수작업 내용분석(manual content analysis; hand coding)을 소개하기로 합니다.

우선 내용분석의 정의부터 살펴보도록 하죠. *Content Analysis*라는 내용분석 교과서를 저술한 클라우스 크리펜도르프(Klaus Krippendorff)는 내용분석을 다음과 같이 정의하고 있습니다.

> "일단(一團)의 텍스트, 이미지, 상징적 표현에 대한 체계적 독해를 의미하며, 독해의 방식은 연구자의 관점이나 해당 텍스트, 이미지, 상징적 표현을 이용하는 이용자의 관점을 따른다(systematic reading of a body of texts, images, and symbolic matter, not necessary from an author's perspective or user's perspective)"
>
> (Krippendorff, 2004, p. 3)

제시된 정의에서 중요한 내용들을 요약하면 다음과 같습니다. 첫째, 내용분석의 대상은 인간이 커뮤니케이션에 사용하는 모든 상징물들입니다. 즉 문자로 표현된 문서는 물론, 사진이나 그림과 같은 이미지, 또한 영화나 TV 프로그램과 같은 동영상, 또한 음성으로 구현되는 악보 등도 포함됩니다. 그러나 내용분석기법을 사용하는 대부분의 사회

---

2 텍스트 마이닝 기법이 과연 인간의 질적 판단을 정량화시킨 것인가에 대해서는 논란이 있을 수 있습니다. 그러나 인간의 판단자료를 이용해 기계를 학습시키는 지도 기계학습(supervised machine learning)은 부분-질적 연구방법과 크게 다르지 않을 것으로 저는 생각합니다.

과학연구들은 신문기사, 정부문서, 정치인의 연설문 등의 문자로 표현된 텍스트 문서를 내용분석 대상으로 삼고 있습니다. 둘째, 내용분석은 특정한 관점에 기반을 두어 진행됩니다. 앞의 정의에서 나타나듯 그 관점은 상징물을 만들어낸 작가의 관점일 수도 있으며, 해당 상징물을 접하는 수용자의 관점일 수도 있습니다. 중요한 점은 내용분석이 특정한 관점을 기반으로 한다는 점이며, 만약 관점이 바뀐다면 내용분석 결과도 바뀔 수 있습니다. 이는 내용분석이 왜 질적 연구방법에 포함되는지를 잘 보여줍니다. 셋째, 내용분석의 결과물, 즉 상징물에 대한 독해(讀解)는 "체계적(systematic)"이어야만 합니다. 여기서 체계적이라는 말의 의미는 상징물에 대한 독해, 즉 인간적 해석이 특정한 관점을 기반으로 한다는 점에서는 질적 특성을 가지나 해당 관점 내에서는 일관적인 규칙을 따른다는 점에서 양적 특성을 가진다는 의미입니다. 체계적(systematic)이라는 말에 들어 있는 체계(system)라는 말은 실험이나 관측연구의 중요한 특징입니다. 이 세 번째 특징은 흔히 코드북(codebook) 혹은 코딩가이드(coding guide)라는 형태로 나타나며(코드북에 대해서는 조금 후에 다시 설명드립니다), 바로 이 특징으로 인해 내용분석은 질적 연구방법이지만 동시에 양적 연구방법 특징을 갖는 '부분–질적 연구방법'인 이유라고 할 수 있습니다.

그렇다면 내용분석을 통해 인간의 상징물에서 어떤 것을 읽어내는 것일까요? 내용분석 결과물에 대한 주관성의 개입 정도에 따라 내용분석은 '명시적 내용분석(manifest content analysis)'과 '잠재적 내용분석(latent content analysis)'로 나뉩니다. 명시적 내용분석은 상징물에 내재한 명시적인 정보만을 추출합니다. 즉 인간의 주관성은 매우 적게 개입됩니다. 예를 들어 중국 고대철학자인 공구(孔丘)의 말을 편찬한 논어(論語)에는 '인(仁)'이라는 단어가 몇 번이나 등장할까요? 답은 간단합니다. 논어를 읽으면서 해당되는 글자의 등장빈도를 세어보면 됩니다. 물론 사람에 따라 세어본 결과는 다를 수 있습니다만, 세어본 결과가 다른 이유는 대부분 세는 과정에서 실수가 있거나 아니면 문서의 일부를 놓치는 기계적인 실수인 경우가 대부분입니다. 명시적 내용분석 과정에서 나타나는 인간 코더의 판단들 사이의 불일치는 기계적 오류(technical error)인 경우가 대부분입니다.

반면 잠재적 내용분석의 경우 상징물에서 이끌어낼 수 있는 주관적 해석을 추출합니다. 여기서는 인간의 주관성이 매우 강하게 투영됩니다. 예를 들어 앞서 언급한 논어(論語)에서 지배층으로서의 군자상(君子像, image of gentleman)을 언급한 공구(孔丘)의 발언을 추출한다고 가정해 보겠습니다. 사실 이는 쉽지 않습니다. 왜냐하면 '군자상'이란 개념자체가 명확하지 않기 때문입니다(여기서 "명확하지 않다"라는 말의 의미는 군자상이라는 개념이 모호하다는 뜻이 아니라, 군자상이라는 개념이 사람들마다 다르다는 의미입니다). 즉 군자상을 해석한 논어 독자들의 결과는 서로 다르게 나타날 가능성이 매우 높습니다. 즉 잠재적 내용분석의 경우 인간 코더의 판단들 사이의 불일치는 주관적 해석의 편향성(biased interpretation) 때문인 경우가 대부분입니다.

그렇다면 사회과학에서는 어떤 수준의 내용분석을 사용할까요? 현재를 기준으로 말씀드리겠습니다. 우선 명시적 내용분석은 과거에는 실시되었지만, 이제는 더 이상 실시되지 않습니다. 왜냐하면 명시적 내용분석은 인간 코더를 고용하는 것보다 기계 코더를 이용하는 것이 더 효율적이고(즉, 비용이 낮고) 효과적(즉 실수가 적음)이기 때문입니다. 그렇다고 앞에서 언급한 것과 같이 추상도가 높은 해석이 요구되는 잠재적 내용분석을 실시하는 경우도 매우 드문 상황입니다. 이유는 추상도가 높을수록 해석의 결과가 너무 달라지기 쉽고, 따라서 "체계적인 독해"가 불가능하기 때문입니다. 앞서 측정의 타당도와 신뢰도를 설명하면서 코더간 신뢰도(inter-coder reliability)를 설명한 적이 있습니다. 체계적인 독해가 불가능한 상황이라는 말은 코더간 신뢰도가 너무 낮아, 일관적인 해석결과를 얻을 수 없다는 말입니다.

따라서 현재의 대부분 사회과학연구들은 적당한 수준의 잠재적 내용분석을 실시합니다. 즉 사회적으로 나름 합의가 이루어질 수 있는 수준의 추상성을 넘지 않는 해석을 얻는 것이 목적입니다. 정치적 문서의 경우 '진보-보수'와 같은 정치적 이념성향과 같이 한 사회에 대한 일반적 상식을 가진 사람이라면 대부분 동의할 것 같은 해석인 경우로 국한되는 경우가 대부분입니다. 언론학의 경우 '사회적 통념상 폭력적인 내용' 혹은 '사회적 통념상 선정적인 내용' 등과 같은 수준의 추상성을 내용분석의 대상으로 삼는 경우가 많습니다. 즉 일반인의 사회적 상식(common sense)이 해석의 기준입니다. 물론 누군가의 '상식'은 다른 누군가에게는 '몰상식'일수도 있기 때문에 보는 사람에 따라 해석이 갈리기도 하며, 이 경우 코더간 신뢰도가 낮게 나타납니다.

그렇다면 내용분석은 어떠한 과정으로 진행될까요? 분과에 따라 그리고 학자들에 따라 조금씩 차이가 있지만, 일반적으로는 다음과 같은 과정으로 진행됩니다.

첫째, 상징물(흔히 텍스트 형태의 문서)의 모집단에서 상징물의 표본을 추출합니다. 이 단계에서는 앞에서 여러분들이 학습한 표집기법을 적용하면 됩니다. 연구목적에 따라 여러분이 배운 8개 표집기법(4개의 확률표집 기법과 4개의 비확률표집 기법) 중 하나를 사용하면 됩니다.

둘째, 이렇게 얻은 상징물 표본 중 일부(하위표본, subsample)를 뽑아 연구자가 직접 읽어 봅니다. 상징물의 하위표본을 읽으면서 어떤 내용이 들어 있는지를 파악하고, 이를 유목화(categorization)시킵니다. 예를 들어 폭력적 콘텐트에 대한 내용분석 시 연구자는 '폭력의 유형'을 유목화시킬 수 있습니다. 이를테면 폭력을 '살인', '물리적 폭행', '정신적 괴롭힘' 등과 같이 여러 형태로 유목화시키는 것이 가능합니다. 앞서 제시하였던 내용분석의 정의를 빌려 이야기하자면 두 번째 단계는 '연구자의 관점(perspective)'을 확정하는 단계라고 할 수 있습니다.

셋째, 두 번째 단계를 거쳐 연구자가 추출하고 싶은 유목들을 정리한 코드북(혹은 코딩 가이드)을 준비합니다. 코드북은 연구자의 관점에서 제작되었다는 점에서 연구자의 주간성을 강하게 반영하지만, 코드북을 읽어본 사람이 연구자의 관점을 이해하고 공유할 수 있다는 점에서는 간주간성(inter-subjectivity)를 확보할 수 있습니다. 다시 말해 소통되지 않는 코드북(다시 말해 연구자만 이해할 수 있는 코드북)은 간주간성을 확보할 수 없습니다. 간주간성을 확보해야 하는 이유 역시 내용분석에 대한 정의로부터 찾을 수 있습니다. 내용분석의 정의에서 잘 나타나듯 내용분석은 상징물에 대한 "체계적 독해(systematic reading)"이기 때문입니다. 특정인에게만 나타난다면 그것은 체계성을 확보했다고 말할 수 없을 것입니다.

넷째, 상징물 표본을 읽고 실제로 분석을 실시할 인간 코더들을 고용합니다. 반드시 최소 2명 이상의 코더들을 고용해야만 합니다. 왜냐하면 코드북을 통해 "체계적 독해"가 가능한지를 파악하기 위해서는 최소 2명의 코더들의 판단이 일치하는지를 확인해야만 하기 때문입니다. 이 네 번째 단계를 흔히 "코더 훈련(training the human coders)"이라고 부릅니다. 코더가 제대로 훈련되었다면, 코더들은 코드북을 통해 저자의 관점을 공유하게 됩니다.

다섯째, 상징물 표본 중 일부를 무작위로 표집한 후 각 인간 코더에게 내용분석을 실시한 결과를 바탕으로 코더간 신뢰도(inter-coder reliability)를 계산합니다. 코더간 신뢰도를 측정하는 지수들은 여러 가지가 있지만, 크리펜도르프의 알파(Krippendorff's α), 코헨의 카파(Cohen's κ) 등이 사회과학에서는 가장 빈번하게 사용됩니다. 두 코더간 신뢰도는 다소 다르지만, (코딩된 결과가 명목변수인 경우) 거의 유사합니다. 아무튼 코더간 신뢰도 지수는 1인 경우는 복수의 코더가 내린 판단들이 정확하게 일치한다는 것을 의미하고, 0인 경우는 전혀 일치하지 않는다는 것을 의미합니다. 즉 코더간 신뢰도 지수가 1에 근접할수록 코드북을 통한 코더들의 판단은 서로서로 유사하여 "체계적 독해"가 가능하다는 것을 의미합니다. 절대적인 기준은 아니지만, 크리펜도르프는 자신의 코더간 신뢰도 지수인 크리펜도르프의 알파가 .80을 넘는 경우 큰 문제가 없다는 주장을 제시합니다. 통상적으로는 .70 정도가 넘으면 큰 문제 없이 "코더간 신뢰도가 확보되었다"라는 표현을 씁니다.

여섯째, 다섯째 단계에서 얻은 코더간 신뢰도가 충분히 만족스럽다면, 상징물 표본을 코더의 수에 맞도록 나눈 후 각 코더에게 내용분석을 하도록 요구합니다. 만약 다섯째 단계에서 얻은 코더간 신뢰도가 만족스럽지 않다면, 두 번째 단계로 돌아가서 보다 쉽고 명확하게 이해될 수 있는 코드북을 다시 만들거나 아니면 세 번째 단계로 돌아가서 코더들을 다시 훈련시킵니다. 이후 앞의 과정들을 다시 반복한 후 코더간 신뢰도가 확보되는지 다시 살펴봅니다.

앞의 과정을 잘 살펴보시면 내용분석 과정은 (1) 연구자의 주관적 해석이 무엇인지 확정짓는 과정, 그리고 (2) 이 해석이 체계적 독해를 가능하게 하는지를 살펴보는 과정으로 나누어집니다. 즉 주관성을 기반으로 체계성(보다 정확하게는 간주간성)을 확보하는 과정이 바로 내용분석이며, 바로 이 특성으로 인해 "부분-질적 연구방법"이라고 불립니다. 여기서는 다루지 않지만, "크게 말하기 기법(Talk-aloud technique)"이나 전문가들을 대상으로 한 "델파이 기법(Delphi technique)" 등도 주관성과 체계성을 조화시키는 목적이라는 점에서 내용분석과 크게 다르지 않습니다.

부분-질적 연구방법과는 달리 완전-질적 연구방법은 체계성을 확보하려는 시도를 하지 않거나 어떤 경우 거부하기도 합니다. 완전-질적 연구방법의 특징은 "날것 그대로의 데이터"를 전달한다는 점입니다. 실험연구나 관측연구와 같은 양적 연구방법은 측정과정을 거치면서 인간의 생각, 태도, 경험 등이 추상적인 수치로 환원됩니다. 부분-질적 연구방법의 사례로 설명한 내용분석의 경우도 상징물에서 나타난 표현(그림의 경우 붓질, 문서의 경우 문장 등)에 대한 유목화된 해석(interpretation)을 사용한다는 점에서 날것 그대로의 데이터는 결국 추상적인 수치로 환원 가능합니다. 그러나 질적 연구방법에서는 연구대상이 되는 사람들의 목소리와 생각, 경험을 있는 그대로 제시합니다. 일례로 들 수 있는 것이 인터뷰 대상자의 육성을 그대로 연구에서 보고하는 것입니다. 또한 문화인류학에서 흔히 언급되듯 연구대상이 되는 사람들의 모습을 보고하되 가능하면 세밀하고 자세하게 적는 것입니다[흔히 '두껍게 기술하기(thick description)'라는 이름으로 언급됩니다]. 물론 모든 것을 제시하지는 않으며, 제시되는 자료는 연구자의 선별과정을 거치기 때문에 왜곡의 가능성이 언제나 존재합니다(사실 어느 누구도 모든 자료를 있는 그대로 편견 없이 제시할 수는 없습니다). 그러나 제시된 자료 그 자체는 생생하다는 장점이 있습니다.

요약하자면, 대개 질적 연구방법을 사용한 연구는 긴 편이며(질적 연구방법을 잘 활용한 연구는 짧은 논문보다는 긴 책의 형태로 출판됩니다), 연구대상자의 목소리와 경험이 직접적으로 보고되는 장점을 갖습니다. 그러나 아무리 두꺼운 책을 쓰더라도 모든 연구대상자의 목소리를 다 적을 수도 없을 뿐만 아니라, 무엇보다 연구에 포함되는 연구대상자의 수와 범위도 매우 협소할 수밖에 없습니다. 즉 연구에 포함된 연구대상자에게만 집중한다면 양적 연구방법에 질적 연구방법이 훨씬 더 자세하고 생생한 정보를 전달할 수 있다는 장점을 갖지만, 연구의 범위와 연구대상자의 규모라는 점에 집중한다면 질적 연구방법은 양적 연구방법에 비해 제한적이라는 단점을 갖습니다.

여기서는 질적 연구방법으로 초점집단인터뷰(FGI, focus group interview), (구조적) 대면 인터뷰(structured interpersonal interview), 참여관찰법(participatory observation)을 아주 개략적으로 살펴보겠습니다. 제가 이 부분에 전문성이 없으니 아주 개략적인 것들만 설명할 수밖에 없다는 점을 이해하시고, 해당 기법에 대한 보다 자세한 설명은 관련 교과서나 전문가가 진행하는 강의를 들으시기 바랍니다.

우선 초점집단인터뷰는 마케팅, 캠페인 연구(건강 캠페인이나 선거 캠페인 등) 등에서 매우 자주 사용되는 질적 연구방법입니다. 초점집단이란 특정한 이슈나 주제에 대해 집중적으로 논의하는 집단을 의미하며, 인터뷰라는 말은 연구자 혹은 연구자와 관점을 공유하는 연구보조자가 초점집단을 인터뷰한다는 의미입니다. 마케팅 연구인 경우 상품의 주요 소비자 혹은 특정 브랜드의 잠재고객 등이 초점집단이 되며, 캠페인 연구의 경우 캠페인의 타깃 대상이 초점집단이 됩니다(이를테면 금연 캠페인의 경우 흡연자 혹은 금연을 시도하고자 하는 흡연자 등).

초점집단인터뷰는 다음과 같은 과정을 밟습니다. 우선 먼저 초점집단인터뷰에 사용될 질문문항들을 준비합니다. 다음으로 초점집단을 명확히 설정한 후, 초점집단에 해당되는 사람들을 모집합니다. 초점집단인터뷰가 양적 연구기법은 아니지만, 양적 연구기법을 설명하면서 제시한 8개의 표집기법 혹은 변형된 표집기법을 사용해도 무방합니다. 질문지가 준비되고, 초점집단을 모집했다면 질문지에 따라 초점집단인터뷰를 실시합니다 (물론 상황에 따라 질문순서는 임의로 조정될 수 있습니다).[3]

초점집단인터뷰에서 가장 신경을 쓸 부분은 초점집단의 구성방식입니다. 흔히 집단 내부의 심리적·사회적 상호작용 형태를 '집단역학(group dynamics)'이라고 부릅니다. 집단 역학이라는 말이 다소 거창하게 들릴 수 있지만, 아주 쉽게 말하자면 어떤 집단이 전혀 모르는 사람들로 구성되어 있는지 아니면 매우 익숙한 인물로 구성되어 있는지에 따라 여러분들이 어떻게 말을 하고 어떤 내용의 말을 하는지 생각해 보시면 집단역학이 무엇 인지 쉽게 이해할 수 있습니다. 또한 앞서 살펴본 인터뷰어 효과(interviewer effect) 역 시도 일종의 집단역학입니다(물론 2명의 인간집합을 '집단'이라고 볼 수 없다면, 문제가 달라지 겠지요).

구체적인 사례로 아주 쉽게 이야기해 보겠습니다. 만약 '군가산점'이라는 주제로 초점 집단인터뷰를 진행한다고 가정해 보죠. 만약 여러분이 군역을 마친 남성인데, 초점집단 구성원이 모두 남성이었다면 군가산점에 대해서 어떻게 말을 할까요? 반대로 초점집단 구성원이 남성과 여성 동수라면 군가산점에 대해서 어떻게 말을 할까요? 또한 극단적으 로 여러분을 제외한 모든 초점집단 구성원이 여성들이라면 군가산점에 대해서 어떤 말을 하게 될까요? 여러분이 어떤 생각을 가진 남성인지는 불명확합니다만, 이것 하나는 명확합니다. 매우 의지가 확고한 사람을 제외하고 대부분의 평범한 사람은 각 상황에 따라 말의 내용이나 말하는 방식을 다르게 선택할 것입니다. 왜냐하면 개인의 의견이라고 하더라도, 집단 내에서 의견을 표출하는 방식은 말을 듣는 사람에 따라 달라지는 것이 보통이기 때문입니다.

흔히 초점집단인터뷰에서는 집단을 '동질적(homogeneous) 집단'과 '이질적(heterogeneous)

---

3 경우에 따라 초점집단인터뷰 내용에 대해 내용분석이 실시되기도 하지만, 이는 초점집단인터뷰 기법이 라기보다 내용분석기법에 어울리기 때문에 여기서는 별도 언급하지 않겠습니다. 또한 초점집단인터뷰 내용에 대한 내용분석은 필수가 아니기에 별도로 언급할 필요성도 없습니다.

집단'으로 구분합니다. 동질적 집단은 초점집단 구성원의 사회적 배경(성별, 인종, 나이, 소득 등)이 유사한 경우를, 이질적 집단은 사회적 배경이 이질적인 경우를 의미합니다. 세상만사 그렇듯, 각 집단은 각각의 장·단점을 갖고 있습니다. 동질적 집단의 경우 '동조성(conformity)'이 쉽게 나타납니다. 따라서 집단내부의 합의도출이 상대적으로 쉽고, 집단이 공유하는 편견(prejudice)이나 사회적 편향이 무엇인지를 상대적으로 쉽게 얻을 수 있습니다. 그러나 초점집단 구성원의 동질성이 심하다는 것은 초점집단인터뷰의 내용이 전체사회 구성원 중 극히 일부에게서만 나타나는 것임을 의미합니다. 다시 말해 인터뷰 내용은 상대적으로 편협할 가능성이 높고 사회적 담론(discourse)의 일부만을 내포합니다.

반면 이질적 집단으로 초점집단을 구성한 경우, 다양한 사회적 배경의 사람들이 어떻게 생각하며 어떻게 사회적 담론을 형성하는지 살펴보기 쉽습니다. 즉 어떤 사람이 어떤 의견을 내며, 이러한 의견에 대해 다른 배경의 사람들이 어떻게 대응하는지를 살펴볼 수 있는 장점이 있습니다. 그러나 짐작하시듯 서로 다른 사람들은 서로서로 '데면데면'한 모습을 보일 수도 있습니다. 서로의 체면을 살려주려고 하고, 또 상대의 정체성이나 자존심에 폐가 될지도 모르는 생각이나 의견, 행동을 극단적으로 자제할 경우 인터뷰 과정에서 활기가 사라지게 될 것입니다. 한번 가정해 봅시다. 소수인종에 대한 편견을 갖고 있는 사람이 소수인종인 사람 앞에서 자신의 편견을 여과 없이 드러낼 수 있을까요? 불가능합니다. 상황에 따라 인터뷰를 통해 얻은 의견은 인터뷰 참여자의 솔직한 의견이 아니라 인터뷰 참여자가 생각하기에 사회적으로 안전한 교과서적인 의견일 가능성이 더 높을 수도 있습니다. 물론 초점집단인터뷰를 여러 차례에 걸쳐 진행하면서 서로 간의 인간적 믿음을 축적한다면, 상대에 대해서 갖고 있는 편견이나 억측도 공유될 수 있지만, 이 경우 연구자는 많은 연구비를 써야만 합니다. 또한 이질적 집단의 경우 사회적 지위가 높거나 외향적인 성격의 참여자가 발언을 주도하면서 집단전체의 논의가 특정인에게만 쏠릴 수도 있습니다.[4] 따라서 연구자의 목적에 따라 초점집단인터뷰 참여자의 구성방

---

4 최근 신고리원전 공사 재개와 관련한 소위 공론과정(숙의과정, deliberation)이 진행되었습니다. 미국에서 시작된 숙의조사(공론조사, deliberative polling)을 한국의 사회적 갈등상황에 적용한 것인데, 사실 숙의민주주의 실험에 대해서는 논란이 적지 않습니다. 왜냐하면 숙의과정은 기본적으로 집단 구성원들의 적극적인 의견개진을 전제하는데, 미국의 여러 연구들에서 종종 목격되듯 소수인종이나 교육·소득 수준이 낮은 취약계층은 숙의과정에 참여하려 하지 않는 성향이 강하고, 참여하더라도 적극적으로 발

식을 잘 선택해야 합니다.

당연한 것이겠지만, 초점집단인터뷰와 같은 질적 연구방법을 사용할 때도 연구윤리는 반드시 준수되어야 합니다. 아니 어쩌면 연구 대상자의 경험과 생각이 밀도 있고 자세하게 제시된다는 점에서 연구윤리는 보다 강하게 적용되어야 할 것입니다. 왜냐하면 보다 많은 정보가 생생하게 전달되기 때문에 개인의 익명성이 더 보장되기 어려운 것은 물론이고, 주제가 사회적으로 민감할 경우 인터뷰 대상자의 사회적 평판에 누가 될 수 있기 때문입니다.

초점집단인터뷰가 집단을 대상으로 진행되는 인터뷰라면, 대면인터뷰는 특정인을 대상으로 하는 인터뷰입니다. 일단 인터뷰를 준비하고, 인터뷰 대상을 설정하며, 인터뷰를 진행하는 과정은 초점집단인터뷰와 크게 다르지 않습니다. 주의할 점이라면 인터뷰 대상에 대한 프라이버시와 개인정보를 잘 지켜주는 것이겠죠. 또한 인터뷰 대상자에게 심리적 부담을 주지 않으며 인터뷰 과정에서 편하게 의견을 표명할 수 있도록 하는 것이 매우 중요합니다. 사실 이 부분은 수업이나 교재를 통해 가르쳐지기 어려운 내용입니다. 왜냐하면 인터뷰 대상이나 주제, 상황에 따라 다를 뿐만 아니라, 사람을 다루는 태도와 기술 등과 같은 인간적 요소들 역시 인터뷰 내용에 큰 영향을 끼칠 수밖에 없기 때문입니다.

끝으로 참여관찰법을 간략하게 설명드리겠습니다. 참여관찰법이 가장 활발하게 사용되는 학문분과로는 '문화인류학'을 언급할 수 있습니다. 참여관찰법은 연구대상이 되는 사회집단으로 가서 그들과 함께 생활하면서 이들의 생활방식, 사고방식, 가치체계, 문화 등을 파악하는 연구기법이라고 할 수 있습니다. 흔히 우리가 알고 있는 문화인류학의 참여관찰법은 '적극적 참여관찰법(overt participatory observation)'이라고 불립니다. 즉 연구대상과 같이 생활하면서 이들의 일부가 되어, 해당 집단의 내부자적 시선으로 연구를 진행하는 것입니다. 이를 위해 보통은 장기간 공동생활을 하면서 연구대상과 친밀함을 쌓아나가는 것이 보통입니다.

언하지 않는 경우가 많습니다. 즉 평등한 의사소통을 가정하고 보장하더라도, 사회·문화적 권력관계에서 약자의 입장에 놓인 사람들은 의사소통을 잘 해내지 못합니다. 겉으로 보았을 때 의사소통은 평등하고 민주적인 것처럼 보일 수도 있지만, 그 내면의 의사소통은 사회적 강자의 말하기 방식을 '소통'을 빌미로 정당화시키는 상징억압의 과정일 가능성도 완전히 배제하기 어렵다는 비판도 존재합니다.

반면 외부자적 시선을 유지하면서 연구대상의 삶에 가능하면 개입하지 않는 냉철한 관찰자적 입장을 유지하는 참여관찰법을 '소극적 참여관찰법(covert participatory observation)'이라고 부릅니다. 예를 들어 극장에서 연인들의 로맨틱 상호작용을 연구하려고 한다면, 극장에서 연인들의 상호작용을 보고도 못 본 체하면서 조용히 관찰해야 겠죠. 외부자적 시각을 유지하기 위해서는 연구대상이 자신이 연구되고 있다는 생각을 갖지 않게끔 의식하지 않도록 배려하는 것이 중요합니다. 침팬지와 같은 유인원 집단을 관찰하는 동물학자의 경우 은폐·엄폐를 통해 동물들이 인간의 존재를 의식하지 못하게 하는데, 이 역시도 소극적 참여관찰법의 일환이라고 볼 수 있습니다.

지금까지 부분-질적 연구방법으로 '내용분석'을, 완전-질적 연구방법으로 '초점집단 인터뷰', '대면인터뷰', '참여관찰법'을 살펴보았습니다. 질적연구방법은 인간의 주관성을 적극적으로 구현할 필요가 있을 때 매우 유용한 연구기법이지만, 연구자의 주관성이 개입되기 쉬우며 무엇보다 체계적인 방법이 아니라는 점에서 연구의 반복가능성(replicability)이 낮다는 단점에서 완전히 자유로울 수가 없습니다.

CHAPTER 12

맺음말

지금까지 다룬 연구방법론이 어떠한 논리체계를 가지며, 각 개념들의 의미는 무엇이며 왜 중요한지를 살펴보았습니다. 사실 본서에서 소개한 것은 연구방법론의 대략적 사유체계이며, 대강의 골격은 설명하였지만 세부적인 내용을 설명하지는 않았습니다. 만약 학문적 소양을 기르는 것이 목적이라면, 본서에서 소개된 연구방법론 내용으로도 어지간한 사회과학 논문들을 읽고 연구의 적절성을 평가할 수 있습니다. 그러나 학문적 소양을 갖는 것에 멈추지 않고 보다 전문적인 연구를 원하는 독자께서는 사회과학 연구방법론 교과서들[1]을 살펴보시길 권합니다.

정말 끝으로 연구방법론을 왜 배워야 하는가에 대한 제 생각을 밝히면서 글을 마무리하고자 합니다. 전문적 연구자의 꿈을 갖든 아니면 사회과학 교육을 받은 일반시민으로 삶을 살든 연구방법론의 교훈은 단 하나라고 저는 믿습니다. 연구방법론을 배우면서 느끼셨겠지만, 모든 연구방법은 나름의 장점과 나름의 단점을 갖고 있습니다. 장점은 살리고 단점은 보완하면서 사용하시기 바랍니다. 장점이 없는 방법이 없다는 점에서 어떤 방법을 써서 얻은 연구결과라도 일정 수준의 가치를 갖고 있으며, 단점이 없는 방법은 없

---

1   가장 많이 사용되는 교과서는 바비(Babbie, 2008)와 슈트(Schutt, 2014)입니다. 내용이 충실하다는 장점은 있지만, 연구방법론을 처음 접하는 학부생 입장에서 보았을 때 정보의 양이 너무 많고 쉽게 받아들이기 어려운 내용인 듯합니다.

다는 점에서 어떤 방법을 쓰더라도 연구결과에 대해 겸손해야 합니다. 학문을 하든, 일상생활을 하든 오만함을 경계하되, 자신감을 잃지 않는 것, 어쩌면 이것이 연구방법론이 가르치는 가장 중요한 교훈이 아닐까요?

Anderson, S. F., & Maxwell, S. E. (2016). There's more than one way to conduct a replication study: Beyond statistical significance. *Psychological Methods*, 21(1), 1–12.

Babbie, E. R. (2008). *The basics of social research (5th Ed.)*. Belmont, CA : Wadsworth

Bradburn, N. M., Sudman, S., & Wansink, B. (2004). *Asking questions: The definitive guide to questionnaire design for market research, political polls, and social and health questionnaires*. San Francisco, CA: Jossey–Bass.

Campbell, D. T., & Stanley, J. C. (1963). *Experimental and quasi–experimental designs for research*. Chicago, IL: Rand McNally.

Converse, P. E. (2006). The nature of belief systems in mass publics (1964). *Critical review*, *18*(1–3), 1–74.

Cowles, M. (2001). *Statistics in psychology: A historical perspective*. New York: Psychology Press

Hacking, I. (2010). *The taming of chance*. Cambridge: Cambridge University Press. 정혜경 역(2012). 『우연을 길들이다: 통계는 어떻게 우연을 과학으로 만들었는가?』 서울: 바다출판사.

Gross, J. H. (2015). Testing what matters (if you must test at all): A context–driven approach to substantive and statistical Significance. *American Journal of Political Science*, *59*(3), 775–788.

Guo, S & Fraser, M. W. (2010). *Propensity score analysis: Statistical methods and applications*. Los Angeles, CA: Sage.

Krippendorff, K. (2004). *Content analysis: An introduction to its methodology*. Thousand Oaks, CA: Sage.

McNeish, D. (2017). Thanks Coefficient Alpha, We'll Take It From Here. *Psychological Methods*. Advance online publication. http://dx.doi.org/10.1037/met0000144

Schuman, H., & Presser, S. (1981). *Questions and answers in attitude surveys*. New York: Academic Press.

Schutt, R. K. (2014). *Investigating the social world: The process and practice of research (8th Ed.)*. Thousands Oaks, CA: Sage Publications.

Shadish, W., Cook, T. D., & Campbell, D. T. (2002). *Experimental and quasi-experimental designs for generalized causal inference*. Boston, MA: Houghton Mifflin.

Stevens, S. S. (1968). Measurement, statistics, and the schemapiric view. *Science*, *161*(3844), 849–856.

Thurstone, L. L. (1928). Attitudes can be measured. *American journal of Sociology*, *33*(4), 529–554

Willkinson, L. & The Task Force on Statistical Inference (1999). Statistical Methods in Psychology Journals. *American Psychologist*, 54(8), 594–604.